DEUTSCHLANDS FRAUEN SCHAFFEN IHRE MÄNNER AB.

»FLORIAN WILLET ERKLÄRT WEIBLICHEN CHAUVINISMUS –

DEUTSCHLANDS FRAUEN SCHAFFEN IHRE MÄNNER AB.«

Ludwig

Bibliografische Information Der Deutschen Bibliothek
Die Deutsche Bibliothek verzeichnet diese Publikation in der
Deutschen Nationalbibliografie; detaillierte bibliografische
Daten sind im Internet über http://dnb.ddb.de abrufbar.

Verlag Ludwig, Kiel
www.verlag-ludwig.de

ISBN 978-3-86935-199-5

INHALT

01 Frauen sind Feinschmecker, Männer sind Nimmersätter
(Einleitung I)   **7**

02 Männliche Partnerwahl und weibliche Partnerwahl
(Einleitung II)   **11**

03 Wertvolle Weibchen und ersetzbare Männchen   **24**

04 Männlicher Mehraufwand und weibliche Flexibilität   **32**

05 Weibliche Verteilung und männliches Vagabundieren   **39**

06 Männliche Risiko- und weibliche Vernunftlogik   **43**

07 Weibliche Wahlimitation und männliche Arroganz   **57**

08 Testosteron-, Dopamin- und Serotoninheuristiken   **67**

09 Handicapprinzip und Imponiergehabe   **75**

10 Männliche Ansprechangst und weiblicher Risikotransfer   **86**

11 Der Irrtum von der weiblichen Empathie   **94**

12 Der klare und der vernebelte Kopf   **100**

13 Weibliche Vorselektion   **115**

14 Tankstelleneffekt und Fernsehen   **121**

15 Männliche Herzensbrecher und halbnackte Frauen   **124**

16 Erfolgreiche Männer und junge Frauen   **134**

17 Schuldlose Frauen und schuldige Männer   **142**

18 Männlicher und weiblicher Status   **145**

19 Männliche Preiskonstanz und weiblicher Preisverfall   **159**

20 Männliche Lebenserwartung und
weibliche Lebenserwartung   **166**

21 Weiblicher Männerverschleiss   **171**

22 Prüde Westfrauen und freizügige Ostfrauen   **183**

23 Intellekt und Impulsivität   **189**

24 Das starke Geschlecht und die Junkies   **194**

25 Gleichberechtigung und gleiche Verantwortung   **200**

26 Männlicher Chauvinismus   **229**

27 Weibliche Doppelmoral und männliche Sündenböcke   **232**

28 Spätentwickelnde Mädchen und frühreife Jungs   **241**

29 Männliche Nachgiebigkeit und weibliche Dickköpfigkeit   **247**

30 Ehe   **250**

31 Homosexualität   **267**

32 Männlichkeit   **277**

33 Frauen schaffen ihre Männer ab   **281**

01 FRAUEN SIND FEINSCHMECKER, MÄNNER SIND NIMMERSÄTTER (EINLEITUNG I)

Jeder von uns hat so seine ganz eigenen Konsumgewohnheiten. Jeder investiert sein Geld in etwas andere Dinge. Der eine legt grossen Wert auf ein schickes Auto, der andere bastelt sich ein Heimkino mit allem Schnickschnack. Wieder ein anderer hat vielleicht eine perfekt hochgerüstete Einbauküche, in der es an nichts fehlt, weil er so gerne kocht.

Ich habe nichts dergleichen. Mein Spleen ist exklusives Essen. Ausgesuchte Restaurantbesuche und guter Wein sind mein grösster privater Kostenfaktor. Auf das Nachdenken darüber, welche kulinarischen Freuden ich in den nächsten Tagen alle geniessen möchte und welche Restaurants ich besuchen werde, verwende ich sehr viel Zeit. Dem Essen gilt mein erster Gedanke, nachdem ich am Morgen das Bett verlassen habe.

Wenn ich in einem aufregenden Gourmetrestaurant die Speisekarte lese, habe ich meistens das Problem, dass ich mich zwischen all den Leckereien kaum entscheiden kann und am liebsten alles gleichzeitig bestellen möchte. Das tue ich aber nicht. Ich bestelle nicht mehr, als ich essen kann, denn jedes Gericht eines Gourmetkochs ist ein kleines Kunstwerk und verdient meine volle Hingabe. Ausserdem wäre es auf Dauer auch zu kostspielig. Wie löse ich dieses Problem? Ich löse es nicht, indem ich sofort überlege, welches das aufregendste Essen ist, sondern ich nähere mich von der anderen Seite und versuche nach und nach, jene Gerichte auszuschliessen, an denen mich irgendetwas irritiert. An dem einen stört mich vielleicht der Austernschaum zum Steinbutt, an dem anderen der Granatapfelsud auf dem Kalbsfilet. Und so schliesse ich nach und nach eine Speise nach der anderen aus, bis nur noch so viel übrig ist, wie ich tatsächlich zu mir nehmen kann und möchte. Es ist jedes Mal regelrecht ein kleines Erfolgserlebnis, wenn ich eines der Gerichte wegstreichen und näher an ein Ergebnis kommen kann. Auch wenn es absurd klingt.

Ein solcher Ausleseprozess, der auf der Suche nach dem jeweils nächsten Ausschlussgrund gründet, wird »Algorithmus« genannt. Das Notebook, auf dem ich gerade tippe, findet mithilfe von Algorithmen den richtigen Befehl, den es ausführen soll, wenn ich eine Taste drücke.

Natürlich gehe ich nicht tagtäglich ultrafein und teuer essen. Als ich noch im Scheunenviertel in Berlin wohnte, lebte ich in einem kleinen kulinarischen Schlaraffenland, mit guten und günstigen Restaurants in allen Richtungen. Wie habe ich es da gehalten? Dort habe ich häufig alles auf einmal von der Karte bestellt, was sich halbwegs gut anhörte. Eine grosse Vorspeisenplatte zum Auftakt, einen Haufen Beilagen nebenbei, und zwei oder mehr Desserts hinterher. Dann habe ich von allem ein wenig probiert, die Sachen stehen gelassen, die mir nicht so gut schmeckten, und mich voll auf die konzentriert, die am besten waren. Sofern die Möglichkeit besteht, probiere ich eben gerne alles aus, bevor ich mich festlege. Das ist genau das umgekehrte Vorgehen zum vorherigen Beispiel.

Beides sind zwei entgegengesetzte Möglichkeiten, einen Entscheidungsprozess zu bewältigen. Welchen von beiden man wählt, hängt von Ressourcen und Zugangsbarrieren ab. Wenn ich mir nur eine Sache leisten oder mich nur mit einer Sache beschäftigen kann, muss ich mir die Auswahl sehr gründlich überlegen und hoffen, dass ich nichts wichtiges übersehe – weder Nachteile an den Dingen, für die ich mich entscheide, noch Vorteile an solchen, die ich ausschliesse. Wenn es dagegen keine oder wenig Probleme mit sich bringt, alles durchzuprobieren, mache ich das natürlich und widme mich im Anschluss mit voller Aufmerksamkeit der besten Alternative, bei der ich dann bleibe.

Beide Entscheidungsvarianten stehen für die typischen Partnerwahlstrategien von Frauen und Männern. Männer hätten gerne alles vor sich auf dem Tisch stehen – beziehungsweise alle Frauen im Bett liegen –, um von allem zu kosten und anschliessend ihre Kräfte und ihre Aufmerksamkeit in die beste der gekosteten Frauen zu investieren. Frauen wissen dagegen, dass es ihnen unmöglich ist, ihre Aufmerksamkeit allen Männern zu widmen, weswegen sie weniger Zeit auf mühsames und zeitraubendes Einzelverkosten verschwenden. Sie präferieren ein strenges Vorsortieren. Dass Denken und Handeln von Frauen und Männern unterschiedlichen Programmierungen folgen, verdeutlich bereits dieses einfache Beispiel sehr einleuchtend.

Spieltheoretisch lässt sich veranschaulichen, warum sich weibliche Strategien letztlich fast immer gegenüber männlichen durchsetzen. In einer freien Gesellschaft kommt es grundsätzlich zu keiner kurz- oder langfristigen amourösen oder erotischen Annäherung, sofern kein Konsens vorliegt, sich also beide Parteien positiv einig sind. Und da Frauen hier seltener Konsensbereitschaft zeigen, bleiben Männer öfters auf dem Trockenen sitzen. Sie müssen die Angebote annehmen, die sie von Frauen erhalten. Frauen bekommen eher als Männer das, was sie wollen, während Männer häufiger mit ihrer zweiten oder dritten Wahl zufrieden sein müssen. Unerreichbare Lebens- und Liebespartner sind für Männer noch unerreichbarer als für Frauen.

Spieltheoretiker stellen interessante Rechnungen an. Man kann einfach auszählen, zu welchem Ergebnis sich abwechselnde Handlungen von Beteiligten aufsummieren, wenn jeder eine bestimmte Strategie bis zum Schluss beibehält. Ein Monopolyspieler kauft alles, was er erwerben kann, ein anderer hält streng sein Geld zusammen, um bloss keine Pleite zu riskieren. Spannend ist meist die Frage, welche Strategie sich am Ende durchsetzt.

Spieltheoretiker schauen sich auch an, welche Strategien Handelnde wählen, wenn sie im Laufe eines Spiels auf Umweltveränderungen reagieren, sofern sie Strategiewechsel vornehmen können. Auch Fussballtrainer müssen ihre Mannschaft manchmal umstellen und einen Stürmer für einen Verteidiger einwechseln, wenn sich die Spielsituation plötzlich ändert, weil ein Tor gefallen ist oder es eine Rote Karte gab.

Dass menschliches Verhalten Mustern und Algorithmen folgt, dass es mathematischen, ökologischen und ökonomischen Prinzipien unterliegt, ist zunächst kein sonderlich romantischer Gedanke. Wer möchte schon berechenbar sein? Es muss auch niemand glauben, was ihm von Verhaltensökologen und Sozialphysikern erzählt wird. Aber vielleicht ist es doch ganz interessant, seine Nase mal ein kleines Stückchen in diese Disziplinen hineinzustecken. Das macht dieses Buch. Und weil es auch unterhaltsam sein und Gesprächsstoff liefern soll, spart nicht an Polemik.

Tatsächlich sind Männer jene Monopolyspieler im Spiel des Lebens, die die weitaus schlechteren Karten haben. Und dies gilt es, einmal offen auf den Tisch zu legen. Frauen diskriminieren Männer wesentlich stärker, während Männer gegenüber weiblichen Fehlern weitaus toleranter sind. Das klingt aber nicht so schön. In ihrer Eigenwahrnehmung sind Frauen eben »anspruchsvoller«, während sie Männern »Anspruchslosigkeit« unterstellen. Nun, so kann man es auch ausdrücken.

Wenn Männer einsam sind, dann meistens deshalb, weil niemand sie haben will. Zumindest niemand von den potenziellen Nachfragern. Wenn Frauen einsam sind, dann meistens deshalb, weil sie niemanden haben wollen. Zumindest niemanden aus dem tatsächlichen Angebot. Männer leiden darunter, dass sie nicht nachgefragt werden. Frauen leiden darunter, dass ihr Geschmack nicht zum Angebot passt. Das ist ein entscheidender Unterschied!

02 MÄNNLICHE PARTNERWAHL UND WEIBLICHE PARTNERWAHL (EINLEITUNG II)

Manche Frauen mögen den Typ des mit allen Wassern gewaschenen Cowboys oder verwegenen Motorradfahrers, andere den energiegeladenen Sunnyboy mit Surfbrett unterm Arm und Dauergrinsen im Gesicht. Manche bevorzugen den abgezockten Geschäftsmann oder den distinguierten Dandy im feinen Anzug, andere den nachdenklichen, bedächtigen, vergeistigten, alles durchschauenden Intellektuellen mit Nickelbrille und nachlässiger Kleidung. Manche mögen den Typ des zielstrebigen, eiskalten, machiavellischen Machtpolitikers, andere den des klaren, unaffektierten und nur an Wahrhaftigkeit interessierten Wissenschaftlers. Manche bevorzugen den Habitus des sich für avantgardistisch haltenden Bohemien, andere den des arroganten und prahlerischen Neureichen. Manche finden das durchtriebene Schlitzohr anziehend, das niemals greifbar ist, seine Gefühle verschleiert, trittbrettfahrerisch auf Kosten anderer durchs Leben navigiert und im Endeffekt immer zur Siegerseite gehört, andere stehen auf den stur prinzipientreuen Idealisten, der bis zur völligen Selbstzerfleischung unbeugsam, kompromisslos und märtyrerhaft an seinen Werten festhält. Manche Frauen empfinden sehr fordernde, besitzergreifende, dominante, ungestüme, impulsive, raubeinige und kein Blatt vor den Mund nehmende Männer als erotisch, andere schätzen Diplomatie, Hintersinnigkeit, Zweideutigkeit, rhetorische Gewandtheit, Cleverness und Empfindsamkeit für subtile soziale Prozesse. Manche mögen den wettbewerbsorientierten, disziplinierten, gegen Gegner und gegen sich selbst harten Sportler, der sich und seine Kräfte ständig mit anderen misst, andere bevorzugen den verträumten Poeten oder Lagerfeuer-und-Gitarre-Typen, der zwischen melancholischem Herzschmerz und euphorisierendem Optimismus die ganze Klaviatur an Stimmungen und Atmosphären herstellen kann. Mal wollen sie den Literaten, mal den Tänzer, mal den Krieger. Manche Frauen sind durchaus sehr empfänglich für symmetrisches Aussehen, manche betonen dagegen nachdrücklich ihr besonderes Augenmerk für Intelligenz oder Charakterstärke. Frauen brauchen insgesamt weniger Sinnlichkeit als vielmehr Emotion. Sie wollen grosse Gefühle erleben, Aufregung, Faszination, Abenteuer und Leidenschaft. Dafür sind die Männer das Medium. Auch Verzweiflung, Streit und Trauer gehören gelegentlich zum ersehnten Emotionsspektrum, da sonst kein Kontrasteffekt entsteht. Die Tiefen der Gefühlsachterbahn sind nötig, um auch die Höhen als solche zu erkennen. Darum stellen namhafte Filmschauspieler für Frauen den Gipfel der Attraktivität dar, weil sie mit ihnen zumindest fiktiv bereits zahlreiche intensive emotionale Abenteuer erlebt haben und die Gefühlsachterbahn hoch und runter gefahren sind. Filmschauspieler verkörpern für viele Frauen früher oder später alle unterschiedlichen Rollen in einem.

Männer brauchen Frauen dagegen weniger, um mit ihnen gemeinsame Abenteuer zu erleben, als dazu, sich bei ihnen die Kraft für ihre nächsten Abenteuer zu holen. Für sie sind Frauen jene Akkuladestationen, von denen sie die für ihre Schlachten und Konkurrenzkämpfe bitter benötigte Energie beziehen. Energie, die aus Zuneigung, Unterstützung, Bewunderung, Sinnlichkeit und Sex besteht.

Jene Frauen, deren Leben mangels körperlicher Attraktivität für das andere Geschlecht notgedrungen weitestgehend ohne Männer stattfindet, sind lediglich um einen grossen Unterhaltungsfaktor ärmer, weil sie weniger Abenteuer erleben als stattdessen mehr Farblosigkeit. Männer, deren Leben mangels emotionaler Attraktivität fürs andere Geschlecht notgedrungen weitestgehend ohne Frauen stattfindet, gehen dagegen innerhalb kurzer Zeit kaputt und explodieren wie ein Kessel, dessen Ventil nicht geöffnet wird.

Intelligente Frauen mit fruchtbarem Körper können die evolutionären Selektionsmechanismen gut überstehen. Intelligente Frauen mit unfruchtbarem Köper überstehen sie langfristig nicht. Dumme Frauen mit unfruchtbarem Körper ebenfalls nicht. Dumme

Frauen mit fruchtbarem Körper können sie wiederum überstehen. Macht man daraus eine Übersichtsmatrix, geht daraus auf den ersten Blick hervor, dass Fruchtbarkeit doppelt so überlebensrelevant ist wie Intelligenz. Heutige Emotionen sind das Selektionsergebnis von in der Vergangenheit überlebensrelevanten Emotionen. Es hat in der Evolution sicherlich Männer gegeben, die eine Vorliebe für Seniorinnen mit engem Becken und ausgezehrten Brüsten hatten. Ebenso wie es in der Evolution sicherlich Frauen gegeben hat, die eine Vorliebe für ehrgeizlose und leistungsverweigernde Männer hatten. Beide Vorlieben wurden vom Sieb der Evolution mit ins Grab genommen.

Dank der erotischen Vorlieben von Frauen sind heutige Menschen intelligent und haben bemerkenswerte Fähigkeiten. Dank der erotischen Vorlieben von Männern in der Evolution sind heutige Menschen gesund und überlebensfähig.

Männer unterscheiden sich in ihren Partnervorlieben weitaus weniger, als Frauen sich voneinander unterscheiden. Eine Nobelpreisträgerin und eine Supermarktkassiererin können grosse Unterschiede in der Auffassung darüber aufweisen, welcher Mann der richtige an ihrer Seite ist. Ein Nobelpreisträger und ein Bauarbeiter sind sich da weitaus weniger uneinig. Auch sehr intelligente Männer schauen erheblich mehr auf das Aussehen einer Frau als auf ihre Intelligenz. Auch sehr ehrgeizige Männer legen weitaus mehr Wert auf das Aussehen einer Frau als auf ihren Ehrgeiz. Und auch sehr wohlhabende Männer legen um ein Vielfaches mehr Wert auf das Aussehen einer Frau als auf ihre finanziellen Verhältnisse. Es ist sogar so, dass gerade besonders intelligente, ehrgeizige und vermögende Männer umso mehr Wert auf gutes Aussehen legen. Sie wissen, wie attraktiv sie mit ihren Eigenschaften für Frauen sind und fordern entsprechend von den Frauen das ein, was diese für sie attraktiv macht, nämlich gutes Aussehen. Lediglich bei der Wahl zwischen zwei gleich gutaussehenden Frauen wird sich ein vermögender Mann vielleicht eher für die wohlhabendere, ein ehrgeiziger eher für die ambitioniertere und ein intelligenter Mann für die klügerere Frau entscheiden. Intelligenten Männern kommen intelligente Partnerinnen schon allein deshalb gelegener, weil sie keine Lust haben, sich mit begriffsstutzigem Nachwuchs herumzuschlagen. Nicht sonderlich wohlhabende, nicht sonderlich ehrgeizige oder nicht sonderlich intelligente Männer müssen hingegen mit nicht sonderlich schönen Frauen auskommen. Und nicht sonderlich schöne Frauen müssen sich mit nicht sonderlich wohlhabenden, nicht sonderlich ehrgeizigen und nicht sonderlich intelligenten Männern abgeben.

Sehr wohlhabende, sehr ehrgeizige und sehr intelligente Frauen sehnen sich bei dem Mann an ihrer Seite meistens nach ähnlichen Eigenschaften. Sie sind der Meinung, dass dies angemessen sei. Das glauben sie auch dann, wenn sie nicht sonderlich hübsch sind. Das ist so ähnlich, wie wenn ein durchtrainierter Kerl mit Traumkörper, gezupften Augenbrauen und pedikürten Fussnägeln der festen Überzeugung ist, er habe eine wunderschöne Frau verdient, auch wenn er nicht im Geringsten wohlhabend, ehrgeizig oder intelligent ist.

Eine anspruchsvolle Frau will nicht den erstbesten Hanswurst, sondern einen besonders wertvollen Mann an ihrer Seite haben. Deshalb stellt sie sich regelmässig die Frage, ob der Mann an ihrer Seite sie wirklich verdient hat, und sie überprüft regelmässig, ob er wirklich so gut ist, wie es bislang schien. Sich unter Wert verkauft zu haben, ist für Frauen ein Alptraum. Frauen sind extrem statusfixiert. Das setzt einen Mann unter ständigen Druck, ihren Ansprüchen auch weiterhin zu genügen. Diesen Stress ersparen sich viele oftmals lieber – und entziehen sich dem ständigen Diktat, der Beste sein zu müssen. Darum taucht mancher Oberarzt eher zur weniger anspruchsvollen Krankenschwester ab als zu seiner anspruchsvollen Kollegin. Für dieses Verhalten werden Ärzte von ihren Kolleginnen häufig verspottet. Kaum eine Ärztin hat nicht schon mal über Techtelmechtel männlicher Kollegen mit Krankenschwestern hergezogen.

Ihrerseits finden Frauen Männer oftmals sehr unangenehm, die regelmässig überprüfen, ob sie Cellulite bekommen, ob ihr Busen hängt und ob sie Falten kriegen. Bei so einem Mann steht eine Frau unter dem ständigen Druck, seinen Vorlieben weiterhin genügen zu müssen. Diesen Stress erspart sie sich lieber – und entzieht sich dem ständigen Diktat, die Schönste sein zu müssen. Darum nimmt sich eine Ärztin im Zweifel lieber einen genügsamen Lebensgefährten als einen sehr detailverliebten und anspruchsvollen sinnlichen Ästheten, der ständig mit Argusaugen ihrer Körper unter die Lupe nimmt. Ihr eigenes Verhalten nennen Frauen natürlich nicht anspruchslos, sondern sie behaupten, mehr an »inneren Werten« interessiert zu sein. Dass ihre männlichen Kollegen darüber spotten, wenn sie die anspruchslosen den anspruchsvollen Männern vorzieht, um sich dem Vergleich zu entziehen, dafür hat eine Ärztin kein Verständnis.

Wo ist eigentlich der Lächerlichkeitsunterschied zwischen Männern, die auf weniger intelligente und gebildete Frauen ausweichen, und Frauen, die auf Männer ausweichen, die über körperliche Schönheitsfehler hinwegsehen? Und was gibt es da zu spotten?

Wie Frauen wollen Männer in der Anwesenheit eines Liebes- und Sexualpartners gute Gefühle empfinden. Da Männer von ihrem Gehirn für den sinnlichen Genuss junger und schöner Frauen belohnt werden, werden sie auf junge und schöne Frauen nicht verzichten, sofern sie welche haben können. So wie eine hungrige Frau kaum auf Schokolade verzichten wird, wenn sie darauf Zugriff hat. Das männliche Gehirn wird durch nackte Körper eben mehr erregt als durch intelligente Kommentare. Natürlich ist es für einen Mann immer schöner, wenn er das ganze Paket bekommt – wenn er also mit einer wunderschönen Frau nicht nur guten Sex haben, sondern davor und danach auch tolle Gespräche führen kann, weil sie zusätzlich noch klug ist. Und natürlich ist es auch immer schöner, wenn er mit einer klugen Frau nicht nur interessante Gespräche, sondern auch sinnliche Leidenschaft teilen kann, weil sie zusätzlich noch schön ist. Dass beides zusammen kommt, ist aber nicht die Regel, sondern sehr zufallsabhängig. Dass eine Person in allen Merkmalen die ihre Person ausmacht extreme Ausprägungen aufweist, gibt es praktisch nicht. Manchmal kränkt ein Mann eine schöne Frau damit, dass er nur mit ihr ins Bett gehen, aber über nichts nennenswertes mit ihr reden möchte, weil sie bloss langweiliges Zeug erzählt. Manchmal verletzt ein Mann eine kluge Frau damit, dass er sich angeregt mit ihr unterhält, sich anschliessend aber zügig aus dem Staub macht, wenn er merkt, dass die Frau gern vom Reden zum Küssen übergehen würde. Liebe und Leidenschaft sind leider kein Wunschkonzert. Welcher äussere Reiz eine erotische Stimulation bewirkt und welcher nicht, kann man nicht bewusst und rational bestimmen. So wenig wie ein passionierter Weinliebhaber, der um seinen hohen Alkoholkonsum besorgt ist, bewusst und rational entscheiden kann, dass ihm ab sofort Selleriesaft viel besser schmeckt. Männer haben sich ihre Vorlieben nie ausgesucht. Frauen ihre auch nicht. Ein Penis erregiert so wenig auf Kommando, wie eine Vagina feucht wird.

Die Fähigkeit, Liebe und sinnlichen Genuss gut auseinander halten zu können, bedeutet für Männer, dass sie neben der Frau, die die Mutter ihrer Kinder werden soll, mit der sie eine lange Beziehung führen, in die sie ihre Ressourcen investieren und der sie ihre aufrichtige Liebe zuteil werden lassen wollen, am liebsten noch hunderte weitere Frauen in nachrangiger Position hätten, auf die sie bei Bedarf jederzeit, gerne mehrmals täglich, für ein paar sexuelle Gefälligkeiten zurück greifen können. Welche dieser Frauen, die in den Träumen der Männer natürlich alle fantastisch aussehen, die Königin unter den Prinzessinnen werden soll, hängt dann tatsächlich nicht mehr vom Aussehen, sondern von weiteren Attraktivitätsmerkmalen ab. Unter sonst gleichen Bedingungen ist das logisch. Leider gibt es so viele Frauen nicht für jeden Mann. Es existieren im Gegenteil sogar signifikant mehr Männer als Frauen.

Männer träumen von einem tollen Harem. Sie hätten gerne jede Menge Sexgespielinnen nebeneinander. Eine Schwarzhaarige, eine Brünette, eine Blondine, eine Rothaarige, eine kühle Skandinavierin, eine feurige Lateinamerikanerin, eine zierliche Asiatin, eine sinnliche Farbige und eine feminine Slawin. Je nach tagesaktuellem Bedarf eine andere – desto mehr willige Frauen, desto geringer das männliche Risiko, in der sexuellen Selektion hängen zu bleiben.

Frauen träumen von einem tollen Freundeskreis. Sie haben gerne viele Bekannte mit tollen Fähigkeiten nebeneinander. Einen Automechaniker für den Ölwechsel, einen Computerfreak für komplizierte Installationen, einen Muskelprotz zum Möbelschleppen, einen Handwerker fürs Bilderaufhängen, Lampenwechseln und Waschmaschinereparieren, einen Finanzwirt, einen Germanisten und einen Arzt, für ihre Steuererklärung, für ihre Bewerbungsunterlagen und für rezeptpflichtige Medikamente. Je nach dem tagesaktuellen Gefallen, den die Frau benötigt, einen anderen. Desto mehr hilfsbereite Männer, desto geringer das weibliche Risiko, in der natürlichen Selektion hängen zu bleiben.

Die Frauen im Umfeld eines Mannes, die sich ihm bereitwillig zum Sex zur Verfügung stellen, tun das meistens deshalb, weil sie darauf hoffen, dass er sich eines Tages doch in sie verliebt. Sie wollen nicht nur als Sexobjekt wahrgenommen werden, sondern auch, dass ihre Persönlichkeit wertgeschätzt wird.

Die männlichen Freunde im Bekanntenkreis einer Frau, die ihr jederzeit ihre Hilfsbereitschaft anbieten, stehen meistens deshalb allzeit parat, weil sie darauf hoffen, dass es eines schönen Tages doch mal zu Sex kommt. Sie wollen nicht nur als Persönlichkeit geschätzt werden, sondern auch, dass ihre erotischen Reize wertgeschätzt werden.

Wenn eine Frau immer schön unverbindlich aber freundlich bleibt, ohne sich auf Anzüglichkeiten einzulassen, kann sie immer behaupten, der Mann hätte da etwas »völlig falsch verstanden«. Und natürlich liegt das an ihm und nicht an ihr.

Wenn ein Mann immer schön unverbindlich aber liebevoll bleibt, ohne sich auf Beziehungsversprechen einzulassen, kann er immer behaupten, er hätte einer Frau keine falschen Hoffnungen gemacht. Frauen, die da etwas falsch verstanden haben, sehen aber kaum ein, dass das an ihr und nicht an ihm lag. Männer dächten eben immer nur an das eine, während sie selbst immer nur redliche, aufrichtige und menschenfreundliche Absichten hätten.

Frauen stellen es als Freundschaftsdienst dar, wenn Männer ihnen bei Alltagsproblemen helfen. Männer dagegen, die die

Sehnsüchte von verliebten Frauen am Köcheln halten, damit sie die gemeinsame Affäre nicht beenden, seien fiese Egomanen, die die Gefühle von Frauen verletzten. Viele Frauen haben eben keine Ahnung davon, wie schmerzhaft sich sexuelle Frustration anfühlt. Deshalb gelten Frauen, wenn sie männliche Hilfsbereitschaft ausnutzen, auch nicht als egomanisch.

Jeder Heterosexuelle muss sich an den Partnerwahlkriterien des anderen Geschlechts messen lassen, wenn er nicht zeitlebens einsam und enthaltsam bleiben möchte. Sich an fremden Kriterien messen lassen zu müssen, bedeutet, sich in einem Abhängigkeitsverhältnis zu befinden. Nicht immer gefallen einem die Kriterien, denen man sich unterwerfen muss. Man selbst sieht die Sache nicht selten völlig anders und würde entsprechend andere Entscheidungen treffen, sonst hätte man ja schliesslich dieselben Kriterien. Wenn man von jemandem nicht abhängig ist, kann man sich von ihm abwenden. Soll er mit seinem verqueren Weltbild ruhig glücklich werden. Sich aber von jemandem abzuwenden, nach dessen Zärtlichkeiten man unwiderstehliche Sehnsucht hat, ist gar nicht so einfach. Es gibt aber keinen legitimen Anspruch an jemand anderen, von ihm gefälligst attraktiv gefunden zu werden – für niemanden.

Ein schöner Mann braucht sich nicht zu beschweren, sondern sollte es wohl oder übel akzeptieren, wenn eine schöne Frau seine Schönheit sekundär findet, weil sie bezüglich Männern Prioritäten wie beispielsweise Bildung, Intelligenz und Erfolg setzt.

Eine gebildete, intelligente und erfolgreiche Frau braucht sich nicht zu beschweren, sondern sollte es wohl oder übel akzeptieren, wenn ein gebildeter, intelligenter und erfolgreicher Mann bezüglich Frauen Prioritäten wie beispielsweise Schönheit und Jugend setzt.

Bei allem Hadern, das es mit den Ansichten und Vorlieben des jeweils anderen Geschlechts gelegentlich gibt, kann eine Frau bei einer Zurückweisung durch einen Mann zumindest deutlich schneller und treffsicherer erkennen, woran es gelegen hat, als ein Mann dies umgekehrt vermag. Zumindest sofern sie verstanden hat, wie Männer funktionieren. Der Mann fand sie nicht hübsch

genug, um sinnlichen Genuss beim Anblick ihres Körpers zu empfinden. Wer als Mann den Frauen gefallen möchte, hat es dagegen
viel schwerer beim Einschätzen, womit er bei seiner Angebeteten
punkten kann, beziehungsweise woran es lag, wenn er einen Korb
bekommen hat. Welche Seite seiner Persönlichkeit und seines Verhaltens soll er beim Flirten hervorkehren? Er kann es nicht wissen.
Was bei der einen Frau richtig gewesen wäre, kann bei der nächsten schon ganz falsch sein.

So wie sich Frauen in den Eigenschaften ihrer Persönlichkeit
und ihres Charakters grundsätzlich stärker ähneln, während sich
die Eigenschaften von Männern stärker unterscheiden, ähneln
sich andererseits die männlichen Vorlieben stärker, während die
weiblichen weitaus stärker variieren. Die männliche Entwicklungs-
varianz aufgrund des instabileren Y-Chromosoms bietet eine plau-
sible proximate Erklärung. Eine ultimate Erklärung liegt darin, dass
die relative Homogenität der männlichen Vorlieben Frauen in der
Evolution in ihren Eigenschaften hat homogener werden lassen,
während sich Männer durch die grossen Unterschiede im weiblichen Geschmack heterogen entwickelten. Und umgekehrt. Männer sind wettbewerbsorientiert, weil ihnen Wettbewerb die Chance
gibt, sich von anderen Männern zu differenzieren und für Frauen
interessant zu werden. Frauen scheuen Wettbewerb hingegen,
weil Differenzierung angesichts der Homogenität männlichen Geschmacks keine Vorteile in der sexuellen Selektion bietet, sondern
allenfalls Nachteile in der natürlichen Selektion mit sich bringt, in
Form der üblichen Produktivitätsnachteile, die Verzicht auf Kooperation gängigerweise mit sich bringt.

Während es gegenwärtig, in den emanzipierten Gesellschaften des einundzwanzigsten Jahrhunderts, immer mehr aufrichtige
Frauen gibt, die ganz selbstbewusst und unverblümt verkünden,
dass sie Wohlstand und Macht an einem Mann sehr anziehend
finden, lehnt dennoch noch immer eine Mehrheit der Frauen ein
derart offenes Eingeständnis ab. Man sollte nicht bezweifeln, dass
Frauen, die Wohlstand und Macht als oberflächliche Attraktivitäts-
kriterien zurückweisen oder gar verachten, dies auf Basis aufrichti-

ger und authentischer Emotionen tun. Was diese für anspruchsvoll und tiefsinnig haltenden Frauen jedoch übersehen, ist, dass es sich bei dem, was sie an Männern attraktiv finden, genau um jene Eigenschaften handelt, die dazu geeignet sind, langfristig Wohlstand und Macht zu erlangen. Wohlstand und Macht können jederzeit verloren werden, wenn es zu grossen Krisen, Zusammenbrüchen des bestehenden Systems, Kriegen und Anarchie kommt, was im Regelfall mindestens einmal im Laufe eines Menschenlebens auch geschieht. Viel wichtiger sind dagegen Eigenschaften und Fähigkeiten, die dazu verhelfen, erneut Wohlstand und Macht zu erlangen und damit zu beweisen, dass der Erfolg beim ersten Mal nicht nur Glückssache war. Unterschiedslose Mitläufer sind daher nicht gefragt. Begehrt werden Männer, die als Farbtupfer aus der grauen namenlosen Masse hervorstechen. Dies können sie auf ganz unterschiedliche Weisen tun, wie sich mit Aufzählung der oben genannten Klischeearchetypen zeigen lässt. Jeder dieser Archetypen verkörpert eine andere Lebensstrategie, von der jede – je nach aktuellem Zeitgeist, gesellschaftlichen Strömungen und Umständen – die gerade erfolgreichste sein kann. Die wenigsten Frauen stehen ein Leben lang auf denselben Männertyp. Frauen sind opportunistisch, pragmatisch und risikoavers. Je nach eigener gesellschaftlicher Position, eigenem Alter, eigener Schönheitsausprägung, eigener Intelligenz, eigenem sozioökonomischem Status und sozialem Umfeld, je nach Zeitgeist, Kulturkreis, Wohlstand und Sicherheit ist ein anderer Männertypus vorteilhaft für sie und die Verwirklichung ihrer Interessen. Darum setzen Frauen nicht alles auf eine Karte, sondern haben verschiedene Eisen im Feuer. Ganz bewusst nutzen sie alle Gelegenheiten, ihr Leben mit Farbe zu füllen, indem sie mal mit diesem und mal mit jenem Männertypus Erfahrung sammeln. Genetisch reizen sie die Rekombinationsmöglichkeiten ihres Immunsystems maximal aus, sofern möglich.

Männer wissen sehr genau, was sie wollen, nämlich fruchtbare Frauen, mit für sie hoher sinnlicher Qualität. Frauen gehen eher umgekehrt vor, nach dem Ausschlussprinzip, indem sie sehr genau wissen, was sie nicht wollen, nämlich namenlose Männer, die nur profillose Nebendarsteller sind, ohne Persönlichkeit und Charisma, und ohne sonderlich hohen emotionalen Unterhaltungswert. Männchen maximieren ihren evolutionären Erfolg, indem sie sich mit allen verfügbaren Weibchen paaren. Weibchen maximieren ihren evolutionären Erfolg, indem sie immer dem gerade optimalen Vorteil versprechenden Männchen gegenüber loyal sind. Die Haltbarkeitsdauer dieser Loyalität kann sehr unterschiedlich sein und ist von opportunistischen Gelegenheiten abhängig, die durch ökonomische und ökologische Parameter bestimmt werden. Welcher Männertyp gerade der »richtige« für sie ist, bemerkt eine Frau daran, für welchen Mann sie gerade romantische und leidenschaftliche Gefühle empfindet. Frauen, die im richtigen Moment Gefühle für die nützlichsten Männer hegten, hatten immer einen evolutionären Selektionsvorteil gegenüber anderen.

Was Gefühle und Emotionen aus neurobiologischer Sicht sind und welchen evolutionären Sinn sie haben, reflektiert kaum eine Frau. Sie abstrahiert in aller Regel nicht so weit von ihren Gefühlen und Emotionen, sondern lässt sich von ihnen treiben und bleibt in der Innenperspektive der durch sie entstehenden Hypothesen gefangen. Auch Männer tun das. Aber Männer erheben für gewöhnlich gar nicht erst den Anspruch darauf, das emotionalere, tiefgründigere und weniger oberflächliche Geschlecht zu sein, obwohl sie es in ihrer grösseren und naiveren Romantik wahrscheinlich sind. Männer sind direkt und unverblümt, Frauen hingegen unverbindlich und kalkulierend. Wenn Frauen etwas haben wollen, zum Beispiel einen bestimmten Mann, denken sie wie ein Schachspieler um drei Ecken herum und sinnieren, wie sie sich ihn am besten angeln können. Wenn Männer etwas haben wollen, zum Beispiel eine Frau, grapschen sie mit gestrecktem Arm wie ein Kleinkind danach. Allerdings gelten ehrliche und direkte Männer meistens als plump, während hintertriebene Frauen positiv umformuliert vermeintlich über »soziale Intelligenz« verfügen.

Frauen fühlen sich zu den Männern hingezogen, die die angenehmsten und interessantesten Stimmungen erzeugen. Wenn man feststellen kann, dass jene Frauen am attraktivsten sind, die am fruchtbarsten aussehen, lässt sich auch sagen, dass jene Männer am attraktivsten sind, die die für weibliche Fantasie und Gefühle ansprechendsten Inszenierungen erzeugen. Je nach Lebensphase – sowie auch je nach Zyklusphase innerhalb eines Monats – können die weiblichen Vorlieben stark variieren. Als global stabilste universelle Konstante in ihren Präferenzen kristallisiert sich neben einem hohen sozialen Status eine relativ hohe Körpergrösse heraus. Unter den sichtbaren der evolutionär bedeutsamsten Faktoren ist Grösse derjenige, der keiner kurzfristigen Schwankung unterliegt. Als grosses Rätsel stellt sich bislang dagegen die weibliche Vorliebe für knackige Hinterteile dar, denn wenn es um die Beurteilung männlicher Muskelkonstitution ginge, wären Oberschenkel hierfür geeigneter. Paradoxerweise sind genau die Männer, bei denen sich Körperfett nicht primär an Bauch und Hüften, sondern am Hinterteil ansetzt, gesünder und langlebiger als andere. Leistungsfähigkeit ist Frauen bei Männern aber grundsätzlich entscheidender als Langlebigkeit.

Frauen haben viele erstaunliche und unterhaltsame Fähigkeiten entwickelt, relevante Informationen über Männer einzuholen. Sogar die Gehgeschwindigkeit eines Mannes hat Einfluss darauf, für wie attraktiv er wahrgenommen wird. Geschäftig durch die Gegend laufende Männer verfügen im Durchschnitt über einen höheren Sozialstatus. Wer einen niedrigen Status hat, neigt zu Frustration, und wer depressiv ist, geht langsamer. Doch wer lethargisch ist, stellt keine Hilfe in der natürlichen Selektion dar. Eine Vorliebe dafür konnte sich in der Evolution nicht lange halten. Zwischen dem Sozialstatus der Frau und ihrer Gehgeschwindigkeit gibt es hingegen keinen Zusammenhang. Frauen müssen nicht vor Dopamin strotzen, sondern vor Östrogen.

Natürlich möchte eine Frau möglichst viele hilfreiche Eigenschaften in einem Mann vereint haben. Im Idealfall ist dieser sowohl sexuell hochattraktiv als auch in der Lage, sein Leben erfolgreich zu meistern und für seine Familie zu sorgen, als auch noch kinderlieb und zumindest einigermassen zu Beziehungsexklusivität bereit. Frauen, die bereits einen der allerattraktivsten Männer abbekommen haben, wechseln den Partner nur noch äusserst selten. Stattdessen versuchen sie, ihn ein Leben lang an sich zu binden und sind sogar eher bereit, regelmässige Seitensprünge zu dulden, als wieder auf einen schlechteren Mann auszuweichen. Es ist davon auszugehen, dass die »besten« Männer nicht nur schöne Frauen bekommen, sondern unter den schönen auch noch die klügsten.

Und kluge Frauen können erkennen, dass das männliche Bedürfnis nach sexueller Abwechslung keineswegs etwas mit mangelnder Liebe oder mangelndem Respekt zu tun hat. So wenig wie das weibliche Bedürfnis nach Liebe und Respekt etwas mit mangelnder erotischer Lust zu tun hat.

03 WERTVOLLE WEIBCHEN UND ERSETZBARE MÄNNCHEN

Man stelle sich vor, eine Gruppe von Menschen strandet nach einer Schiffs- oder einer Flugzeugkatastrophe auf einer einsamen Insel. Einhundert Frauen und ein einziger Mann haben überlebt. Eine unrealistische Konstellation? Sie sei als Gedankenexperiment dennoch zugrundegelegt, um eine tiefere Logik zu veranschaulichen. Allen Überlebenden wird schnell klar, dass sie niemals gefunden werden und nun entweder auf ihren Tod warten oder aber eine neue Kolonie gründen können. Sie entscheiden sich schliesslich dafür, das beste aus der Lage zu machen und Nachwuchs zu zeugen.

Wie viele Kinder könnten bei dieser Konstellation, mit einem Mann und einhundert Frauen, innerhalb eines Jahres gezeugt werden, die Fruchtbarkeit aller Beteiligten vorausgesetzt? Richtig, einhundert. Wären es nur neunundneunzig Frauen, käme es auch nur zu neunundneunzig Kindern.

Wie viele Kinder wären es aber, wenn die Konstellation umgekehrt wäre? Wenn einhundert Männer und nur eine Frau überlebt hätten? Richtig, ein einziges – von Mehrlingsgeburten einmal abgesehen. Wären es nur neunundneunzig Männer, käme es trotzdem zu einem Kind. Ein Mann mehr oder weniger spielt keine Rolle. Eine Frau mehr oder weniger spielt eine Rolle. Männchen waren in der Evolution immer ersetzbar. Weibchen sind dagegen sehr wertvoll.

Nach einem Krieg kann ein Volk es auch mit wenigen überlebenden Männern schaffen, zügig auf alte Grösse anzuwachsen, sofern seine Frauen verschont geblieben sind. Dann besteht kein Grund zur Panik, denn die wenigen Männer können fast allen Frauen zügig zu Schwangerschaften verhelfen. Kaum eine Frau muss sich Sorgen machen, dass ihre sexuellen Bedürfnisse nicht weitestgehend befriedigt würden. Sofern die Männer es schaffen, alle Kinder zu versorgen, werden die Frauen sich pragmatisch damit abfinden, dass sie keinen Mann für sich alleine haben können, sondern den Vater ihrer Kinder mit anderen Frauen teilen müssen. Wenn sich eine Frau mit den sexuellen Machtverhältnissen nicht anfreunden kann, wird sie ohne Kind bleiben. Bei einem deutlichen Frauenüberschuss wird sich keiner der Männer sonderlich von empörten Vorwürfen einer Frau stressen lassen, sondern selbstverständlich nach Belieben ihm angebotene Lusterlebnisgelegenheiten annehmen. Frauen werden ihr Hauptaugenmerk deshalb lieber darauf legen, dass es ihren Kindern gut geht. Solange das gesichert ist, soll der Mann doch treiben, was er will.

Eine ganz andere Situation läge vor, wenn viele Männer den Krieg überlebt hätten, aber die Frauen auf eine kleine Anzahl dezimiert worden wären, weil in Abwesenheit der Männer vielleicht Feinde das Dorf überfallen haben. Dann könnte nicht jeder Mann sofort ein Kind zeugen. Die wenigen Frauen kämen nämlich mit dem Gebären nicht so schnell voran. Es würde lange dauern, bis das Volk wieder zu alter Grösse erstarkt wäre. Unterdessen stünden die wenigen Frauen keineswegs allen Männern bereitwillig zu deren sexuellen Befriedigung zur Verfügung, sondern sie würden sich sehr streng die besten heraussuchen. Wenn die Frauen freie Auswahl bei grossem Männerüberschuss haben, kann ein klitzekleiner Attraktivitätsnachteil bereits bedeuten, dass ein Mann durch die sexuelle Selektion der Frauen so bitter diskriminiert wird, dass er niemals die geringste Fortpflanzungschance erhält. Es käme deshalb zu einem bitterbösen Konkurrenzkampf zwischen den Männern. Das allgemeine gesellschaftliche Klima wäre sehr spannungsgeladen. Es gäbe ständig erbitterte Kämpfe, wodurch weitere Ressourcen verpulvert anstatt in den Nachwuchs investiert werden würden. Im Extremfall könnte es sogar passieren, dass sich alle Frauen für den gleichen Mann entscheiden, weil sie alle darin übereinstimmen, dass er der beste ist. Womöglich wäre keine von ihnen bereit, zugunsten anderer auf einen schlechteren Mann auszuweichen. Die übriggebliebenen Männer müssten sehen, wo sie bleiben. Ohne Chance auf Fortpflanzung und Liebesglück hätten diese Männer nicht mehr viel zu verlieren und würden sich extrem destruktiv und aggressiv verhalten. Die Frauen müssten von ihrem Partner ständig vor Vergewaltigungsversuchen der vielen verzweifelten anderen Männer geschützt und verteidigt werden; sie kämen kaum dazu, ihr kleines Familienglück zu geniessen. Welche Anzahl von Frauen sich um einen Mann schart, hängt von seinen ökonomischen und ökologischen Verhältnissen ab: Wie viele Kinder er versorgen, gegen wie viele andere Männer er Mutter und Kinder beschützen und wie lange er angesichts des Stresses überleben und für seine Familie da sein kann, und so weiter.

Auf einer einsamen Insel würden sich zweifelsohne viele der einhundert Männer im Kampf um die eine Frau gegenseitig die Köpfe einschlagen. Es würden sich grässliche Szenen abspielen. Extreme männliche Konkurrenz, egal ob durch natürliche Umweltbedingungen gegeben oder aufgrund von weiblichen Strategien erzwungen, ist keine schöne Sache. Ein einzelner Mann könnte mit einhundert Frauen dagegen nicht nur technisch sehr schnell sehr viele Kinder zeugen, sondern er würde es auch praktisch tun. Er könnte die Frauen reihenweise begatten, ohne vorher lange Zeit in Flirts und Überzeugungsarbeit investieren zu müssen. Die Frauen würden ihn nicht so streng prüfen, denn sie hätten ja ohnehin keine Wahl. Sie wären vielleicht aufeinander eifersüchtig, aber sie würden sich kaum gegenseitig an die Gurgel gehen, denn schliesslich käme ja wenigstens fast jede von ihnen mal an die Reihe.

Eine einzelne Frau mit einhundert Männern könnte nicht nur technisch nur sehr langsam Kinder in die Welt setzen, sondern würde sich auch bereits vor der Zeugung sehr gut überlegen, mit wem sie dies tun will. Wenn sie innerhalb der nächsten neun Monate nur ein Kind bekommen kann, dann soll dies wenigstens vom besten der verfügbaren Männer sein. Welcher dies ist, müsste die Frau aber erst noch prüfen. Um auf Nummer sicher zu gehen, würde sie am liebsten alle durchtesten. Aber das würde dauern. Womöglich zu lange. Eine Schwangerschaft kostet bereits an sich viel Zeit. Wenn nun aber auch noch Wochen aufs vorherige Vergleichen der Männer draufgehen, dann wird es gefährlich für die Population. Bis sich die Frau endlich entschieden hätte, könnte ihr längst etwas zugestossen sein. Dann gäbe es gar keine Kinder mehr.

Übertrieben streng prüfende Frauen, denen man es kaum recht machen konnte, starben in der Evolution regelmässig aus, weil sie entweder so lange warteten, bis ihre Eizellen nicht mehr fruchtbar oder bis alle tauglichen Männer bereits anderweitig mit familiären Verpflichtungen ausgelastet waren. Die einzelne Frau auf der einsamen Insel wird also hoffentlich nicht bis zum Sanktnimmerleinstag warten, aber überstürzen wird sie auch nichts.

Angenommen, sie hätte nun die Hälfte der Männer geprüft, sich für einen von ihnen entschieden, wäre schwanger – und müsste anschliessend feststellen, dass sich unter den restlichen Männern noch eine ganze Handvoll bessere befindet. Dann würde sie sich sehr ärgern. Es kann auch sein, dass sich ein paar der bereits geprüften Männer später noch als viel besser herausstellen, als die Frau es anfangs vermutete. Sie kann einem Mann ja nicht alle relevanten Eigenschaften sofort an der Nasenspitze ansehen. Was also dann? Soll sie den ersten wieder verlassen und darauf hoffen, dass einer der besseren Männer weiterhin bereit ist, ein zweites oder drittes Kind mit ihr zu zeugen? Wer garantiert ihr, dass sich diese Männer nicht beleidigt zurückgezogen haben, weil ihnen zunächst ein schlechterer Mitbewerber vorgezogen worden war? Und selbst falls sie sich trotzdem noch mit ihr abgäben, weil es sich bei ihr schliesslich um die einzige Frau auf der Insel handelt, würden sie dann auch für das Kind des ersten Mannes sorgen? Und was ist mit dem ersten Vater? Wird der sich noch um sein Kind kümmern, nachdem die Mutter ihn doch für einen anderen verlassen hat?

Wer möchte schon in der Haut dieser Frau stecken und ihre Entscheidungen treffen müssen? Bis sie sich endlich entschieden hat, ist sie vielleicht tatsächlich selber gestorben. Das wäre für die Spezies sehr gefährlich. Nicht aus Sicht der armen Frau, aber rein aus Sicht des Überlebens der Population betrachtet, wäre es dann sogar günstiger, wenn die Frau frühzeitig vergewaltigt würde. Vergewaltigung ist brutal, aber sie ist ein erfolgreiches evolutionäres Konzept. Sehr viele schauderhafte Verhaltensrelikte des Menschen, von Fleischkonsum bis Faschismus, waren evolutionär erfolgreiche Konzepte. Sie haben den heute noch lebenden Menschen aber irgendwann einmal entscheidende Überlebensvorteile geboten, denn sonst gäbe es sie nicht. Jeder Mensch findet Vergewaltiger in seinem Stammbaum, wenn er nur lange genug zurück schaut. Ein beliebtes Beispiel in der Evolutionsbiologie ist hierfür Dschingis Khan. Rund ein Prozent der asiatischen Bevölkerung trägt Gene von ihm in sich, dem barbarischen Eroberer, der jeden Mann der sich ihm auf seinen brutalen Feldzügen in den Weg stellte, auf martialische Weise tötete und zehntausende von Frauen im Vorbeigehen vergewaltigte. Fragt man jene Asiaten heute danach, was sie von ihrem Urahn halten, wird man überwiegend auf Entsetzen und Scham stossen. Die Empfindung, dass etwas brutal oder grausam ist, ist selbst natürlich ebenfalls ein Ergebnis von Evolution. Auch Sensibilität erwies sich also während bestimmter evolutionärer Sequenzen als erfolgreiche Eigenschaft.

Gemeinschaften schützen ihre Frauen. Kleine Gruppen hatten im Laufe der Evolution bei kriegerischen Auseinandersetzungen gegenüber grossen Völkern das Nachsehen. Kriege zwischen Stämmen, die nicht dieselbe Sprache sprachen, sich nicht verständigen und nicht über Konversation Einfühlungsvermögen füreinander aufbauen und Konflikte mündlich verhandeln konnten, waren Alltag. Da es seltener intellektuell anspruchsvolle Wortgefechte als körperliche Auseinandersetzungen gab, war schiere Populationsgrösse ein ganz wesentlicher Faktor. Es ging nicht um relative, sondern um absolute Stärke. Daraus ergibt sich der erhebliche Wert von Frauen. In Völkern, die nach Kriegen die Hälfte ihrer Männer verloren hatten, konnte dennoch allen gesunden Frauen und allen gesunden Männern zu einer Elternschaft verholfen werden. Zwar bekam nicht jede Frau einen exklusiven Versorger, aber die Gemeinschaft half ihr natürlich bei der Aufzucht der für das Volk so wichtigen Kinder. Völker, die das nicht taten, starben eher aus. Kinderfreundliche Völker, die es taten, überlebten besser – und von ihnen stammt die heutige Menschheit ab. Exklusive Paarbeziehungen sind ein neumodisches Phänomen der Evolution. Die Triebe und Impulse des Menschen verändern sich über hundertausende von Jahren nur wenig, denn ihre Auslösemechanismen liegen keineswegs in einem peripheren Randbereich des Gehirns, den die Evolution mal eben wieder abhobeln könnte, sondern durchziehen es von seinem Kern ausgehend durch seine gesamte Struktur hindurch. Sie werden so lange Teil des Menschen bleiben, wie der Mensch existiert.

Männer, die zufrieden damit waren, nur eine Frau geschwängert zu haben, zeugten weniger Kinder und verbreiteten damit auch ihre Veranlagung schlechter als Männer, die Abwechslung suchten. Heutige Männer stammen daher von jenen Vorfahren ab, die Abwechslung suchten und fanden. Heutige Männer sind keineswegs gefühlskalte Schufte, nur weil sie gerne jeden Tag mit einer neuen Frauen ins Bett steigen würden. Heutige Frauen sind schliesslich auch keine herzlosen Schufte, bloss weil sie Männern untersagen wollen, ihren natürlichen Empfindungen, Neigungen und Sehnsüchten nachzugehen. Frauen, die Männer erfolgreich unter Druck setzten und ihnen fürsorgliches Verhalten abpressten, hatten einfach einen Selektionsvorteil. Heutige Frauen reagieren daher nicht selten mit viel Empörung und pathetischen Vorwürfen, wenn Männer sich ganz gemäss ihrer Natur verhalten. Männer, die sich nicht zu Linkshändern umziehen lassen, bloss weil Frauen an Rechtshändern etwas auszusetzen haben, erfahren viel weiblichen Gegenwind. Aber auch wenn Frauen selbstgerecht sind und egozentrische Forderungen stellen, ist das eben auch nur ein Ergebnis evolutionär erfolgreich weitervererbter Veranlagung. Frauen die sich alles bieten liessen ohne eigene Ansprüche zu stellen, haben es in der Evolution nicht weit gebracht.

Gemeinschaften, die streng mit ihren Männern umgingen, sorgten dafür, dass es weniger individuelle egoistische Aufmüpfigkeit, weniger Auseinandersetzungen und weniger Vergewaltigungen gab. Verliessen zu rebellische Männer daraufhin frustriert oder verbittert den Stamm, oder starben zu impulsive Männer, die sich nicht unterordnen konnten, in Kämpfen mit anderen, war das keine grosse Tragödie. Anarchie zuzulassen hätte einen höheren Preis gekostet. Gemeinschaften, die ihre Frauen verstiessen oder von ihnen aus Enttäuschung oder Verbitterung verlassen wurden oder deren Frauen aus Trotz die Fortpflanzung verweigerten, hatten dagegen ein Problem: einen Selektionsnachteil. Von ihnen stammt die heutige Menschheit nicht ab. Und das lässt sich am Verhalten sozialer Gemeinschaften heute hervorragend ablesen.

Männer, die von zudringlichen Frauen belästigt werden, erhalten von der Gesellschaft kaum Hilfe. Wenn sich Männer in einer Diskothek beim Wirt über aufdringliche Frauen beschweren, werden sie ausgelacht. Von zudringlichen Männern belästigte Frauen hingegen werden von ihrer Gemeinschaft sofort massiv verteidigt, was nicht nur am höheren Gefahrenpotenzial männlicher Muskelkraft liegt. Wenn sich Frauen in einer Diskothek beim Wirt über aufdringliche Männer beschweren, fliegen diese sofort raus. Frauen werden getröstet, beschützt und versorgt. Auf die Bedürfnisse von Frauen wird Rücksicht genommen. Weibliches Verhalten wird milder beurteilt. In der Schule bekommen Mädchen bei gleicher Leistung bessere Noten als Jungs. Frauen bekommen bei Sorgerechtsstreitigkeiten auch in emanzipierten Zeiten mehr Alimente zugesprochen als umgekehrt. Männer beanspruchen aus Angst vor Hohn, Spott und Imageschaden selbst dann nur selten Alimente, wenn sie einen Anspruch darauf hätten. Jammernde Männer nimmt fortan niemand ernst. Frauen werden dagegen niemals ausgelacht oder müssen um ihren Status bangen, wenn sie nachdrücklich Solidarität und Protektionismus einfordern, sondern gelten als besonders selbstbewusst. Vor Gericht bekommen weibliche Delinquenten für gleiche Vergehen mildere Strafen. Weinende Frauen erwecken bei Richtern mehr Gnade als Männer, die lediglich betreten zu Boden schielen. Verhalten sich Frauen daneben, glaubt die Gemeinschaft, es hätte an den Umständen gelegen denen sie ausgesetzt war. Verhalten sich Männer daneben, glaubt die Gemeinschaft, es wäre auf den ureigenen Charakter des Mannes zurückzuführen. Frauen, die erfolgreich auf die Tränendrüse drückten, hatten immer einen Selektionsvorteil. Dass sie dies nach wie vor zu nutzen wissen, ist es ein alltäglich beobachtbares Phänomen. Auch das gehört zu den Waffen einer Frau.

Für maskuline Romantik sind Männer im Hinblick auf sich selbst durchaus empfänglich. Kaum einer hat sich nicht schon einmal in die Rolle des Hauptdarstellers eines Actionfilms hineingeträumt. Heerscharen von Männern hegen den ewigen Traum, in einem grossen Endspiel der eine zu sein, der das alles entscheidende Tor für seine Mannschaft schiesst. Diese romantische Schwäche nutzen Frauen regelmässig zu ihrem Vorteil aus. Indem Frauen Männer stärker machen, als sie sind, schmeicheln sie ihnen. Indem sie sich selbst schwächer machen, als sie sind, geben sie Männern die Gelegenheit, sich als Beschützer oder Gentleman in Szene zu setzen. Was dadurch dem gefühlten Eindruck nach entsteht, ist eine Differenz zwischen real meist gar nicht vorhandener weiblicher Bedürftigkeit gegenüber real meist gar nicht bevorteilten Männern. Aus dieser gefühlten Lücke schöpfen Frauen die Munition dafür, schlechte Gewissen von Männern fortwährend zu schüren und emotionale Erpressung zu betreiben. Die doppelmoralische Lücke hat nicht zuletzt zur Folge, dass Männer ihrerseits weniger Forderungen stellen, als aus Gerechtigkeitsgründen geboten wäre. Frauen brauchen vermeintliche Bedürftigkeit lediglich anzudeuten, um von Männern grosszügig unterstützt zu werden.

Wer panische Angst hat, des Rassismus oder Faschismus verdächtigt zu werden, verhält sich Angehörigen ethnischer Minderheiten, behinderten Menschen oder Homosexuellen gegenüber übertrieben freundlich. Frauen schaffen es regelmässig, Männern weiszumachen, sie seien eine Randgruppe, die ähnlicher Sonderschutzbehandlungen bedarf wie ethnische Minderheiten, Behinderte oder Homosexuelle. Es gibt zahlreiche »Frauenbeauftragte« und sogar ein Ministerium für unter anderem »Frauen«, aber keine entsprechenden Einrichtungen für Männer. Wenn Männer auf Ungleichbehandlungen hinweisen, werden sie nicht selten als Jammerlappen verlacht, anstatt in ihren Bedürfnissen ernst genommen zu werden. Sie müssen sich daher immer gut überlegen, ob ihnen soziale Anerkennung oder Gerechtigkeit lieber ist.

04 MÄNNLICHER MEHRAUFWAND UND WEIBLICHE FLEXIBILITÄT

Eine Frau hat es selbstverständlich verdient, dass man ihr, ihren Gedanken, ihren Gefühlen, ihren Bedürfnissen, ihren Ängsten und ihren Hoffnungen mit Respekt und Achtung begegnet. Eine erwachsene Frau erhält normalerweise auch den Respekt, den jeder Mensch erwarten darf. Ihre Gefühle werden von ihrem sozialen Umfeld in der Regel nicht übergangen, sondern ernst genommen; eine freie Gesellschaft natürlich vorausgesetzt. Bei Männern ist dies nicht in gleicher Weise automatisch der Fall. Männer müssen sich Respekt erarbeiten. Wer als Mann nichts besonderes leistet oder wer grosse Fehler begeht, kann in Windeseile jeglichen Respekt und die Achtung seines Umfelds – und zwar insbesondere der Frauen – verlieren. Mit ausgewiesenen Versagern teilen Frauen nur ungern das Nachtlager. Wer einmal einen entsprechenden Stempel aufweist, wird ihn kaum noch los. Wenn Frauen versagt haben, muss es an etwas anderem gelegen haben.

Frauen dürfen selbstverständlich das machen, was das Handeln von Menschen ganz wesentlich kennzeichnet, nämlich Fehler. Nach Fehlern werden sie getröstet. Männer werden nach Fehlern weniger getröstet als für inkompetent gehalten. Frauen können ohne Respektverlust Berufe ergreifen, die ihren Vorlieben entsprechen. Männer werden dagegen weniger ernst genommen, wenn sie lieber eine Ausbildung zum Kindergärtner machen als Betriebswirtschaft zu studieren. Männer versinken in der grauen Masse zahlloser Durchschnittstypen, wenn sie nichts besonderes vorzuweisen haben. Es kann daher nicht verwundern, dass Männer permanent das Bedürfnis an den Tag legen, sich zu profilieren. Der markanteste, aussergewöhnlichste und unterhaltsamste Typ bekommt den privilegiertesten Zugang zu Frauen. Frauen haben dagegen immer erotischen Zugang zu Männern, egal ob sie Kindergärtnerin oder Betriebswirtin sind. Männer müssen sich in ihrer Selbstdarstellung von anderen differenzieren, um nicht übersehen zu werden. Frauen werden nicht übersehen, denn sie können jederzeit mit dem blossen Tragen eines tiefen Dekolletees Aufmerksamkeit auf sich ziehen. Männer wären froh, wenn sie wenigstens für den Notfall eine Art Aufmerksamkeitsdekolletee hätten. Haben sie aber nicht. Je markanter ein Mann ist, desto vorteilhafter ist es für ihn. Es gibt keine »Waffen eines Mannes«. Männer können sich keine privilegierte Behandlung erschleichen, indem sie viel Bein zeigen. Absurderweise wird ihr von der Natur gewährte Bonus, bei Bedarf auf solche Mittel zurück greifen zu können, von Frauen oft so umgedeutet, als sei es ihr einziges Mittel Aufmerksamkeit zu bekommen, da sie darauf reduziert würden.

Hätten Frauen andere Partnerwahlschemata, wären Männer entspannter, weniger aggressiv, aber auch weniger leistungsbereit. Und an ehrgeizlosen Männern haben Frauen eben kein Interesse.

Frauen überlegen sich bei den wichtigen Entscheidungen darüber, was sie im Leben tun wollen, was ihnen gefällt, was ihnen gut tut und ob sie sich damit wohlfühlen. Männer überlegen sich stattdessen immer, was letztlich die Frauen von dem halten, was sie tun. Wenn Frauen toll finden was er macht, wird ein Mann es mit Eifer weiter betreiben, ganz gleich, welche Kosten es ihm verursacht. Frauen verstehen sich dagegen niemals lediglich als Entertainerin für die Männerwelt. Um Frauen zu beeindrucken und ihnen zu zeigen, dass sie kein Durchschnittstyp sind, müssen Männer gehörige Mengen ihrer Ressourcen aufwenden und nicht selten empfindliche Risiken eingehen. Männer unternehmen allerhand, um von Frauen für grossartig gehalten zu werden – sie rennen bis zum Kreislaufkollaps Marathon oder fahren waghalsig Motorrad, um Frauen zu zeigen, was sie alles können, was alles in ihnen steckt, was sie sich alles locker leisten können und welche Risiken sie scheinbar mühelos im Griff haben. Frauen joggen vor allem für ihre Gesundheit und interessieren sich eher für einen sicheren Helm als für die Pferdestärken ihrer Maschine. Was man eben so macht, wenn die natürliche Selektion bedrohlicher ist als die sexuelle.

Ein paar gefährliche Narben machen einen Mann interessant, verwegen und lassen ihn erfahren erscheinen. Angeberei und Risikoverhalten haben sich für ihn dann bezahlt gemacht. Gefahrvermeidende Männer sind unsexy. Männer kaufen sich dicke Autos mit katastrophalem Preisleistungsverhältnis, um damit Frauen zu beeindrucken. Frauen kaufen sich einen praktischen und finanzökonomisch sinnvollen Kleinwagen in einer hübschen Farbe, weil ihnen die Meinung der Männer darüber vollkommen gleichgültig ist. Männer lieben ihre Partnerinnen auch dann, wenn die nicht schneller rennen und Bälle nicht präziser werfen können als andere Frauen. Sie lieben ihre Frauen auch dann, wenn diese weniger kreativ als andere sind. Frauen müssen auch nicht unbedingt kluge Gedanken formulieren, um von ihren Männern geliebt zu werden. Sie brauchen nichts zu erschaffen, nichts Muskelkraft erforderndes zu leisten und stehen nicht im Geringsten unter dem Druck, ihr Spektrum an Fähigkeiten ständig zur Schau stellen zu müssen. Sie werden trotzdem geliebt, einfach weil ihre blosse Anwesenheit, ihr Anblick, ihr Geruch, der Klang ihrer Stimme, ihre Zärtlichkeiten und ihre Aufmerksamkeit den Männern gut tun.

Jede Frau hat eine Zeit in ihrem Leben, in der sie jung und fruchtbar ist und in der sie auf paarungswillige Männer trifft. Männern kann es dagegen passieren, dass sie ein Leben lang von Frauen übersehen werden. Es gibt keine männliche Version des Märchens von Aschenputtel, in dem der völlig unscheinbare Stiefsohn einer gesellschaftlich unbedeutenden Familie, der für alle nur ein Prügelknabe ist, ohne jegliche Bildung und vorzeigbaren Wohlstand, von einer wundervollen, anspruchsvollen Prinzessin, die zuvor bereits die imposantesten Männer abgelehnt hat, entdeckt, geheiratet und damit auf einen Schlag an die Spitze der Gesellschaft katapultiert wird. Dorthin, wo er nach eigenem Selbstverständnis selbstverständlich hingehört. Der »Cinderellaeffekt« ist ebenfalls ein allgemeines Lieblingsbeispiel in der Evolutionsbiologie.

Wenn man am Wochenende abends ausgeht, sieht man zwischen all den sexsuchenden Männern auch einige Frauen, die unterwegs sind, um Spass zu haben. Wenn man allerdings werktags abends durch Kneipen zieht, sieht man fast nur Männer. In jeder Diskothek herrscht dann ein dramatischer Männerüberschuss. Statt auf dem Sofa von den Anstrengungen ihrer Arbeit zu regenerieren und Kräfte für den morgigen Tag zu sammeln, hängen viele Männer abends draussen rum und geben weitere Ressourcen aus. Frauen sind in ihrer fruchtbaren Zyklusphase gerne unterwegs und sehr neugierig auf Männer, aber dazwischen, insbesondere in der Zeit ihrer Menstruation, bleiben sie lieber in geselliger Runde, zusammen mit Freunden und geschätzten Menschen. Männer sind tagtäglich in ihrer fruchtbaren Phase, von ihrer ersten Erektion bis zum letzten Atemzug. Sie fliegen zahlreich aus wohlhabenden Ländern nach Thailand, nach Kuba oder nach Moldawien, weil kolportiert wird, dass es dort angeblich sexuell zugänglichere Frauen gibt als zuhause. Frauen fliegen höchstens deswegen nach Thailand, Kuba oder Moldawien, weil sie Interesse an Land, Kultur und Klima haben. Männer legten in der Evolution immer wieder grosse Strecken zurück und lungerten mal hier und mal dort in der Weltgeschichte herum, um auf Fortpflanzungsgelegenheiten zu lauern. Frauen ziehen es dagegen vor, sich in ihrer unmittelbaren Lebensumgebung perfekt auszukennen, weswegen sie keinen so grossen Bewegungsradius besitzen. Männer haben daher besser universell anwendbare und generell-abstrahierende Fähigkeiten entwickelt, während Frauen eher starke Emotionen an konkret-individuelle Objekte knüpfen. Sie kennen sich um ihren Wohnort herum besser aus als Männer, aber Männer finden auch in einer wildfremden Umgebung besser die Orientierung. Männer investieren viel mehr Zeit in das Auffinden einer Partnerin als umgekehrt. Frauen investieren ihre Ressourcen lieber in den Nachwuchs, nachdem sie sich aus dem reichlichen Angebot einen passenden Mann zum Zeugen und Versorgen ausgesucht haben. Männer müssen Ressourcen hauptsächlich vor der Zeugung aufbringen, um dafür überhaupt in die engere Wahl zu kommen. Dabei müssen sie viele Ressourcen vergeblich investieren, weil sie, bevor es zu einem Fortpflanzungsakt kommt, von Frauen mehrfach abgewiesen und auf ihre Frustrationstoleranz getestet werden.

Inzwischen ist es unstrittig, dass Männer weitaus häufiger als Frauen unter schwereren Depressionen leiden. Dass lange Zeit irrtümlicherweise das Gegenteil angenommen wurde, lag daran, dass Frauen eher dazu neigen, anderen von ihren negativen Emotionen zu erzählen. Im Gegensatz zu Männern ergibt sich für sie daraus kein gravierender Nachteil. Frauen die ihr Herz öffnen, wird genau das entgegengebracht was sie brauchen, nämlich Anteilnahme und persönliche Wertschätzung. Um Männer mit finsterer Stimmung wird es dagegen sehr schnell still und einsam. Noch heute wird vielfach behauptet, dass Männer deshalb um ein Vielfaches häufiger Suizid begehen, weil sie verbohrter seien und seltener Hilfe suchten. Diese Annahme ist grundfalsch. Männer suchen täglich nach genau dem was sie brauchen, nach Sex, aber den wenigsten unter ihnen wird er grosszügig entgegen gebracht. Von der gewaltigen Menge hilfesuchender Männer kann man sich allabendlich aufs Neue überzeugen, wenn man sich den Männerüberschuss an öffentlichen Plätzen anschaut. Suizidbegehende und amoklaufende Männer sind ganz sicher nicht jene, die ein zutiefst befriedigtes Sexualleben haben.

Männchen brauchen mehr Sex als Weibchen. Viel, viel mehr. Das ist bei den allermeisten Tierarten so. Nicht nur ist das Verlangen der Männchen nach der Anzahl der Kontakte mit einer Sexualpartnerin höher, sondern insbesondere das Verlangen nach einer Vielzahl von verschiedenen Sexualpartnerinnen. Weibchen können fast immer aus einem grösseren Angebot schöpfen, als sie brauchen. Männchen bekommen dagegen fast nie genug Gelegenheiten dazu, ihr Verlangen zu befriedigen, sondern müssen mit anderen Männchen erbittert um die wenigen Gelegenheiten kämpfen. Wenn eine Frau von zwei Männern angeflirtet wird, nimmt sie den besseren. Wenn ein Mann von zwei Frauen angeflirtet wird, nimmt er gerne beide, zumeist nacheinander, aber wenn die Frauen mitspielen würden, gerne auch beide gleichzeitig.

Weibchen können sich unter den Bewerbern den beeindruckendsten aussuchen. Frauen müssen keine Berge besteigen, keine Symphonien komponieren und keine Machtkämpfe gewinnen, um ihre Chancen beim anderen Geschlecht zu erhöhen. Sie müssen auch nicht unbedingt Einfühlungsvermögen, Kinderliebe und Sozialkompetenz zur Schau stellen, denn das sind für Männer keine unwichtigen, aber lediglich sekundäre Entscheidungskriterien, wenn es darum geht, ob sie mit einer Frau Intimität erleben wollen. Frauen bekommen ihren Sex auf jeden Fall. Wenn das beste Männchen sie nicht will, weil es schon mit zu vielen attraktiveren Weibchen ausgelastet ist, will bestimmt das zweitbeste mit ihnen kopulieren. Will auch das nicht, will bestimmt das drittbeste. Wenn ein Weibchen kein Männchen findet, dann höchstens deshalb, weil es wählerischer ist, als es sich leisten kann. Warum das alles so ist? Die mathematische Logik im Beispiel der einsamen Insel erklärt es ziemlich einfach. Während es für die Verbreitung der genetischen Veranlagungen eines Mannes nie schädlich war, wenn er drei, vier oder fünf Frauen kurz aufeinanderfolgend schwängerte, hatten Frauen einen Selektionsnachteil, wenn sie nicht aufpassten, sich ausschliesslich mit dem bestmöglichen Mann in Schwangerschaftsgefahr zu begeben.

Weibchen können mangels der Notwendigkeit, Männchen beeindrucken zu müssen, ihre Energie ganz darauf verwenden, Vorkehrungen gegen die natürliche Selektion zu treffen. Für Männchen gilt dagegen, dass ihnen, wenn sie die sexuelle Selektion nicht überstehen, die natürliche Selektion am Ende auch egal sein kann. Darum werden frustrierte Männer oft verhaltensauffällig.

Frauen reden Männern häufig ein, sie sollten nicht glauben, immer beweisen zu müssen, was für ein toller Kerl sie doch seien. Aber selbstverständlich wählen Frauen die Männer, von denen sie am meisten beeindruckt sind. Entweder zeigen sich die erwählten Männer körperlich oder intelektuell als leistungsfähiger, oder sie sind kinderlieber und zärtlicher als andere, oder sie investieren mehr materielle Ressourcen, oder, oder, oder.

Männer wählen, wenn sie die Wahl haben, schliesslich selbstverständlich ebenfalls die Frauen aus, von denen sie am meisten beeindruckt sind. Dies bezieht sich allerdings weniger auf Leistungsfähigkeit als vielmehr auf Busengrösse, Hautstraffheit, Alter und ähnliches. Allesamt wichtige Aspekte, wenn es darum geht, für seinen Nachwuchs eine gesunde Mutter auszusuchen. Solche Männer hatten einen Selektionsvorteil gegenüber jenen, denen es egal war, als wie stabil sich der Mutterleib erwies, in dem ihr Nachwuchs herankeimte.

Wenn sich alle Männer daran halten würden, ab sofort keine Frauen mehr zu beeindrucken zu versuchen, würde den Frauen ganz schön was fehlen, und ihre Ansprüche würden steil sinken. Aber da müssen sie sich keine Sorgen machen.

05 WEIBLICHE VERTEILUNG UND MÄNNLICHES VAGABUNDIEREN

Wenn sich junge Männer nach dem Abitur überlegen, wo sie studieren sollen, machen sie sich natürlich Gedanken über Hochschulen, Professoren und die Qualität der Ausbildung. Wichtiger ist für viele aber die Frage, wie attraktiv die Studentinnen vor Ort sind und wie viele es dort von ihnen gibt.

Einer jungen Frau fällt eine entsprechende Entscheidung leichter als einem jungen Mann. Sie geht dorthin, wo sie die besten äusseren Umstände vorfindet. Dorthin, wo sie genau das studieren kann, was ihren Vorlieben entspricht. Dorthin, wo optimale Arbeitsmöglichkeiten und hervorragende Lehrer auf sie warten. Dorthin, wo sie adäquate Sport-, Tanz-, Yoga- oder was-auch-immer für Möglichkeiten findet, ihre Hobbys so fortzuführen wie bisher. Dorthin, wo es das Ambiente zulässt, dass sie angenehm und sicher leben kann. Dorthin, wo sie glaubt, spannende Kontakte zu knüpfen und abwechslungsreiche Events zu erleben. Dorthin also, wo sie die besten Voraussetzungen vorfindet, die natürliche Selektion gut zu überstehen. Männer? Klar, Männer sind für sie auch interessant. Aber das mit den Männern wird sich vor Ort schon ergeben. Männer gibt es ja überall. Auch dort, wo sie hinmöchte, wird es zweifelsohne Männer geben, von denen sie dann versuchen wird, den entsprechend attraktivsten kennenzulernen. Falls der sie nicht haben wollte, gäbe es ja auch noch einen zweitattraktivsten. Der sexuellen Selektion wird sie schon nicht zum Opfer fallen. Frauen geht es nie um absolute männliche Attraktivität, sondern um relative. Auch bei einem olympischen Wettkampf muss man sich keinerlei Sorgen darum machen, ob es wohl einer der Athleten schafft die Goldmedaille zu gewinnen. Dafür muss man seinen Diskus nur weiter werfen als der zweitbeste. Die absolute Weite ist irrelevant.

Junge Männer wären gerne genauso sorgenfrei, aber leider können sie das nicht sein. Klar ist das Studium wichtig. Natürlich wollen sie später einen Beruf ausüben, der ihren Interessen entspricht. Entscheidender ist aber, dass diese jungen Männer in einer Lebensphase sind, in der sie ununterbrochen an Sex denken müssen. An der natürlichen Selektion werden sie schon nicht scheitern, an der sexuellen können sie es sehr wohl. Kein Wunder, dass Frauen mit besseren Ergebnissen aus dem Bildungssystem hervorgehen.

Für die meisten Tiere gilt, dass sich – wenn man sie in ein Territorium entlässt – die Weibchen typischerweise entlang der Gebiete mit den besten Nahrungsquellen, den besten Schlafplätzen und dem besten Schutz vor Feinden aufteilen. Zuerst klären die Weibchen also die wichtige Frage, ob sie die natürliche Selektion überstehen. Was die Männchen unterdessen machen, ist ihnen zunächst gleichgültig. Die Männchen sorgen sich dagegen nicht sonderlich um Nahrungsquellen und Schlafplätze, sondern halten sich dort auf, wo sich die Weibchen befinden. Verteilt man zunächst Käfige mit Männchen in einem solchen Territorium und entlässt dann freilaufende Weibchen darin, scheren sich diese nicht um die potentiellen Partner, sondern verteilen sich genau so, wie sie es ohne Käfige auch täten. Ihre Verteilung richtet sich also nach Nahrungsquellen und Schlafplätzen. Steckt man dagegen zuerst die Weibchen in die Käfige und entlässt dann freilaufende Männchen in dem Territorium, scharen sich diese um die Käfige, ganz gleich, ob sich Nahrungsquellen in der Nähe befinden oder nicht. Verändert man die Position der Käfige, wandern auch die Männchen mit. Zuerst klären diese nämlich die für sie weitaus wichtigere Frage, ob sie die sexuelle Selektion überstehen. Ein Beispiel dafür findet man bei Peter Kapeller.

Männchen, die andere Männchen erfolgreich aus einem räumlichen Gebiet vertreiben, senken die Spermienkonkurrenzgefahr. Je mehr Territorium ein Männchen erobert, desto wahrscheinlicher ist es, dass sich in dem von ihm kontrolliertem Gebiet Weibchen befinden. So wie seine absolute Gewinnwahrscheinlichkeit erhöht, wer gleich mehrere Lose einer Lotterie kauft. Darüber hinaus gibt es allerdings noch einen Unterschied, wie wertvoll das jeweilige Territorium ist – so wie ein Quadratmeter Grundbesitz im Herzen von Manhattan teurer ist als ein Quadratkilometer in der mongolischen Provinz. Vor Weibchen haben Männchen keine Konkurrenz zu fürchten. Von Weibchen geht weder für Männchen noch für andere Weibchen Gefahr aus.

Von Männchen geht dagegen sowohl für andere Männchen als auch für Weibchen Gefahr aus, denn viele von ihnen greifen zu Gewalt, sofern sie keinen Konsens über Geschlechtsverkehr erzielen können und ihn erzwingen müssen. Aber Vergewaltigung ist kein sehr häufiges Problem. Weibchen halten sich für gewöhnlich dort auf, wo sich das Territorium bewährt hat, weil reichhaltige Nahrung vorhanden ist und angenehme Bedingungen herrschen. Damit befinden sie sich gleichzeitig auch im Territorium des mächtigsten Männchens, denn das verteidigt immer jenen Bereich, in dem die meisten und attraktivsten Weibchen sind. Dieses Männchen besteigt die vorhandenen Weibchen zwar mit allergrösster Selbstverständlichkeit, wie es ihm gerade passt, von einem herausragend leistungsfähigen und daher attraktiven Männchen besamt zu werden, bedeutet für Weibchen im Regelfall aber keine Vergewaltigung, sondern ist höchst erwünscht. Diese Männchen geben ihre beeindruckenden Fähigkeiten schliesslich an den männlichen Nachwuchs des Weibchens weiter. Weibchen, die sich bereitwillig vom mächtigsten Männchen besamen lassen, verbreiten ihre Gene besser als jene, die sich selbst beim allerattraktivsten Männchen noch bockig anstellen. So hat sich evolutionär eine weibliche Affinität für männliche Macht, männliche Durchsetzungsfähigkeit und männliche Leistungsstärke entwickelt. Die Gene eines Alphatiers sind heiss begehrt.

Von baggernden Medizinstudenten fühlen sich Frauen auf Partys weniger belästigt als von Klempnern, selbst wenn beide die gleichen Anmachsprüche verwenden und die gleichen Geschichten erzählen, mit denen sie zu beeindrucken versuchen. Wenn sich ein Klempner als Medizinstudent und ein Medizinstudenten als Klempner ausgibt, fühlen sich Frauen vom tatsächlichen Klempner besser unterhalten und lachen über seine Äusserungen häufiger und intensiver als bei dem Medizinstudenten, der sich als Klempner ausgibt. Statushohe Männchen haben einen unkomplizierteren Zugang zu Weibchen und werden entsprechend seltener zu Vergewaltigern. Das vorangegangene Beispiel stammt von David Buss. Viele Männer nehmen sehr weite Wege auf sich, um geneigte Frauen zu finden. Frauen warten vor Ort auf den besten Kandidaten. Männer zeigen eine wesentlich höhere Bereitschaft, für Liebe und Sex den Aufenthaltsort zu wechseln, sich von ihrem sozialen Umfeld zu entfernen und gesicherte wirtschaftliche Verhältnisse aufzugeben. Für romantische Liebe ihre Familie, ihre Eltern und ihre Geschwister zurückzulassen, lässt sich bei Frauen seltener beobachten. Romantik ist gut, Vorsicht ist besser – finden Frauen.

Wenn Männer einen Sohn bekamen, sprach man früher davon, dass sie nun einen »Stammhalter« hatten. In Gesellschaften, in denen die Konventionen so gestaltet sind, dass üblicherweise geheiratet wird und Frauen den Nachnamen des Mannes annehmen, mag es vordergründig auch stimmen, dass der Stamm des Vaters erhalten bleibt. Tatsächlich aber ist es so, dass Frauen meist auch nach eigener Familiengründung engeren Kontakt zu ihrer ursprünglichen Familie behalten und diese stärker in die Kindererziehung einbinden. Auch pflegen die Grosseltern mütterlicherseits ein engeres Verhältnis zum Kind und ein besseres Verhältnis zum Schwiegersohn, als die Familie des Mannes umgekehrt. Nach Scheidungen verbleiben Kinder eher bei der Mutter. Den Familiennamen geben Frauen gerne her, wenn sie Männern damit die Illusion verschaffen, es wäre hiermit eine exklusive Position verbunden, wie etwa die des »Familienoberhaupts«.

06 MÄNNLICHE RISIKO- UND WEIBLICHE VERNUNFTLOGIK

Bei einem olympischen Wettkampf kommt es am Ende nur auf die ersten drei Plätze an.

Wenn ein Sportler von einhundert Teilnehmern in etwa der Fünfzigstbeste ist, dann ist zunächst auch zu erwarten, dass er bei normalem Risiko und normaler Anwendung seiner Fähigkeiten am Ende etwa Fünfzigster von Einhundert wird. Damit verfehlt er die ersten drei Plätze mit Sicherheit. Auf den letzten drei Plätzen landet er damit zwar auch nicht, aber das ist egal. Ab Platz Vier ist alles weitere völlig egal. Also muss er sein Risiko erhöhen. Ein Wesenselement von Risiko besteht darin, dass Ausschläge – sowohl in die erwünschte als auch in die unerwünschte Richtung – häufiger oder stärker werden. Wenn der Sportler nun sein Risiko so weit steigert, dass er Erster wird, falls es gut geht, aber Einhundertster, falls es schief geht, hat er eine Chance auf eine Medaille. Dies gilt, obwohl sein mathematischer Erwartungswert bei zirka Fünfzig bleibt, selbst dann, wenn er sogar mit Sicherheit nicht Fünfzigster würde. Hohes Risiko wäre für den Sportler daher die einzig vernünftige Strategie, Risikovermeidung hingegen äusserst unvernünftig. Die meisten Teilnehmer eines sportlichen Wettkampfs würden ohne Risiko mit Sicherheit nur »unter ferner liefen« landen.

Wenn sich einige vernünftig, weil sehr riskant verhalten, geraten auch alle anderen unter Druck, diese Strategie zu übernehmen. Wo ein extremer Selektionsdruck darauf besteht, zur Elite zu gehören, ist der Regelfall, dass es auch einen extremen Selektionsdruck auf Risikobereitschaft gibt. Wo es sich umgekehrt verhält, wo es keinen herausragenden Preis für die ersten drei Plätze gibt, wo aber die drei Letztplazierten in eine tiefere Liga absteigen müssen, funktioniert die Logik genau umgekehrt. Wer dort mit seiner Strategie irgendwo in der sicheren Mitte landet, sollte keinesfalls sein Risiko verschärfen, selbst wenn sein Erwartungswert gleich bliebe. Wenn man einhundert Wettkämpfer einen sportlichen Wettbewerb nach klar definierten Regeln absolvieren lässt, erhält man hinterher eine Ergebnisrangliste, vom Erst- bis zum Einhundertstplazierten. Von Männern weiss man, dass sie grundsätzlich versuchen, mit möglichst vielen Frauen zu schlafen, weswegen das Risiko für eine Durchschnittsfrau, von einem Mann von der Bettkante gestossen zu werden, eher gering ist. Männer diskriminieren Frauen weniger, wenn es um Zugang zu Sex mit ihnen geht, als Frauen umgekehrt Männer diskriminieren. Eine absolute Durchschnittsfrau, zirka Fünfzigstbeste von einhundert, übersteht die sexuelle Selektion meistens ohne Probleme. Paarungssysteme, in denen eine kleine Elite von Weibchen alle Männchen monopolisieren kann, gibt es in der Natur nur äusserst selten. Bei Menschen praktisch gar nicht. Von Frauen weiss man hingegen, dass sie es grundsätzlich auf den besten oder zumindest einen der allerbesten Männer abgesehen haben, weswegen das Risiko für einen Durchschnittsmann, von einer Frau von der Bettkante gestossen zu werden, recht hoch ist. Ein absoluter Durchschnittsmann, zirka Fünfzigstbester von einhundert, übersteht die sexuelle Selektion möglicherweise nicht. Männer, die sich nicht riskant genug verhalten haben, sind in der Evolution ausgestorben, weil sie niemals auf den Medaillenrängen landeten. So wie Frauen in der Evolution ausgestorben sind, die sich zu riskant verhalten haben, weil sie gelegentlich auf den Abstiegsrängen landeten. Übrig geblieben sind risikoaffine Männer und risikoaverse Frauen, geformt durch die Partnerwahlmechanismen des jeweils anderen Geschlechts.

Wenn junge Männer testosterongesteuert und voller Übermut hochriskant autofahren, liegt das am weiblichem Paarungsverhalten in der Evolution. Wenn Frauen entscheidungsschwach und inkonsequent sind, liegt das an männlichem Paarungsverhalten in der Evolution. Praktische Beispiele sind »unvernünftige« männliche Investmentbanker und ratlose weibliche Regierungschefs. Die einen verursachen Finanzkrisen, weil sie vor Dollarzeichen in den

Augen nahezu blind gegenüber dem Risiko sind, die anderen verschleppen Rettungen von Währungen und Banken, weil sie keine Verantwortung übernehmen, sondern sich immer alle Optionen offenhalten wollen.

Sich für etwas zu entscheiden, bedeutet meist auch, sich gleichzeitig gegen etwas anderes zu entscheiden. Und das mögen Frauen nicht so gerne. Deswegen lassen Frauen lieber Chancen verstreichen, während Männer risikoblind in ihr Verderben rennen. Männer starben in der Evolution aus wenn sie Gelegenheiten versäumen, Frauen starben in der Evolution aus wenn sie sich auf die falschen Optionen einliessen.

Man stelle sich einen Wettbewerb vor, bei dem einhundert Männer ihre Fähigkeiten und Eigenschaften in einer Disziplin messen, die für Frauen bei der Partnerwahl eine grosse Bedeutung hat. Die Frauen könnten dann hinterher an der Ergebnistafel präzise ablesen, bei welchem Mann die für sie so wichtigen Fähigkeiten und Eigenschaften am erstbesten und bei wem am einhundertstbesten ausgeprägt sind. Diese Disziplin könnte Muskelkraft, Zärtlichkeit, Intelligenz, Kinderfreundlichkeit, Einfühlungsvermögen, Kreativität oder was auch immer sein. Wen von den Männern würden die Frauen anschliessend wohl kennenzulernen versuchen? Den Einhundertsten? Den Fünfzigsten? Den Zwanzigsten? Nun, selbst wenn den einhundert Männern die gleiche Anzahl Frauen gegenüber stünde, wäre kaum anzunehmen, dass die Frauen sich die Männer so fair aufteilen würden, dass jede von ihnen einen abbekäme, und jede mit dem Ergebnis zufrieden wäre. Die allermeisten Frauen würden natürlich versuchen, einen der bestplazierten Männer kennenzulernen. Selbst die Frau, die nur ein Date mit dem Fünftbesten abbekäme, würde sich insgeheim ärgern, dass sie nicht den Viertbesten bekommen hat. Selbst die Frau, die auf Frauenseite die Einhundertstplazierte wäre, würde lieber versuchen, sich einem der besten zehn oder zwanzig Männer als Zweit- oder Drittfrau anzubieten, als den einhundertstplazierten Mann zu nehmen, und mit dessen treuer Ergebenheit zufrieden zu sein. Alle Frauen würden sich um die Elite der Männer scharen. Dort wo

Frauen sich nicht um einzelne Männer scharen, ist lediglich nicht transparent, wer von ihnen in ihrem Sinne tatsächlich »Elite« ist. Was lernt ein Mann daraus? Er muss besser als die meisten anderen Männer sein. Koste es, was es wolle! Finanzieller Ruin? Herzinfarkt? Schädelbruch? Egal! Kein Preis ist zu hoch für das wichtigste, was es im Leben eines Mannes gibt: Sinnlicher, lustvoller und leidenschaftlicher Sex!

Man stelle sich einen Wettbewerb vor, bei dem einhundert Frauen ihre Fruchtbarkeit und die Qualitäten ihrer Immungene miteinander messen würden. Die Männer könnten dann hinterher an einer Ergebnistafel präzise ablesen, welche Frau am fruchtbarsten und welche am einhundertstfruchtbarsten ist. Welche von ihnen würden die Männer wohl ins Bett zu kriegen versuchen? Die Einhundertste? Die Fünfzigste? Die Zwanzigste? Die Antwort lautet: so viele, wie man zeitlich und aufmerksamkeitstechnisch bewältigen kann. Zweifelsohne würden die Männer zwar gerne als erstes mit der fruchtbarsten und gesündesten ins Bett gehen, aber gleich anschliessend würden sie gerne sukzessive auch die zweitfruchtbarste und zweitgesündeste ausprobieren wollen, und so weiter. Im Endeffekt würden sie es mit so vielen und so guten Frauen aufnehmen, bis ihre ökonomischen und ökologischen Spielräume ausgereizt wären. Da die zwanzigstbeste Frau womöglich noch immer lieber eine Ersatzfrau des erstbesten Mannes ist, als die Erstfrau des zwanzigstbesten Mannes, würde sich im Endeffekt eine Verteilung ergeben, in der eine Handvoll Männer fast alle Frauen unter sich aufteilt.

Die meisten Männer lassen sich gerne in einer Rangliste abbilden. Sie fänden es toll, wenn man ihnen ihren Intelligenzquotienten direkt von der Stirn ablesen könnte, weil sie sich sicher sind, dass er imposant wäre. Sie fänden es hervorragend, wenn man all ihre Leistungen, Medaillen, Zeugnisse, Zertifikate, Urkunden, Posten, Ämter, Titel und natürlich ihre sexuelle Potenz auf den ersten Blick sehen könnte. Endlich könnte die ganze Welt sofort erkennen, wie grossartig sie sind. Auch wenn Kleidung ab sofort verboten und sämtliche körperlichen Tatsachen unmittelbar erkennbar wären, und wenn direkte unverhohlene Blicke auf den Körper und seine primären und sekundären Geschlechtsmerkmale keineswegs verpönt, sondern sogar erwünscht wären, hätten Männer da kaum etwas gegen. So könnten sie prima zeigen was sie haben. Sie würden sich wohlfühlen, weil Männer an sich und ihre Qualitäten glauben. Sie neigen dazu, selbstbewusst und selbstüberschätzend zu glauben, dass sie ein toller Typ sind und jede Frau etwas verpasst, die sich nicht auf sie einlässt. Heutige Männer stammen nicht von den Männern ab, die in der Evolution im Sieb der sexuellen Selektion hängengeblieben sind, sondern von Siegertypen und erfolgreichen Selbstdarstellern. Wer seine Qualitäten nicht gut darzustellen oder zu verkaufen vermochte, wurde von Frauen im Zweifel natürlich immer für einen Durchschnittstypen gehalten.

Frauen scheuen es dagegen, sich in einer Rangliste abbilden zu lassen. Denn sie neigen dazu, ängstlich und selbstunterschätzend zu befürchten, dass dann jeder erkennen könne, wie schlecht sie womöglich sind. Sie wären ständig in Sorge, ertappt und entlarvt zu werden. Während heutige Männer von jener Handvoll abstammen, die es in der Vergangenheit schafften, auf Medaillenrängen zu stehen, stammen die heutigen Frauen von solchen ab, denen es in der Vergangenheit gelang, nicht auf die Abstiegsplätze zu rutschen.

Männer lieben Wahrhaftigkeit, Frauen lieben die Vorstellung von verschiedenen möglichen Wahrheiten. Männer wollen Gewissheit, Frauen mögen Spekulation. Männer mögen nackte Tatsachen und gestochen scharfe Fotografie, während Frauen Aquarelle und Weichzeichnungen bevorzugen, die nicht alles zeigen, sondern bei denen Fantasie gefragt ist. Lieber als bei schummrigem Licht Liebe zu machen, würden Männer den weiblichen Körper bis in die letzte Hautfalte mit Halogenscheinwerfern ausleuchten. Frauen ihrerseits finden Männer uninteressant, die schon in den ersten fünf Minuten eines Kennenlernens all ihre Qualitäten preisgeben, anstatt sich in einen spannenden Mantel aus Mehrdeutigkeiten zu hüllen. Weibliche Moralpolitik arbeitet daher wie ein stetig höhlender Tropfen daran, dass schamfrei entblösste Nacktheit als »plump«, aber vermeintlich tiefsinnige Inszenierung als »fantasievoll« deklariert wird.

Weiblicher Moralformung ist es auch zu verdanken, dass es als aufmerksam und sozialkompetent gilt, wenn man sich ein ausgiebiges Bild von der Persönlichkeit eines Menschen macht, aber als ungehobelt und frei von Manieren, wenn man ihm schamlos auf Oberkörper und Po starrt. Es sind die Männer, die an ihren Persönlichkeitsqualitäten gemessen werden und sich an ihnen messen lassen müssen, und es sind die Frauen, die an ihren körperlichen Merkmalen gemessen werden, aber keineswegs immer bereit sind, sich an ihnen messen zu lassen. Männer können es sich manchmal nicht verkneifen, die primären und sekundären Geschlechtsmerkmale von Frauen unverhohlen anzustarren, aber immerhin wissen sie, dass die wenigsten Frauen das als höflich empfinden. Frauen achten auf die primären und sekundären Geschlechtsmerkmale von Männern hingegen meist »so, dass die es nicht merken«, obwohl sich Männer durch direkte Blicke meist angenehm gebauchpinselt fühlen. Frauen halten ihr Verhalten dabei allen Ernstes für höflich. Indem sie ihr Verhalten eben für »subtiler« halten und das natürlich positiv finden, demonstrieren sie, dass sie am liebsten sich selbst bauchpinseln ...

Nun, die attraktivsten Frauen wollen nicht viele Männer, sondern grundsätzlich nur einen: den besten. Unattraktive Frauen, die ihre Unattraktivität kaum verbergen können, haben wenige Chancen auf einen der allerbesten Männer, weswegen sie Qualität durch Quantität ersetzen und Männern generell offenherziger gegenüber stehen. Wer nichts von den reichhaltigen Ressourcendepots eines starken Mannes abbekam, konnte sich gegebenenfalls auch durch viele kleine Ressourcenportionen durch die Evolution mogeln.

Der italienische Ökonom Vilfredo Pareto (1848–1923) würde die Faustformel vorschlagen, dass achtzig Prozent der Frauen versuchen, einen aus den besten zwanzig Prozent der Männer zu ergattern, wohingegen die letzten zwanzig Prozent der Frauen den übrigen achtzig Prozent der Männer sehr flirtbereit und aufgeschlossen gegenüber stehen. Wie zutreffend diese häufig zutreffende Faustformel die Realität abzubilden vermag, lässt sich bei konkreter Anwendung nur schätzen. Tatsache ist zweifellos, dass manchmal auch liebenswerte und hübsche Männer notgedrungen einen kurzen Abstecher ins Bett einer Frau machen, die sie sich erst mithilfe von viel Alkohol »schöntrinken« mussten.

Wenn man sich vor Augen führt, welche Chaoten sich im untersten Attraktivitätsfünftel der Männer ansammeln – kriminelle, persönlichkeitsgestörte, gewalttätige, drogensüchtige, hochgradig übergewichtige und schwer depressive Männer –, kann man sich auch vorstellen, wie wohl das unterste Attraktivitätsfünftel der Frauen beschaffen sein mag. Es ist das Fünftel der Frauen, das die grössten Fruchtbarkeitsprobleme hat. Die achtzig von einhundert Männern, die mangels herausragender Attraktivität zumindest gelegentlich auf sexuelle Beziehungen zu diesen Frauen ausweichen mussten, sind häufiger als andere an den evolutionären Selektionsmechanismen gescheitert. Für den fünfzigsten von einhundert Männern ist es in einem sehr polygynen Paarungssystem daher extrem wahrscheinlich, dass er seine Gene nicht weitergibt. Fünfzigster zu sein ist für Männer zu uninteressant, um sich damit abzugeben. Sie müssen sich riskanter verhalten, um eventuell weiter oben zu landen. Wenn man aufgrund des Risikos allerdings weiter unten landen würde, wäre das nicht weiter relevant. Als fünfzigste von einhundert Frauen ist es in einem sehr polygynen Paarungssystem dagegen extrem unwahrscheinlich, dass man seine Gene nicht weitergibt. Fünfzigste zu sein ist für Frauen zu sicher, um darüber hinaus noch ein grosses Risiko einzugehen. Die Gene des fünfzigsten Mannes scheiden aus, die Gene der fünfzigsten Frau kommen locker eine Runde weiter. Das ist ein immenser Unterschied im Selektionsdruck. Der ist für Männer weitaus höher. Ihr höheres Risiko ist ein höherer Preis, den Männer im Leben bezahlen müssen.

Fragt man Frauen, ob sie lieber mit einhundertprozentiger Wahrscheinlichkeit fünfzig Euro oder mit je fünfzigprozentiger Wahrscheinlichkeit einhundert oder null Euro haben möchten, entscheiden sich die meisten für die sicheren fünfzig Euro. Die meisten Männer hingegen spielen lieber Alles-oder-Nichts. Das ist für beide vernünftig. Wenn Männer Alles-oder-Nichts spielen, handelt es sich dabei keinesfalls um ein unvernünftiges Risiko, sondern um die einzige verantwortungsbewusste Entscheidung. Männer müssen Risiken eingehen, die Frauen erspart bleiben. Das sind sie ihrer Verantwortung sich selbst gegenüber schuldig.

Die heutige serielle Monogamie sieht vordergründig so aus, als seien polygyne Paarungssystem abgeschafft. Tatsächlich ist es aber so, dass sich höchstens das attraktivste Drittel der Männer permanent in einer Beziehung befindet und diese frühestens dann beendet, wenn die nächste interessante Beziehung schon unter Dach und Fach ist. Ein weiteres Drittel muss bitter um weibliche Zuneigung und sexuelle Gefälligkeiten kämpfen – Männer aus diesem Drittel haben mal eine Freundin und mal nicht. Das letzte Drittel der Männer ist praktisch nicht vermittelbar, weil kaum eine Frau einen von ihnen auch nur mit der Kneifzange anfassen würde. Während unattraktive Frauen sich attraktiven Männern notgedrungen als Zweit- oder Drittgeliebte zu Verfügung stellen oder sich wenigstens in häufige One-Night-Stands mit ihnen begeben, versinken unattraktive Männer nicht selten in Einsamkeit, Alkoholismus, Kriminalität oder Extremismus. Unattraktive Frauen mögen allen Grund zur Melancholie haben, aber immerhin verfügen sie über ein gelegentliches Liebesleben, erleben Sinnlichkeit und bekommen dafür auch noch Männer ab, die vergleichsweise viel attraktiver sind als sie selbst. Kein Mann hat Sex mit einer Frau, die wesentlich attraktiver ist als er selbst.

Neunzig Prozent sowohl der Seitensprünge als auch der One-Night-Stands, auf die sich Frauen einlassen, passieren während der fruchtbaren Woche ihres Zyklus. Wenn eine Frau siebenundzwanzig Tage treu ist, sich aber ausgerechnet am fruchtbarsten Tag des Zyklus von einem anderen Mann besamen lässt, lebt sie allenfalls vordergründig seriell monogam. In der biologischen Evolution sind nicht die unfruchtbaren Tage, sondern nur die fruchtbaren Tage von Bedeutung. Vergleicht man das Sexualverhalten in ihren fruchtbaren Phasen miteinander, sind Frauen und Männer zumindest im halbwegs gleichen Ausmass offenherzig. Mit dem Unterschied, dass die fruchtbare Phase bei Frauen zyklusbedingt nur zirka sieben, bei Männern hingegen etwa achtundzwanzig Tage im Monat andauert. Die meisten Frauen gehen zwar selten, dann aber konsequent fremd, wenn sie können. Meistens können sie. Die meisten Männer würden permanent fremdgehen, wenn sie könnten. Meistens können sie nicht.

»Serielle Monogamie« ist eine kosmetische Bezeichnung für Promiskuität. In einem promisken Verpaarungssystem wechseln die Akteure regelmässig ihre Sexualpartner. Wer sich als »seriell monogam« bezeichnet, stellt damit lediglich klar, dass seine Intervalle dazwischen manchmal einige Monate andauern.

Wer einen Münzwurf gewinnt, ist reiner Zufall. Es ist eine Frage von fünfzig zu fünfzig Prozent. Wenn eine Mannschaft doppelt so gut Fussball spielt wie eine andere, verfügt sie dagegen über eine Zwei-Drittel-Siegchance. Regen, ein schlechter Schiedsrichter, sowie Unebenheiten oder Löcher im Rasen sind Zufallsfaktoren, die ähnliche Wirkung haben wie ein Münzwurf. Je mehr Zufallsfaktoren wirken, desto stärker wird die Überlegenheit einer Mannschaft relativiert und nähert sich fünfzig Prozent an. Zufall ist immer gut für den, der ohne ihn schlechter dran wäre. Wer beim Sport lieber mit brachialer Gewalt von weitem aufs Tor schiesst, anstatt zunächst zu versuchen, mit technischer Finesse näher heran zu dribbeln, wer lieber bei Regen als bei Sonne spielt, wer lieber auf holprigen als auf guten Rasenverhältnissen antritt und wer gegen Regelmodernisierungen wie den vieldiskutierten Videobeweis ist, durch den die Wahrscheinlichkeit von Fehlentscheidungen zumindest drastisch reduziert würde, geht Risiken ein. Mit seinem Risiko steigen auch seine Chancen. Je mehr Risiko, desto grösser ist der kompromisslose Alles-oder-Nichts-Faktor. Wer Staatsanleihen von Sierra Leone kauft, bekommt eine hohe Rendite in Aussicht gestellt, hat aber auch ein hohes Risiko auf Totalverlust. Wer an der Börse Einsätze auf ein paar wenige »Geheimtipps« setzt, anstatt zu diversifizieren, geht Risiken ein. Je grösser ein Spicker in der Schule, desto eher fliegt man auf. Aber je grösser er ist, desto mehr kann man auf ihn schreiben, und desto hilfreicher kann er für das Klausurergebnis sein. Wer spickt, geht Risiken ein, erhöht aber auch seine Chancen auf gute Noten. Aus Chance und Risiko ergibt sich ein Erwartungswert. Wer gut ist, verschlechtert seinen Erwartungswert durch riskantes Verhalten, wer schlecht ist, verbessert ihn. Wie im Fussball.

Ob Risiko subjektiv vernünftig oder unvernünftig ist, hängt also von den persönlichen Fähigkeiten und Voraussetzungen ab. Wer eine sehr gute Balltechnik besitzt und mit seinen Mitspielern exzellent eingespielt ist, sollte vor einem Torschussversuch so nah wie möglich vor das Tor dribbeln, sich über gepflegten Rasen freuen und Reveländerungen begrüssen, die für mehr Gerechtigkeit und weniger Willkür sorgen. Wer sich in den wirtschaftlichen Zusammenhängen des Gesellschaftssystems, in dem er lebt, gut auskennt, sollte an der Börse nicht kurzfristig zocken, sondern sein Geld langfristig und breit gestreut anlegen. Wer gute Fähigkeiten in seinem Beruf hat, sollte sogar am besten in den eigenen Geschäftsbetrieb investieren, denn der ist transparent für ihn. Und wer ein gutes Gedächtnis hat oder sehr intelligent ist, der sollte nicht spicken, sondern für die drakonische Bestrafung derer sein, die ebendies tun. Gute Schüler reduzieren durch Spicken den Erwartungswert ihres Klausurergebnisses.

Wenn eine Fussballmannschaft eine ganze Saison unentschieden spielt und sich die Punkte jedes Mal mit dem Gegner teilt, wird sie zwar nicht absteigen, aber sicherlich auch nicht Meister werden oder Medaillenplätze erreichen. Sie wäre ganz durchschnittlich. Nach weiblicher Logik würde sie damit nicht zu den Verlierern, nach männlicher Logik nicht zu den Gewinnern gehören. Wenn zwei Männer halbe-halbe machen und teilen, gehören sie beide zu den Verlierern mit schlechten Fortpflanzungsaussichten. Dann lieber Risiko. Ganz oder gar nichts. The winner takes it all.

Wenn es keine asymmetrischen evolutionären Selektionsdrücke gäbe, wäre es im Zweifel immer am besten, eine Ressource gleichmässig durch alle zu teilen, anstatt wenige besonders viel und viele besonders wenig bekommen zu lassen. Der Grund besteht im abnehmenden Grenznutzen. Wenn zwei hungrige Freunde in ein Restaurant gehen und zwei Schnitzel bestellen, sollten sie kein Alles-oder-Nichts darum spielen, wer von beiden beide Schnitzel und wer gar keins bekommt. Nicht nur, weil es langweilig ist, wenn einer dem anderen beim Essen zuschauen muss, sondern weil man an zwei Schnitzeln nicht doppelt so viel Freude hat wie an einem. Der Hunger ist beim zweiten Schnitzel längst nicht mehr so gross, wie er es beim ersten noch war. Der »emotionale Erwartungswert« ist bei Alles-oder-Nichts-Spielen darum häufig kleiner, als es der mathematisch lineare wäre.

Eine utilitaristische – also emotional effiziente und ethisch hochgradig ambitionierte und gerechte Gesellschaftsform – würde sich wenig an nominalen Erwartungswerten orientieren, weil ein Topf Nudeln nun mal nicht gerecht aufgeteilt ist, wenn ein Basketballprofi und eine Primaballerina jeweils die Hälfte davon bekommen. Aber die Unappetitlichkeit die zahlreichen Evolutionsmechanismen innewohnt, entlarvt Menschen im Bezug auf ethische Fragestellungen ohnehin häufig der Scheinheiligkeit.

Frauen haben Männer in der Evolution mit ihrer Partnerwahl dazu geformt, zu Alles-oder-Nichts-Spielern zu werden. Wenn man vor einer Jury bestehen möchte, die so urteilt, wie Frauen über Männer urteilen, muss man Risiken eingehen. Je niedriger der Status eines Mannes ist, desto riskanter sollte er sich verhalten. Das tut er in der Realität auch. Bei der kleinsten Chance wird er bereits alles auf eine Karte setzen. Das Ergebnis lässt sich an den Geschlechterstatistiken von Gefängnissen, an den Unfall- und Todesstatistiken junger Männer und an gescheiterten männlichen Berufskarrieren ablesen. Die Kausalität zwischen Risikobereitschaft und Testosteron ist nicht zu übersehen.

Frauen wollen zwar einerseits keinen Draufgänger, denn eine hohe Neigung zu Risiko und Zufall ist ein Indikator auf schlechte Qualität. Hochwertige Männer meiden Risiko. Aber was sollen die meisten Männer anderes machen, als sich hochriskant zu verhalten, wenn doch nur die erfolgreichsten von ihnen belohnt werden? Wenn man mit einer durchschnittlichen Risikobereitschaft maximal Vierter wird, muss man sein Risiko erhöhen. Frauen züchten sich also andererseits ständig Draufgänger heran.

Dort, wo Risiko für Männer bedeutet, dass sie sich schwer verletzen, zu Tode kommen oder durch das, was sie aufs Spiel setzen, untergehen und vernichtet werden können, werden Frauen Männer nicht zu unverhältnismässig hohem Risiko anstacheln. Es würden sonst zu viele Ressourcen verschwendet, die die Frauen ja für ihren Nachwuchs sichern wollen. Wenn Risiko allerdings ein Nullsummenspiel ist, bei dem der Sieger den Einsatz des Verlierers komplett einstreicht, dann werden Männer von Frauen in aller Regel zu extremem Risiko gezwungen. Die Frauen nehmen hinterher einfach den Sieger. Damit sind sie immer auf der Gewinnerseite. Beim Mühlespiel nennt man das eine »Zwickmühle«. Wer das Risiko nicht mitgeht, sondern geizig auf seinen Ressourcen sitzenbleibt, anstatt sie aufs Spiel zu setzen, bekommt keinen Sex. Mit Sex belohnten Frauen schon immer am liebsten die Sieger. Generation für Generation, Epoche für Epoche, Zeitalter für Zeitalter. In der Hundezüchtung werden Hunde von ihren Züchtern auf Verhaltens- oder Körpermerkmale selektiert, in der Evolution züchten sich Geschlechter gegenseitig. Das Geschlecht, das dem stärkeren Selektionsdruck ausgesetzt wurde, ist dabei dasjenige, das von den Vorlieben des anderen Geschlechts stärker geformt wird als umgekehrt.

Früher wusste man nicht, was sich hinter dem Horizont befindet, wenn man aufs Meer hinaus blickte. Es musste einfach mal einer praktisch ausprobieren, wo es hinführt, wenn man mit dem Schiff konsequent immer weiterfährt. Die Pioniere konnten nicht ahnen, ob sie lebend zurückkehren würden, aber ihr Wissensdurst liess ihnen keine Ruhe. Also sind ein paar mutige Kapitäne mit ihrer Besatzung auf Schiffe gestiegen und losgefahren. Der erste kam nach ein paar Wochen in ein schweres Unwetter und ertrank. Der zweite passierte die Stelle einen Tag später, als die See wieder ruhig war, und ertrank nicht. Aber ein paar weitere Wochen später fuhr er aufgrund dichten Nebels an einer grünen Insel mit viel Nahrung vorbei, ohne sie zu sehen. Kurz darauf waren seine Besatzung und er verhungert. Der dritte erreichte die Insel einen Tag später, legte an und füllte die Vorratskammern seines Schiffes auf. Er landete allerdings eines Tages an einem Strand, an dem sich gerade böswillige Eingeborene befanden, die seine Besatzung und ihn sofort töteten. Der vierte kam nachts hier an, als die Eingeborenen schliefen, und tötete sie seinerseits. Aber anschliessend traf er auf wilde Tiere, von denen seine Besatzung und er gefressen wurden. Und so weiter. Im Endeffekt kam nur einer von zwanzig in See gestochenen mutigen Kapitänen nach Jahren wieder in den Heimathafen zurück, brachte wertvolle Gewürze und kräftige Sklaven mit, erzählte aufregende Geschichten, wurde vom König in den Adelsstand erhoben und erntete viel Ruhm. Ihm zu Ehren wurden ein mehrtägiges Fest gefeiert und ein jährlicher Feiertag eingeführt; er war ein gemachter Mann und brauchte nie wieder zu arbeiten. War dieser Held nun fortan erfolgreicher bei den Frauen, als es all die daheimgebliebenen Angsthasen waren, die sich nicht aufs Schiff getraut hatten und deren Namen niemals mit Ruhm in Verbindung gebracht wurden? Ganz sicher war er es. Sicher hat er zahlreiche Frauen geschwängert. Nicht nur die eigenen, sondern auch bereits vergebene Frauen von anderen Männern. Er konnte tagsüber einfach bei ihnen anklopfen, wenn die Ehemänner hart am Arbeiten waren. Wenn dabei anschliessend Kinder herauskamen, konnte niemand beweisen, dass er der Vater war. Und wenn sich ein gehörnter Mann weigerte, für das Kind seiner Ehefrau zu sorgen, wurde er von der Gesellschaft bitter bestraft. Bestrafung durch die Gesellschaft bedeutete schon immer zumeist, dass männliche Mitglieder der Gesellschaft jene bestraften, auf die der Unmut der weiblichen Mitglieder der Gesellschaft gefallen war. Und Frauen sind solidarisch. Aber ohnehin schöpften vermutlich die wenigsten betrogenen Männer Verdacht, sondern sorgten nach Tatkräften für den Nachwuchs, weil sie ihn aufrichtig für ihren eigenen hielten. Die betrogenen Männer mögen fürsorglich, fleissig und liebevoll gewesen sein, aber sie pflanzten sich kaum fort; entsprechend spielen sie in den Stammbäumen der heute lebenden Menschen keine Rolle mehr. Sie sind von der Evolution – und von unaufrichtigen Ehefrauen – nur als naive Arbeitskräfte missbraucht worden. Wer seine Gene dagegen reichlich streute, und zwar in viele Familienstammbäume hinein, war der mutige und vom Glück begünstigte Seefahrer. Er vererbte seine Veranlagung zu Mut und Risikobereitschaft. Wer ebenfalls seine Gene weitergab, zwar nicht so breit gestreut, dafür aber praktisch ohne Risiko, sind all die Frauen, die sich auf ihn einliessen. Frauen gingen schon immer auf »Nummer Sicher«. Sie minimierten ihre Risiken, wo sie konnten. Sie spielten kein Alles-oder-Nichts, sondern teilten sich das Sperma der besten Männer lieber friedlich als nach einem Kampf eine doppelte Portion oder gar nichts einzustreichen. Aber Alles-oder-Nichts spielende Männer waren für sie attraktiver, als solche, die brüderlich teilten. Sich hinterher einfach mit dem Sieger eines Alles-oder-Nichts-Spiels zu verpaaren, ist besser, als zwischen zwei Männern wählen zu müssen, die beide nur halb so gut und halb so wohlhabend sind. Frauen haben im Lauf der Geschichte sehr von den Männern profitiert. Dabei wurde von ihnen und ihrem Nachwuchs durchaus die Fürsorge und die Arbeitskraft jener Männern ausgenutzt, die später mangels Fortpflanzungserfolg ausgestorben sind, und sie haben vom Risikoertrag der Sieger profitiert, obwohl sie selbst kein Risiko eingegangen waren. Bei jedem abendlichen Gesellschaftsspiel in heimischer Runde würde als genial bezeichnet, wer sich clever in eine solche Situation manövriert.

Die erfolgreichen Männer füllen heute die Geschichtsbücher und die Stammbäume. Sie stecken in unser aller Gene. Von den vielen, vielen Männern aber, die in erbittertem männlichem Konkurrenzkampf auf der Strecke geblieben sind, die kaum oder nie sexuelle Freuden geniessen durften, die jämmerlich verreckt sind, ob auf hoher See oder mit dem Degen im Bauch, von denen spricht heute niemand mehr. Die vielen männlichen Leichen der Geschichte waren der Preis, der für die Ermittlung der Sieger gezahlt werden musste. Sieger mussten her, damit Frauen die attraktivsten Sexpartner identifizieren konnten.

07 WEIBLICHE WAHLIMITATION UND MÄNNLICHE ARROGANZ

Männer können Frauen bereits durch reine optische Inaugenscheinnahme ziemlich gut ansehen, wie attraktiv sie sind. Das gilt zu fast
jeder Zeit und unter allen Umständen. Man könnte es auch anders
ausdrücken: Männer haben Frauen durch ihre sexuelle Selektion so
modelliert, dass Frauen nun sichtbare Merkmale tragen, die sehr
schnell und ziemlich zuverlässig Aufschluss über ihre Attraktivität
geben. Entsprechend schnell können Männer urteilen, entsprechend eindeutig urteilen sie, und entsprechend stark setzen sich
Frauen, die Männern gefallen wollen, hinsichtlich ihres Aussehens
und ihrer Alters- und Fruchtbarkeitsindikatoren selbst unter Druck.
Natürlich hat jede von ihnen ein Bedürfnis nach männlicher Aufmerksamkeit.

Frauen müssen Männer dagegen ausgiebig beobachten, ihnen
zuhören, ihnen bei Entscheidungsprozessen zuschauen, einen Eindruck von ihrem Sozialverhalten bekommen, sie im Umgang mit
Kindern und älteren Menschen erleben, ihre Körpersprache auf
sich wirken lassen, sie küssen, ihren Schweiss riechen sowie jede
Menge weiterer Informationen über sie einholen. Informationen,
die ihnen wichtig sind, die sie den Männern aber nicht ansehen
können. Das kostet Zeit. Schlimmstenfalls mehr Zeit, als eine Frau
aufbringen kann. Und selbst, wenn eine Frau ein Urteil gefällt hat,
kann es sich um eine Fehleinschätzung handeln. Wie lässt sich
dieser Prozess optimieren? Ganz einfach: Die Frau verlässt sich auf
jemanden, der ähnliche Kriterien hat und ähnlich anspruchsvoll ist,
sofern dieser bereits einen Informationsvorsprung hat. Sie verlässt
sich auf andere Frauen.

Wenn eine Frau sich inmitten einer Gruppe anderer Frauen
aufhält, wirkt das auf interessierte Männer eher abschreckend.
Wer nämlich versucht, eine von ihnen kennenzulernen, muss sich

nicht nur ihrem Urteil stellen, sondern dem der ganzen Gruppe. Zweifellos befragen sich die Frauen später gegenseitig nach ihrer Meinung über ihn, und beeinflussen sich gegenseitig. Und da Frauen aufgrund ihres Ausschlussalgorithmus eher auf die Nachteile als auf die Vorteile achten, und da mehrere Augenpaare mehr sehen als eins, ist es schwerer, einer Gruppe als einer Einzelperson gegenüber zu treten. Natürlich hat jeder Mensch unattraktive Seiten. Eine einzige Frau in einer Gruppe von Männern ist sogar noch abschreckender, denn ein interessierter Mann riskiert nicht nur Ärger mit anderen Kerlen, sondern muss auch noch davon ausgehen, dass unter den Typen bereits ein regelmässiger Sexualpartner der Frau ist, was bedeutet, dass er ziemlich sicher einen schmerzhaften Korb bekommen wird – egal, wie sympathisch er sich verhält. Wenn eine Frau dagegen alleine in einen Raum kommt, erweckt sie sofort die Neugier der anwesenden Männer. Schliesslich sind bislang weder männliche Konkurrenten, gegen die man als Mann schlimmstenfalls kämpfen müsste, noch andere Frauen in Sicht, die sie beeinflussen könnten.

Wenn ein einzelner Mann ohne Begleitung einen Raum betritt und sich alleine irgendwo hinsetzt, wirkt er auf Frauen nicht sonderlich interessant. Sie werden ihn nicht weiter beachten. Interessanter finden sie dagegen eine Gruppe von Leuten, weil sie deren Sozialverhalten beobachten können. Die Mehrdimensionalität sozialer Interaktionen provoziert die höchste Neugier bei Frauen – Stilleben finden sie hingegen langweilig. Besonders interessant wirkt ein Mann dann, wenn er von mehreren Frauen unmittelbar umgeben ist. Und am allerinteressantesten erscheint er, wenn man den Frauen um ihn herum ansieht, dass sie sich in seiner Gegenwart entspannen, sich pudelwohl fühlen, seinen Humor geniessen und herzhaft lachen können. Wenn man Frauen verschiedene Fotos zeigt und bewerten lässt, auf denen Männer mal mutterseelenallein und mal von interessierten Frauen angelächelt abgebildet werden, bewerten die Frauen die angelächelten Männer gravierend attraktiver. Gibt man einer anderen Gruppe von Frauen Fotos, auf denen die Männer, die vorher alleine waren, nun von

Frauen angelächelt werden, und auf denen die vorher angelächelten Männer nun alleine sind, kehrt sich auch das Urteil der Frauen entsprechend um. Weibliche Attraktivitätsempfindungen sind seltener eine höchspersönliche Angelegenheit, als meistens ein zufälliges Ergebnis der sie umgebenden sozialen Dynamik. Frauen nutzen Schwarmintelligenz.

Wenn eine Person zwanzig Prozent von Frankfurt kennt, kennt sie achtzig Prozent von Frankfurt nicht. Achtzig Prozent sind sozusagen ihr toter Winkel. Wenn eine zweite Person sie begleitet, die ebenfalls zwanzig Prozent von Frankfurt kennt, kennen beide zusammen vermutlich mehr als zwanzig, aber dennoch keine vierzig Prozent, weil die jeweiligen zwanzig Prozent mit an Sicherheit grenzender Wahrscheinlichkeit weder identisch noch ohne jede Schnittmenge sind. Der tote Winkel beträgt daher nicht mehr achtzig Prozent, sondern weniger. Wenn jede Person zwanzig Prozent kennt, wird der tote Winkel mit jeder von ihnen, die zur Gruppe stösst, um durchschnittlich zwanzig Prozent kleiner. Mathematiker können daraus abstrakte Formeln entwickeln, was ihnen genau so viel Spass macht, wie anderen Leuten das Ausfüllen von Sudokus. So funktioniert Schwarmintelligenz.

Damit Schwarmintelligenz zur Geltung kommt, sitzen in Jurys meistens mehrere Leute, und darum sitzen Fluglotsen selten alleine im Tower. Die meisten Tiere nutzen Schwarmintelligenz sehr intensiv.

Manchmal hatte man keine Zeit, um sich ein eigenes Urteil zu bilden, bevor man sich auf etwas festlegen muss. Häufig bekommt man diese Zeit gar nicht erst, sondern muss schon viel früher konsequente Entscheidungen treffen. Und selbst wenn man sich doch schon ein Urteil gebildet haben sollte, kann immer noch etwas wesentliches übersehen worden sein. Darum greifen Frauen gerne auf das Urteil anderer Frauen zurück. Es gibt im Tierreich zahlreiche Beispiele über Weibchen, die ein Männchen einfach stehen lassen, sobald sie ein anderes Exemplar sehen, das bereits von zahlreichen Weibchen begleitet wird. Natürlich können auf diesem Weg ganz tolle Männer übersehen werden, die in einen Teufelskreis aus Einsamkeit geraten sind, während ein Versager eine perfekte Welle erwischt hat – beziehungsweise vom Schneeballeffekt profitiert. Aber offenbar ist der Nutzen der Wahlimitation für Weibchen deutlich höher als die Kosten. Auf die Grosse Zahl gesehen führt die Wahlimitationsstrategie oft genug auf die richtige Fährte, um sich als evolutionär erfolgreiche Strategie zu etablieren. Nicht jedes Goldstück wird dabei gefunden, aber zumindest fallen die meisten Blender mittelfristig auf. Es ist nur eine Frage der Zeit.

Wer sich schon mal gefragt hat, warum sich Frauen in mittlerem Alter so magisch von Männern mit Ehering angezogen fühlen, sollte sich näher mit Schwarmintelligenz beschäftigen. Frauen interessieren sich für vorgeprüfte Männer. Männer ihrerseits funktionieren gegenteilig dazu, denn sie sind Neuwagenfetischisten. Je wahrscheinlicher eine Frau bislang noch nicht Mutter geworden ist und desto weniger wahrscheinlich sie sich bereits Infektionen eingehandelt hat, desto attraktiver ist sie für Männer. Also sind Frauen anziehend, an denen noch kein anderer Mann seine Finger hatte. Frauen, die sich auf Schwarmintelligenz verliessen, und Männer, die Neuwagenfetischisten waren, vermehrten sich in der Evolution offenbar besser als Frauen, die sich auf gänzlich ungeprüfte Männer einliessen und Männer, die sich ausschliesslich für sexuell bereits reichlich erfahrene Frauen interessierten. Kein Wunder, dass Frauen nicht als leicht verfügbare »Schlampen«, Männer aber sehr gerne als unwiderstehliche »Womanizer« gelten wollen. Kein Wunder, dass Frauen sich gern unnahbar geben, Männer hingegen ihre Erfahrungen ausschmücken.

Wenn Frauen Männern alle ihnen wichtigen Attraktivitätsparameter ansehen könnten, so wie ein Verkehrspolizist sofort eine Geschwindigkeit abzulesen vermag, sobald er seine Laserpistole auf ein fahrendes Auto richtet, dann wäre ihnen Schwarmintelligenz weniger wichtig. Die Sexanbahnungsphase – jene Prüfungsphase einer Frau, die ein Mann durchlaufen muss – würde sich dramatisch verkürzen. Wie schnell Frauen in der Tat zum Sex bereit und wie direkt, offenherzig und aufdringlich sie sein können, sobald sie restlos von der Attraktivität eines Mannes überzeugt sind, kann man an den kreischenden Groupies eines kreativen Künstlers ablesen. Männer haben hingegen so etwas wie eine eingebaute »Laserpistole«. Beim Anblick einer Frau geben ihnen ihre Emotionen ähnlich schnell und eindeutig über deren Attraktivität und insbesondere über deren Fruchtbarkeit Aufschluss wie dem Verkehrspolizisten das Radargerät zuverlässige Informationen mitteilt. Männer können sich auf das Aussehen von Frauen als enorm aussagekräftigen Indikator verlassen; deswegen sind sie weniger auf Schwarmintelligenz angewiesen.

Frauen sind wahrscheinlich sogar in der Lage, den Beziehungsstatus des Mannes zu riechen, denn regelmässig mit Sex versorgte Männer haben einen anderen Hormonspiegel als solche, die von Einsamkeit geplagt werden. Frauen bevorzugen Männer, die nicht suchen, sondern die bereits gefunden haben – beziehungsweise gefunden wurden. Wer bereits von anderen Frauen für gut befunden wurde, kann kaum eine Niete sein. Frauen flirten lieber mit vergebenen Männern als solchen, die solo sind. Das Vertrauen von Frauen in die Urteilsfähigkeit ihrer Geschlechtsgenossinnen geht soweit, dass sie irritiert sind – und sogar dazu neigen, ihrem eigenen Urteil zu misstrauen –, wenn sich herausstellt, dass ein Mann, den sie von einer sehr attraktiven Seite kennengelernt haben, keine Lebensgefährtin hat. Sie stellen sich angestrengt die Frage, welche Nachteile sie bei diesem Mann bloss übersehen haben, die andere Frauen offenbar kennen; sie suchen krampfhaft nach einem Haar in der Suppe und sind verunsichert, weil ihre Standardalgorithmen keine eindeutigen Ergebnisse liefern.

Je kurzfristiger die Paarungsstrategie einer Frau gerade ist, je weniger sie eine Langzeitbeziehung und je mehr sie einen Träger guter Gene zum Fremdgehen sucht, desto stärker ändert sich ihre Sensibilität gegenüber Imitationseffekten. Je kurzfristiger die Strategie, desto spontaner orientiert sie sich daran, welchen Mann andere Frauen gerade gut finden. Sie hat im kurzen Zeitfenster ihres Eisprungs sozusagen weniger Zeit eigenhändig einen breiten empirischen Datenschatz anzuhäufen. Weiblicher Imitationsdrang geht so weit, dass die meisten Frauen erstaunlich wenig Probleme damit haben, anderen Frauen aus dem Freundeskreis – oder sogar der besten Freundin – einen Kerl auszuspannen, wenn er es wirklich wert zu sein scheint. Frauen sind im richtigen Moment gnadenlos egoistisch, wenn der Nutzen die Kosten mit an Sicherheit grenzender Wahrscheinlichkeit weit übersteigt. Lieber zerstörte Freundschaften als einen nicht vorgeprüften Typen von der Strasse aufgabeln und einen bereits bestens ausgeleuchteten Volltreffer vorüber ziehen zu lassen. Beste Freundinnen sind schneller gefunden als optimale Lebensgefährten und Sexpartner.

Wenn Frauen sich in einen Mann verknallt haben, ist es ihnen ausgesprochen wichtig, ihn bald ihrer besten Freundin vorzustellen. Und ihrer Schwester. Und bald auch ihrer Mutter. Wenn der Mann aber – aus welchen Gründen auch immer – bei Freundin, Schwester und Mutter eher Skepsis erzeugt, hat er es fortan schwer. Die Frau fragt sich dann nämlich, ob sie sich unter Wert verkauft. Das darf ihr nicht passieren. Dazu sind Frauen zu statusorientiert. Und dazu kalkulieren die unbewussten Mechanismen hinter ihren Empfindungen zu ökonomisch. Männern ist es dagegen weitaus gleichgültiger, was ihre Kumpels von der neuen Freundin halten. Wenn die Freundin nicht von anderen begehrt wird, bedeutet das im Endeffekt doch bloss, dass sie weniger Konflikte und weniger Spermienkonkurrenz fürchten müssen.

Die Normalverteilungskurven hinsichtlich ihrer Eigenschaften sind bei Männern flacher ausgeprägt. Männer differieren wesentlich stärker voneinander, als sich Frauen und ihr ausgeprägter Herdentrieb voneinander unterscheiden. Im Positiven wie im Negativen. Psychopathen und Kriminelle gibt es unter Männern viel häufiger. Lieber einmal zu oft einen guten Mann übersehen, als sich einmal zu oft auf einen schlechten einlassen. Sich einstweilen auf bereits bestehende Urteile anderer zu verlassen, wenn man selbst noch keines hat, ist darum gar nicht so unklug.

Weibliche Wahlimitation geht sogar indirekte Wege. Wenn ein Mann desinteressiert an ihr ist oder sogar arrogant oder überheblich auftritt, scheint er keinen gesteigerten Bedarf nach weiteren weiblichen Bekanntschaften zu haben, schlussfolgert eine Frau.

Angesichts der männlichen Promiskuität, der grossen Lust an sexueller Vielfalt und Abwechslung, die einer Frau bewusst oder unterbewusst bekannt ist, erstaunt sie das. Der muss ja bereits gut bedient sein, wenn er sie gar nicht ins Bett kriegen möchte; der scheint vollumfänglich mit Angeboten von Frauen verwöhnt zu sein, denkt sie sich. Offenbar wissen die anderen Frauen etwas, was sie noch nicht weiss. Ein Mann mit anscheinend gesättigten Bedürfnissen ist wahrscheinlich sehr erfolgreich. So einen Mann wollen Frauen haben. Die Arroganz eines Mannes kann Frauen geradezu verrückt nach ihm machen. Aus der Sicht unarroganter Männer, die möchten, dass Frauen ihren edlen Charakter wahrnehmen, ist das äusserst bedauerlich.

Ein Mann ist ständig in der Situation, nichts zum Essen zu erhalten, wenn er einen Bärenhunger hat, aber ständig etwas angeboten zu bekommen, wenn er schon pappsatt ist. Männliche Leidenschaft orientiert sich an unmittelbaren körperlichen Bedürfnissen und naiver Romantik. Weibliche Leidenschaft orientiert sich an der Wahrscheinlichkeitsmathematik hinter dynamischer Schwarmintelligenz.

Frauen neigen nicht dazu, sich ihr eigenes Bild zu machen. Den wenigsten Frauen ist wirklich bewusst, wie beeinflussbar sie über den Mechanismus der Schwarmintelligenz sind, und wie stark sich ihre Meinung über einen Mann verändert, nur weil sie positive oder negative, aufregende oder langweilige Geschichten über ihn hören. Frauen glauben, dass Männer ständig die Länge ihrer Schwänze miteinander vergleichen würden, dabei sind sie selbst es, die sich, ihr Leben und ihre Entscheidungen ständig mit anderen abgleichen. Mit ihrer Logik tyrannisieren Frauen sogar sich selbst. Sie fühlen sich stigmatisiert, wenn sie selbst ohne Lebenspartner sind. Alleine essen gehen, alleine ausgehen, alleine in Urlaub fahren? Das will eine Frau nicht. Andere müssten dann ja glauben, dass sie derart unattraktiv ist, dass sie keinen Mann abbekommt. Und was andere Menschen über sie glauben, ist Frauen sehr wichtig, den ihr gesellschaftlicher Ruf ist ihr Zukunftskapital. Ihr eigenes Dilemma schiebt eine alleinstehende Frau daher gerne auf Männer. Die sind es ja schliesslich, die zu blöd dafür sind, zu erkennen, was für eine tolle, intelligente, anspruchsvolle Frau mit Stil sie ist. Oder sie sagt sich, dass Männer einfach Angst vor starken Frauen hätten. Solchen Unsinn glauben viele Frauen ganz ernsthaft. Frauen sind Fremdattributierer.

Bekannte Verführer wie Giacomo Casanova (1725–1798), um die sich Legenden ranken, hatten vor allem deshalb so viele Frauengeschichten, weil sie nicht besonders wählerisch waren. Irgendwann eilte ihnen dann ihr Ruf voraus, und irgendwann wollten Frauen nur aufgrund seines Rufs mit Casanova schlafen, denn wenn sie ein ausserordentlich erfahrener Mann begehrte, war das für sie eine hervorragende Selbstbestätigung. Frauen nutzen Männer, deren Blicke, deren Aufmerksamkeit und den Sex mit ihnen häufig dazu, um sich Bestätigung zu holen und ihren Narzissmus befriedigen zu lassen. Männer brauchen nicht so viel Selbstbestätigung. Anstatt von einer Frau hören zu wollen, wie gut der Sex mit ihm war, ist es einem Mann lieber, wenn sie es ihren Freundinnen erzählt. Wer als Mann seine Chancen drastisch erhöhen möchte, egal mit welchen Mitteln, sollte dafür sorgen, dass sich unter Frauen in Windeseile herumspricht, wie gross seine erotischen Erfolge angeblich sind.

Während Frauen sich lieber attraktive Männer teilen, als dass eine von ihnen freiwillig auf einen unattraktiven Partner ausweichen würde, sind Männer harte Konkurrenten darin, sämtliche einigermassen attraktive Frauen zu besteigen. Männern schmerzt der Gedanke ungemein, wenn sie hören, dass andere Kerle jede Menge Affären haben. Die Frage nach der Qualität der Affären kommt erst deutlich dahinter, Quantität ist zunächst wichtiger. Männer sind ohnehin grundsätzlich Optimisten, weswegen sie im Zweifel immer davon ausgehen, dass eine beliebige Frau die sie noch nicht kennen, sicherlich eine attraktive Frau sein wird.

Ist ein Mann denn zwingend ein toller Typ, bloss weil er viele Frauen ins Bett bekommt? Erfolgsmythen solcher Art sollten mit Vorsicht genossen werden. Sich ein paar der Frauen genauer anzuschauen, kann sehr aufschlussreich sein. Oftmals offenbart sich reine Quantität. Aber da Qualität im Auge des Betrachters liegt, ist ein Mann mit vielen Sexgespielinnen für seine Anspruchslosigkeit, die er wahrscheinlich hat, durchaus zu beneiden. Glücksgefühle sind von der Ausschüttung endokriner Botenstoffe und von Gehirnaktivitäten abhängig. Und wenn die bereits bei einer niedrigen Reizschwelle entfacht werden, erlebt man mehr Glücksgefühle, als wenn man sehr anspruchsvoll ist.

Während systematische Verführer gerne Frauen um sich scharen, die ihnen rein gar nichts bedeuten, weil sie in erster Linie auf taktische Aussenwirkung bedacht sind, bleiben manche Männer lieber bewusst alleine. Weil es ihnen darum geht, ihre Zeit sinnvoll zu nutzen, anstatt sie mit Menschen zu verbringen, deren Nähe ihnen nichts bedeutet. Sie warten lieber auf die Richtige, als sich unterdessen mit den Falschen zu langweilen, dabei aus Höflichkeit aufmerksam zu sein und die Richtige unterdessen zu verpassen. Auch in Gesellschaft kann man sich äusserst einsam fühlen. Der Blick von anspruchsvollen Männern bleibt logischerweise seltener an für ihr Auge angenehmen Reizen hängen. Solche Männer laufen mit suchendem Blick durch die Gegend, ohne zufrieden auszusehen. Anspruchsvolle Männer erkennt man auch an der fehlenden Freude in ihren Augen. Mit Dopamin wird verwöhnt, wer findet – und nicht, wer sucht. Ohne Erfolgserlebnisse gibt es keine Belohnungsbotenstoffe, und ohne diese gibt es keinerlei charismatische Ausstrahlung. Frauen finden suchende Männer unattraktiver, denn tolle Männer müssen weiblicher Logik nach nicht suchen. In weibliche Logik und weibliche Erfahrung ist der Effekt ihrer eigenen Schwarmintelligenz bereits eingepreist. Tolle Männer haben danach schliesslich so viele Angebote, dass sie einfach gar nicht alleine sein können. Für anspruchsvolle Männer ist die weibliche Wahlimitation ein grosses Handicap. Anspruchslose Männer haben eine klügere emotionale Risikostreuung als anspruchsvolle, denn wenn es dreimal so viele Frauen gibt, mit denen sie zufrieden wären, dann tut ihnen auch ein Korb nur ein Drittel so weh. So ungefähr jedenfalls.

Ein Mann muss sich darüber im Klaren sein, dass eine Frau, die ihn toll zu finden scheint, ihn vielleicht gar nicht wirklich unmittelbar toll findet. Mit hoher Wahrscheinlichkeit findet sie ihn eher deshalb attraktiv, weil sie beobachtet hat, dass er bereits von anderen Frauen attraktiv gefunden wurde. Über die Logik endokriner Mechanismen ist dies indirekt sogar ganz sicher so. Eine weibliche Meinung über einen Mann ist meistens nicht Ausdruck ihres ureigenen Eindrucks von ihm, sondern Ergebnis eines Mitläufereffekts. Wer sich als Mann anderes einbildet, lässt sich zwar sein Ego streicheln, blickt aber der Wahrheit nicht ins Auge. Fragt man eine Frau nach ihrem Urteil, bekommt man zu einem wesentlichen Teil nicht das Ergebnis eines höchstpersönlichen Reflektionsprozesses, sondern ein Umfrageergebnis zu hören. Ihr starker Herdentrieb macht Frauen überwiegend zu Mitläufern. Je jünger und unerfahrener sie sind, desto stärker ist dem so. Je mehr sich beim Älterwerden Östrogen aus ihrem Körper zurückzieht, desto ähnlicher fühlen und denken Frauen wie Männer.

Über prominente Personen hört man gelegentlich, dass sie Probleme haben, einen Lebens- und Liebespartner zu finden, denn sie wissen nie, ob jemand wirklich an ihnen oder nur an ihrer Prominenz Interesse hat. Deshalb kommen für sie nur andere Prominente in Frage. Die Logik hat etwas für sich. Wer als erfolgreicher Mann sicher gehen will, dass eine Frau wirklich Interesse an ihm hat, kann die Avancen einer Frau nur dann ernst nehmen, wenn in der Kennenlernsituation keinerlei Indizien aus seinem sozialen Zusammenhang vorlagen.

08 TESTOSTERON-, DOPAMIN- UND SEROTONINHEURISTIKEN

Das Hormon Testosteron ist eine gesundheitliche Belastung für den Körper. Es sorgt bereits bei passivem Verhalten für einen erhöhten Verschleiss, und es schwächt das Immunsystem. Noch gesundheitsgefährdender ist allerdings das Verhalten, das Testosteron bewirkt. Es führt häufige, kraftvolle und riskante körperliche Aktivitäten und damit Verletzungsgefahren herbei. Wer einen höheren Testosteronspiegel hat, taucht leichter in den Unfallstatistiken auf und wird öfter in gewalttätige Auseinandersetzungen verwickelt. Testosteron ist ein Teufelszeug, mit dem sich Männer regelmässig eine Menge Ärger einhandeln. Gerade deshalb lässt ein hoher Testosteronspiegel darauf schliessen, dass der Träger sehr gesunde Gene hat. Denn nur ein solcher kann sich etwas so gefährliches wie Testosteron leisten. Die unbewussten Mechanismen hinter weiblichen Emotionen wissen das. Ein gesundes und durchsetzungsfähiges Männchen ist für Weibchen attraktiv, denn es wird seine Gesundheit und Durchsetzungsfähigkeit nicht nur für das Überleben des gemeinsamen Nachwuchses einsetzen, sondern beides auch noch vererben.

Männchen mit niedrigem Testosteronspiegel gehen testosterongesteuerten Rivalen lieber aus dem Weg und überlassen ihnen Territorium wie Weibchen, wenn sie die Situation so einschätzen, dass die Kosten einer Auseinandersetzung den Nutzen nicht lohnen. Gegebenenfalls ist es besser auf ein anderes Territorium und andere Weibchen auszuweichen. In den meisten Fällen kommt es gar nicht erst zu Auseinandersetzungen. Grösse und Qualität eines Territoriums und dessen Ressourcen geben einem Weibchen also indirekt ebenfalls Anlass dazu, dessen Besitzer für gesund und durchsetzungsfähig zu halten. Sie können davon ausgehen, dass dieser von seinen Rivalen als dominantes und leistungsfähiges Tier respektiert wird. Die Weibchen profitieren somit nicht nur von ihrer eigenen Einschätzung, sondern nutzen auch die anderer Männchen. Erneut profitieren sie von Schwarmintelligenz denn sie profitieren vom Wissen jener Männchen.

Ein besonders testosteronreiches Männchen an seiner Seite zu haben, sorgt dafür, dass ein Weibchen seine Ruhe hat. Aufgrund der blossen Autorität, die das Testosteron bewirkt, von der sich schwächere Männchen einschüchtern lassen, kommt es seltener zu verlustreichen Kämpfen. Wo nicht gekämpft wird, werden auch keine Ressourcen verschwendet, stattdessen können diese nahezu komplett in den Nachwuchs investiert werden. Aber selbst, wenn es doch einmal zu handfesten Auseinandersetzungen kommt, ist das nicht das Schlimmste. Wer ein Männchen mit viel Testosteron herausfordert, hat wahrscheinlich selbst viel davon. Für Weibchen ist das eine prima Situation. Sie müssen nur abwarten, bis der Kampf zu Ende ist, und sich dann dem Sieger an den Hals werfen. So oder so bleibt das stärkere Männchen an ihrer Seite – beziehungsweise bleiben sie an seiner. Konfrontative Aufeinandertreffen von Männchen sind für Weibchen immer interessant und aufschlussreich; dabei zeigen sie sich stets als aufmerksame Zuschauer. Selbst wenn es nur zu gegenseitigen Drohgebärden und Einschüchterungsversuchen kommt, ist das für sie ein spannendes Schauspiel. Sie wollen sehen, wer von den beiden Kerlen unterwürfig einknickt. Weibchen sind versessen darauf, dominante und devote Gesten zwischen Männchen zu beobachten. Jedes Mal gewinnen sie Informationen, Sicherheit und Orientierung, die eine Einschätzung der Männchen erleichtert. Männchen, die von anderen Männchen dominiert werden, sind unattraktiv. Männchen, gegenüber denen sich andere Männchen devot verhalten, sind attraktiv. Frauen lieben Männer, die andere Männer kontrollieren und ihnen nach Belieben Befehle erteilen können. Mit Männern, die sich rumschubsen lassen müssen, gehen Frauen weniger gerne ins Bett.

Wenn man im Rudel lebenden Tieren Testosteron injiziert, steigen sie in der Hierarchie auf. Gleichzeitig sinkt allerdings ihre

Bereitschaft, sich um den Nachwuchs zu kümmern. Eigenschaften wie erhöhte Aufmerksamkeit und Fürsorge waren in der Evolution allerdings genau die Verhaltensweisen, mit denen auch schwächere und weniger gesunde Männchen effektiv durch die Selektion kommen konnten. Über diese Zusatzfeatures machten sie sich wieder attraktiver, da sie das Weibchen schlicht entlasten.

Der Zusammenhang zwischen Testosteron und Status einer- sowie Fürsorgeverhalten andererseits ist sehr gut untersucht. Der Preis, den Weibchen für gute Gene zahlen müssen, ist eben der, dass die Versorgung des Nachwuchses zunächst an ihnen hängen bleibt. Das sollte sich eine Frau gut überlegen. Schliesslich kann sie auch einen weniger attraktiven Mann erwählen. Der wird sich bestimmt freuen und jede Menge Zugeständnisse machen. Zur Be- schwerde über männliches Verhalten gibt es also keinen Grund. An Menge und Intensität der Zugeständnisse, zu denen Männern in einer Gesellschaft bereit sind, kann man hingegen ablesen, wie es um die populationsinternen Machtverhältnisse zwischen den Ge- schlechtern bestellt ist.

Männchen müssen ihren Samen streuen, wenn sie evolutionär erfolgreich sein wollen. Wer sich länger als nötig von einem Weib- chen aufhalten lässt, hat weniger evolutionären Erfolg, und seine Veranlagungen sterben früher aus. Wenn Weibchen evolutionären Erfolg haben wollen, sollten sie dagegen nicht zu viel in der Ge- gend herumkopulieren, sondern sich nachdem sie sich auf das bes- te der verfügbaren Männchen festgelegt haben, all ihre Kraft in den gemeinsamen Nachwuchs mit ihm investieren, den sie mit ihm gezeugt haben. Diese Konstellation funktioniert so lange hervorra- gend, wie durchschnittliche und unterdurchschnittliche Männer sich ohne nennenswerte Gegenleistung ausbeuten lassen.

So entsetzlich es Frauen also angeblich finden, dass Männer sich immerfort duellieren und in Wettkämpfen beweisen müssen, so interessiert sie in Wahrheit doch sehr wohl, wer der bessere und wer der schlechtere ist. Gerade Männer mit grossem Ego sind diejenigen, die auf die meisten Frauen die unwiderstehlichste mas- kuline Erotik ausstrahlen.

Ob ein Mann lieber den Liebesbeteuerungen einer Frau vertraut, die ihn in einer Situation kennengelernt hatte, in der er sehr stark erschienen war, oder lieber den Liebesbeteuerungen einer Frau, die sich dann in ihn verliebte, als er sehr schwach und verletzlich, obliegt seiner eigenen Reflektion.

Gemeinsam mit Testosteron tritt häufig auch der Botenstoff Dopamin auf, unterscheidet sich von ihm aber in seiner Wirkung. Männchen mit viel Dopamin sind für Weibchen deshalb interessant, weil Dopamin ein Indiz auf Erfolg darstellt. Mit der Einschränkung vernachlässigbarer Ausnahmen. Dopamin macht unternehmungslustig, ehrgeizig, enthusiastisch, angriffslustig und risikobereit. Männlicher Ehrgeiz ist etwas extrem attraktives für Frauen. Wenn ein erfolgshungriger Mann sich hart anstrengt, kann eine Frau davon nur profitieren.

Wer ständig Frustration erlebt, verliert früher oder später seinen Ehrgeiz. Frustrationen sorgen dafür, dass ein Individuum weniger Dopamin produziert, da sein Gehirn es vor Energieverschwendung und Schaden bewahren möchte. Energieinvestitionen sind Kosten, und die sollten zum Nutzen in einem angemessenen Verhältnis stehen. Gibt es zuwenig Nutzen, also zu seltene oder zu schwache Erfolgserlebnisse, verebbt die Dopaminproduktion mehr und mehr. Das Resultat sind Depressionen. Bei grossartig gelaunten Männchen, bei denen viel Dopamin vorhanden ist, können Weibchen auf wiederholte oder intensive Erfolgserlebnisse schliessen. Weibchen mit Vorliebe für niedergeschlagene und miesepetrige Männer sind in der Evolution ausgestorben, weswegen sie nicht zu den Vorfahren heutiger Frauen gehören. Von selbstbewussten, fordernden, funkelnden Augen angeschaut zu werden, hinter denen eine starke Dopaminausschüttung steckt, hat auf Frauen eine magnetische Anziehungskraft. Der Besitzer dieser Augen ist es bestimmt gewohnt, zu bekommen, was er haben möchte.

Heuristiken auf Dopamin haben aber auch Schwächen. Dopamin ist ein Verhaltensverstärker, der erfolgreiche Handlungen belohnt, damit man sie wiederholt. Dieser Effekt hängt aber mit der jeweiligen Frustrationstoleranz zusammen. Neben Individuen mit hoher Frustrationstoleranz, deren Dopaminspiegel auch bei Misserfolg nur langsam abebbt, gibt es aber durchaus solche, die auch bei regelmässigen Erfolgserlebnissen von ihrem Dopaminspiegel nicht impulsiv von einer Herausforderung zur nächsten gepeitscht werden. In gewissem Rahmen können auch erfolgreiche Individuen bedächtig und pragmatisch und erfolglose Individuen aufgekratzt und vital sein. Langfristig gesehen vererbt aber der aufgekratzte und vitale Mensch sein stabil empfindliches dopaminerges System weiter, und der bedächtige und pragmatische sein stabil unempfindliches. Wendet man diese Logik nicht auf die Zukunft, sondern auf die Vergangenheit an, stammt der aufgekratzte und vitale möglicherweise aus einer evolutionär erfolgreicheren Abstammungslinie, als der bedächtige und pragmatische und hat entsprechend die grundsätzlich erfolgreicheren genetischen Veranlagungen. Gesellschaftssysteme überdauern selten mehr als ein paar Jahrzehnte. In einem lokalen zeitlichen Bereich kann unter jeweils bestimmten gesellschaftlichen Konstellationen auch ein Mensch oder Organismus kurzfristig höheren Erfolg haben als ein anderer, der die grundsätzlich besseren Strategien und Fähigkeiten hat. So wie ein grundsätzlich schlechter Tennisspieler einem anderen auf einem bestimmten Bodenbelag, aber nur dort, überlegen sein kann.

Der Dopaminspiegel schwankt sehr stark. Momentaufnahmen sind Stichproben, und die geben gerade bei Dopamin keinen sehr verlässlichen Aufschluss auf die gesamte Schwankungsamplitude. Es ist auch nicht präzise zu erkennen, ob tatsächlich kürzlich erzielter Erfolg zugrunde liegt, oder lediglich die Aussicht auf Erfolg. Auch mögen Männchen mit viel Dopamin in der Vergangenheit Erfolg gehabt haben, und in der Vergangenheit erfolgreichen Individuen traut man auch in der Zukunft eher Erfolg zu, dennoch kann es passieren, dass Männchen mit viel Dopamin in der Zukunft übermütig werden und Risiken unterschätzen. Bei dauerhaft hohem Risiko ist es nur eine Frage der Zeit, bis ein Misserfolg eintritt, durch den womöglich alle bis dahin verbuchten Erfolge auf einen Schlag zerstört werden könnten, gerade dann, wenn es aufgrund der bisherigen Erfolgsserie zu einer immer höheren Selbstüberschätzung und damit verbundenen Einsatzerhöhungen kommt. Ausserdem kann der frühe Erfolg auch reines Glück gewesen sein. Gerade die langfristigen Effekte waren daher in der Vergangenheit entscheidend und werden es auch Zukunft sein. Wie sensibel ein Weibchen auf hohe männliche Dopaminspiegel reagiert, hängt somit letztlich stark von ihrem eigenen Impulsivitätsgrad ab.

Risiko- und Leistungsbereitschaft eines Männchens sind für ein Weibchen und seinen Nachwuchs grundsätzlich gut. Solange das Risiko hohe Erfolge einfährt, profitiert das Weibchen davon. Und sobald die negative Seite des Risikos zugeschlagen und das Männchen seine Ressourcen verloren hat, kann sich das Weibchen dem nächsten Männchen zuwenden. Wenn eine Frau bereits Kinder von einem gesunden Männchen hat, kann sie sich anschliessend durchaus auch von einem unattraktiven Männchen versorgen lassen, das sonst kaum Chancen auf ein Weibchen hätte und das entsprechend treu und zu Exklusivität bereit sein wird. Männchen sind für Weibchen ersetzbar, während Weibchen für die allermeisten Männchen nicht so einfach zu ersetzen sind. Weibchen haben immer eine bereitwillige Reserve, nämlich die unattraktiven Männchen, die sich riesig freuen, wenn Weibchen sich ihnen zuwenden. Männchen haben keine vergleichbare Reserve, denn weibliche Unattraktivität ist prinzipiell gleichbedeutend mit Unfruchtbarkeit.

Es kann kaum ein Zweifel darüber bestehen, dass es sehr häufig Situationen gab in denen solche Weibchen evolutionäre Vorteile gegenüber anderen hatten, die sich einem Männchen, das gerade einen grossen Erfolg erlebt hatte, sofort an den Hals warfen. Streckenweise waren die Zeiten karg und Erfolgserlebnisse etwas sehr seltenes. Eine Vorliebe für Dopamin zur richtigen Zeit konnte der entscheidende evolutionäre Flaschenhals sein. Das kann man an der heutigen Vorliebe von Frauen ablesen, sich gerade mit sehr fordernden und ungestümen Männern gern auf kurzfristige Affären einzulassen. Aber es gibt etwas noch verführerisches für Frauen, als unternehmungslustige und optimistische Männer, und das sind Männer, die offenbar bereits viel unternommen haben, dabei erfolgreich waren und nun pappsatt sind.

Weibchen, die sich neben dem Dopamin auch und sogar noch stärker auf Serotonin in der Ausstrahlung von Männchen verlassen, profitieren sowohl gelegentlich von einer gewissen männlichen Risikobereitschaft, als aber auch von der Nachhaltigkeit von Erfolgserlebnissen. Eine tiefe innere Zufriedenheit erlangt nämlich nur der, der langfristig Erfolg hat. Langfristig auf hohem Niveau erfolgreiche Männchen fordern aufgrund ihres berechtigten Selbstbewusstseins allerdings auch mehr sexuelle Abwechslung und insgesamt mehr Sex ein. Ein hohes Fremdgehrisiko muss eine Frau daher in Kauf nehmen, wenn sie unbedingt einen erfolgreichen Mann haben will.

Anders als Dopamin deutet Serotonin darauf hin, dass ein Männchen tatsächlich substanziell zufrieden, gesättigt und befriedigt ist und sich eine Lebenssituation erarbeitet hat, in der es sich langfristig sicher und versorgt fühlt. Da beide Botenstoffe belohnend wirken, korrelieren sie oft, aber nicht immer. Dopamin verleitet dazu, mit dem weiterzumachen, was man gerade tut, und diese Handlung zu intensivieren. Bei Serotonin lehnt man sich dagegen genüsslich zurück, ist für den Augenblick glücklich, regeneriert und füllt seine Speicher neu auf. Niemand schwebt ewig auf einer rosa Wolke, aber manche tun es eben häufiger, und bei manchen schwebt die rosa Wolke länger als bei anderen.

Der grösste Erfolg für Männchen ist und bleibt sexueller Zugang zu Weibchen. Sex mit vielen Weibchen, Sex mit guten Weibchen, oder am besten beides. Glücklich kann ein normales Männchen, das ohne Sex auskommen muss, niemals sein. Je mehr, desto besser. Wenn eine Frau viel Serotonin in der Ausstrahlung eines Mannes vorfindet, kann sie mit hoher Wahrscheinlichkeit davon ausgehen, dass er vor nicht allzu langer Zeit lustvollen Sex hatte. Je stabiler ein hoher Serotoninspiegel bei einem Mann ausfällt, desto wahrscheinlicher ist auch, dass er regelmässig befriedigenden Sex hat, und es viele oder sehr gute Frauen gibt, die jederzeit bereit sind, sich mit ihm zu paaren. Diese Frauen machen das bestimmt nicht unüberlegt, denken sich andere, auf Schwarmintelligenz vertrauende Frauen.

Trifft eine Frau einen extrem gutaussehenden, gross gewachsenen Mann mit maskuliner Figur, edler Kleidung und feinen Schuhen, der sich verbal auch noch gepflegt auszudrücken weiss, einen intelligenten Humor hat und eine Sprache spricht und Gedanken formuliert, die auf eine hohe Bildung schliessen lässt, der dabei aber sehr erschöpft, unzufrieden, traurig, verärgert, wütend oder schlimmstenfalls verbittert wirkt, wird sie irritiert sein. Weil für die Logik, nach der ihre Emotionen funktionieren, beides nicht zusammen passt. Im Zweifel nimmt sie lieber Abstand von ihm. Wenn sie dagegen einem zufrieden und entspannt in sich hinein lächelnden Dickerchen begegnet, wird sie neugierig. Selbst dann, oder vielmehr insbesondere dann, wenn seine Kleidung schlecht sitzt, seine Wortwahl anzüglich und sein Schweissgeruch vernehmbar ist. Sie kann dem Lockruf des Serotonins kaum widerstehen. Normale, gesunde und dabei ausgeglichene Männer ohne Sex gibt es nun mal kaum.

Um dauerhaft ausgeglichen zu wirken, muss ein Erfolgsgrad erreicht sein, der Zufall sehr unwahrscheinlich macht. Wer stark von Dopamin hochgepeitscht war, anschliessend aber nicht sanft vom Serotonin aufgefangen wurde, sondern in ein Loch fiel, kann keinesfalls ausgeglichen sein. Vermutlich hat er vergebliche Ressourcen investiert und nichts dafür zurückbekommen. So jemand ist eher manisch-depressiv als ausgeglichen. Er mag in der Vergangenheit erfolgreiche Vorfahren gehabt haben, aber er selbst ist es in der Gegenwart wohl kaum. Etwas überzeugenderes als den Serotoninfaktor gibt es in der Summe nicht.

Eine typische Falle, in die man tappen kann, ist die, dass man zwar auf eine glückliche Person trifft, diese in Wahrheit aber einfach nur sehr anspruchslos ist, während man auch einer unglücklichen Person begegnen kann, die durchaus leistungsstark und nach objektiven Kriterien höchst erfolgreich ist, die jedoch schier unerfüllbare Ansprüche hat und darum immer unzufrieden ist. Aufs die Grosse Zahl gesehen ist das allerdings vernachlässigbar.

09 HANDICAPPRINZIP UND IMPONIERGEHABE

Das Handicapprinzip ist einer der fundamentalsten Mechanismen der Evolutionsbiologie. Wer ein besonderes Handicap trägt, muss gut sein, denn er muss es sich ja offenbar leisten können. Als Paradebeispiel für das Handicapprinzip wird in der Evolutionsbiologie regelmässig das Rad des Pfaus genannt. Pfauenräder unterscheiden sich in Symmetrie und Farbkraft, anhand derer Weibchen die genetische Beschaffenheit eines Männchens einschätzen können, beziehungsweise von denen ihre Emotionen angesprochen oder nicht angesprochen werden. Pfauen mit schlechterem Immunsystem und höherer Parasitenbelastung haben häufig Räder mit blasser Farbe oder Symmetriestörungen. Pfauenräder unterscheiden sich in Grösse und Anzahl der in ihnen enthaltenen Augen. Führt man Männchen und Weibchen zusammen, werfen sich alle Weibchen jenem Männchen an den Hals, das die meisten Pfauenaugen in seinem Rad hat. Das Männchen mit den zweitmeisten Augen ist nur zweite und das mit den drittmeisten nur dritte Wahl. Taucht später ein Männchen mit noch mehr Augen auf, satteln die Weibchen sofort um und umgarnen den Neuen. Entfernt man einem Pfau Federn aus seinem Rad, schrumpft sein Paarungserfolg in dem Masse, in dem man ihn um Augen beraubte.

Ein grosses, symmetrisches und buntes Rad herzustellen, kostet seinen Besitzer nicht nur viel Energie, das Tragen macht ihn auch schwerfällig. Mit grösserem Rad kann er schlechter fliehen und wird leichter zur Beute von Raubfeinden. Den letzten beissen im wahrsten Sinne die Hunde. Pfauen, die dennoch ein grosses und schönes Rad haben, können das Gewicht und den Beweglichkeitsverlust offenbar kompensieren. Sie müssen also versteckte Qualitäten haben.

Symmetrieherstellung kostet Kraft, die fehlt, wenn es ums Überleben geht. Grelle Farben sind für Raubfeinde zudem besser erkennbar. In Gegenden mit mehr Raubfeinden sind Farben, Symmetrie und Gefiedermenge einer Art entsprechend schwächer ausgeprägt, als in sicheren Gegenden. Wer leicht gefressen wurde, starb schneller aus. Wer noch nicht ausgestorben ist, obwohl er ein aufwendiges Rad besitzt, muss daher ganz besonders leistungsfähig sein. Wenn sich Weibchen von jenen Männchen mit den grössten, symmetrischsten und farbenprächtigsten Rädern befruchten lassen, erhält ihr Nachwuchs somit die gesündesten und leistungsfähigsten Gene. Und ihre Söhne bekommen wiederum die Symmetrie und die Farben des Vaters, womit sie Weibchen betören können.

Es wird schnell ersichtlich, dass ein Handicap mit wachsender Grösse zwar zunehmenden Paarungserfolg verspricht, ihm ab einem gewissen kritischen Punkt aber durch die natürliche Selektion Grenzen gesetzt sind. Sobald Pfauen so schwerfällig werden, dass es für ihre Raubfeinde eine Leichtigkeit ist, sie zu fangen und zu fressen, werden sie auch nicht mehr viele Gelegenheiten zur Fortpflanzung erhalten, weil ihre Lebenszeit begrenzt ist. Aus beiden Einflussfaktoren stellt sich ein Gleichgewicht ein. Es ist für den Pfau ein Tanz auf Messers Schneide – wie bei dem Spiel, bei dem derjenige gewinnt, der eine Münze näher an die Bordsteinkante heranwirft, aber sofort ausscheidet, sofern er den Bordstein trifft. Männchen tanzen meistens auf Messers Schneide, quer durch fast alle Tierarten. Wer zu wenig Risiko eingeht, dem werden andere Männchen vorgezogen, und wer zuviel Risiko eingeht, der lebt nicht besonders lange. Wem das nicht passt, der hätte als Weibchen zur Welt kommen sollen.

Analogien zum Pfauenrad lassen sich bei vielen Tierarten in anderer Gestalt finden. Auch beim Menschen plustern die Männchen im übertragenen Sinn Pfauenräder auf. Wenn Männer ein Auto fahren, dessen Anschaffungspreis und dessen Fixkosten besonders hoch sind, zeigen sie damit, dass sie über so viele Ressourcen verfügen, dass sie sich Verschwendung leisten können. Aber auch hier gilt: Wer es masslos übertreibt und über seine Verhältnisse lebt, überhebt sich und geht bald pleite. Akademische Titel oder durchtrainierte Körper erfüllen ähnliche Funktionen. Wer dafür Zeit, Disziplin, Energie und so weiter aufbringt, kann sich das offenbar leisten. Jede Sekunde Zeit, die in etwas investiert wird, fehlt woanders. Jede kognitive Zuwendung, an der einen Stelle eingebracht, fehlt an anderer Stelle. Jeder verschwendete Funken Aufmerksamkeit oder Muskelenergie muss woanders eingespart werden. Das sind Trade-off- und Opportunitätskostenfragen. Wer trotz allem Aufwand als Mann genug Geld zum Leben erwirtschaftet und genug Frauen zu gemeinsamem Sex überzeugen kann, muss gut sein.

Wer das Prinzip einmal begriffen hat, erkennt überall in der Natur Pfauenradanalogien. Jede Art hat ihre eigenen Pfauenräder, mit der ihrer Umwelt etwas über ihre Leistungsfähigkeit verraten wird. Laut röhrende Rothirsche sind für Weibchen sehr attraktiv. Je lauter sie röhren, desto besser. Je länger sie röhren, desto noch besser. Ausdauerndes Röhren – über Stunden, Tage und Wochen – kostet enorme Energie. Nach einer Paarungssaison sind die Kräfte eines Rothirsches erstmal restlos aufgebraucht und er hat erheblich an Körpergewicht verloren. Über so grosszügige Energiedepots, mit denen man in einer Tour imposant röhren kann, verfügt nicht jeder. Das Röhren dient gegenüber Konkurrenten der Reviermarkierung und hält sie davon ab, in ein Gebiet einzudringen und sich über dortige Weibchen herzumachen. Konkurrenten können die Qualität eines Röhrens – und die Gefahr, bei einem Kampf zu unterliegen – ähnlich gut einschätzen wie Weibchen. Das Überzeugende am Röhren ist, dass es sich nicht fälschen lässt. Anders als bei einer sich im Ernstfall als kraftlos erweisenden riesigen Krebsschere, oder dem Besitz eines edlen Sportwagens, dem womöglich eine wackelige Finanzierung zugrunde liegt, muss hinter einem Röhren tatsächlich Substanz und Nachhaltigkeit stecken. Das ist eine wichtige Eigenschaft eines guten Handicaps: Es sollte schwer fälschbar sein.

Starke männliche Antilopen klicken mit ihren Knien. Das ist bei der Brautwerbung äusserst hilfreich. Der Klang des Klickens verrät Weibchen viel über die Stabilität der männlichen Anatomie, da der Ton von ganz bestimmten Eigenschaften der Gelenke abhängig ist. Auch bei den meisten Affenarten korrelieren Häufigkeit und Lautstärke von Geschrei mit der Hierarchiestellung des Schreienden im Rudel. In geschäftlichen Konferenzen halten sich jene mit Wortbeiträgen zurück, die sich in der Hierarchie tieferstehend fühlen. Nicht jeder kann, nicht jeder darf, und nicht jeder sollte den Mund beliebig aufmachen. Für die Weibchen ist es allerdings sehr aufschlussreich, wer wie oft, wer wie lange und wer wie laut den Mund aufmacht.

Auch vermeintlich ungesundes ist in Wahrheit attraktiv. Gerade um jene Fähigkeiten zur Geltung kommen zu lassen, die am anziehendsten auf Weibchen wirken, sind jene Hormone notwendig, die gleichzeitig das eigene Immunsystem schwächen. Wer sich gesundheitsgefährdend benimmt, dessen Konstitution scheint das wegzustecken. Männlichkeit ist attraktiv. Männlichkeit hängt von Testosteron ab. Testosteron verstärkt zwar Lebensqualität, mindert aber Lebensquantität. Es lässt schneller altern, wenn seine Effekte nicht durch verjüngende und vitalisierende Botenstoffe kompensiert oder überkompensiert werden.

Was Frauen als romantische oder erotische Gefühle erleben, die sie einem aufregenden Mann gegenüber empfinden, ist nichts anderes als ein von der Evolution herausgebildeter Indikator auf nützliche Eigenschaften und hohe Leistungsfähigkeit. Frauen halten ihre Gefühle natürlich für etwas edles und aufrichtiges. Die meisten Handicaps eines Mannes empfinden sie als »stilvoll«, als »Ausdruck guten Geschmacks« oder als »charismatisch«.

Die Weibchen einiger anderer Arten haben durchaus ähnliche Vorlieben wie die Weibchen bei Menschen. Die Weibchen bei Zierfischarten mögen grellfarbige Männchen, jene bei Singvogelarten bevorzugen solche, die komplizierte Gesangsarien schmettern können. Nicht nur bei Pfauen, sondern auch bei zahlreichen anderen Tieren zeigen Symmetriestörungen ungesunde Mutationen an, und Exemplare mit den weniger aufwändigen Ornamenten haben den grösseren Parasitenbefall. Insofern ist das Pfauenrad ein extrem ehrliches Signal. Die weibliche Romantik scheint das sehr gut zu wissen. Die Abstammungslinien männlicher Tiere, die ohne

Weibchen gehalten und lediglich einzeln und einmalig verpaart wurden, haben keine nennenswerten Ornamente ausgeprägt, da die weibliche Selektion fehlte.

Wenn Vogelweibchen auf besonders langes und aufwändiges Gefieder achten, dann interessiert sie seltener, ob dies bessere Flugeigenschaften mit sich bringt, als die Tatsache, dass sich ein entsprechendes Männchen offenbar Verschwendung von Energie und die Zeit zur Pflege leisten kann. Auch Muskeln oder Geweihe machen Männchen nicht immer nur kampffähiger, sondern ab gewissen Ausmassen auch unbeweglicher und schwerfälliger. Raubtiere suchen sich aus einer Herde fast immer das Tier mit den auffälligsten Körpermerkmalen als Opfer heraus, denn eben dieses Merkmal könnte eine körperliche Behinderung sein und seinem Träger die Flucht erschweren. Wer seinen Räubern trotz Auffälligkeit bislang immer entkommen ist, muss ganz schön schnell und beweglich sein. Also beruht seine Auffälligkeit weniger auf schlechten als auf nützlichen Mutationen. Und sicherlich wird sein Nachwuchs ähnlich schnell sein. Das macht gemeinsame Fortpflanzung für Weibchen sehr attraktiv.

Ein Merkmal kann sich durch Präferenzen in der sexuellen Selektion so lange immer weiter verstärken, bis es durch die natürliche Selektion limitiert wird. Entsprechend sind selbstbewusste männliche Zurschaustellung eigener Qualitäten und Imponiergehabe nichts, was Verachtung oder Spott verdient hätte, sondern Zeichen für Mut und Optimismus. Vielmehr ist typisch männliches Verhalten sogar notwendig, um Weibchen die Bewertung zu vereinfachen. Wenn sie die Qualitäten der Männer nicht erkennen, können Frauen keine gute Entscheidung treffen – welche Vorlieben und Kriterien sie dabei auch immer haben.

Es ist ein ganz wesentlicher Aspekt eines guten Handicaps, dass es so wirkt, als könne sein Besitzer es nebenbei aus dem Ärmel schütteln, und als ob ihn seine Kosten nicht sonderlich belasten würden. Wer dagegen aktiv versucht zu beeindrucken, der wirkt so, als würde er investieren, um Aufmerksamkeit als Rendite zurückzubekommen. Auf Rendite angewiesen zu sein, ist etwas ganz anderes, als sich Verschwendung leisten zu können. Der Schuss kann nach hinten losgehen. Dann wird man mit Missachtung bestraft. Wie der sich inszenierende Pfau müssen auch Männer auf den Putz hauen und darstellen, was sie haben und können. Sie sollten nur mit Übertreibung vorsichtig sein. Zu auffällige Angeberei wirkt auf Frauen negativ. Wer sich zu sehr aufplustert und erkennen lässt, dass es sein beabsichtigtes Ziel ist, sein Gegenüber tief zu beeindrucken, macht einen notgeilen Eindruck. Dann greift das Bankenparadoxon: Wer am dringendsten einen Kredit braucht, hat am wenigsten Chancen darauf, einen zu bekommen – oder muss schlechte Konditionen akzeptieren. Wer hingegen kein Geld benötigt, dem wird es zu den billigsten Konditionen hinterher geschmissen. Frauen sind die klügeren Banker; insbesondere in der Partnerwahl. Auch wenn sie ihre Empfindungen selbst als Romantik wahrnehmen.

Bestraft wird auch der, der sich mit falschen oder fremden Federn schmückte. Bei wem sich herausstellt, dass er den Mund zu voll genommen hat oder dass er sich Statussymbole nur kurzfristig zulegen konnte und sie später aber wieder ablegen musste, der wird mit viel Hohn und Spott übergossen. Davon kann man sich täglich in den Geschichten überzeugen, die von der Boulevardpresse gedruckt werden. Menschen geniessen den Niedergang von selbstüberschätzenden Grossmäulern. Genugtuung ist ein Lustgefühl. Weil soziale Bestrafung drastisch ausfällt, ist die Hemmschwelle vor substanzlosem Angeben entsprechend hoch. Auch arrogantes Verhalten ist ein Handicap. Es verursacht soziale Kosten. Deshalb können zur Schau getragenes Desinteresse und Überheblichkeit einen Mann sogar ausgesprochen attraktiv für Frauen machen. Je besser ein Mann sexuell versorgt ist, desto weniger ist er auf das Beeindrucken anderer angewiesen, und desto gleichgültiger kann er sein.

Frauen vergessen nie ihre Prioritäten. Sie wollen zwar erst den besten, gesündesten und ressourcenreichsten Mann finden und sich erfolgreich von ihm besamen lassen, aber anschliessend, wenn die Entscheidung gefallen und aufgrund von gezeugtem

Nachwuchs irreversibel ist, ändern sie ihre Prioritäten. Nun ist es ihnen plötzlich viel lieber, wenn ein Mann seine Ressourcen nicht weiter verschwendet, sondern fast alles in den Nachwuchs steckt. In ihren Nachwuchs kann ein Mann schliesslich gar nicht genug investieren, wenn es nach einer Frau geht. Eine eben noch von seinem Stil und seinem Geschmack begeisterte Frau macht einem Mann plötzlich wegen seines schicken Cabriolets, den unnötig teuren Schuhen und seinem übertrieben teuren Wein Vorwürfe und findet ihn »verantwortungslos«. Bevor sie sich auf ihn eingelassen hatte, hielt sie den nutzlosen Diamanten, den man nicht essen und stattdessen ruckzuck verlieren kann, noch für grossartig, aber auf einmal soll der Mann lieber sparsam sein, damit dem Kind später das Studium finanziert werden kann. Andererseits erhöht fortwährend zur Schau gestellter Luxus langfristig natürlich die späteren Fortpflanzungsmöglichkeiten des eigenen Sohnes, weil er als gute Partie aus wohlhabendem Hause wahrgenommen wird. Die Eltern von Töchtern müssen weniger Luxus zur Schau stellen, da ein Mädchen einfach nur hübsch sein muss.

Frauen sind gerissene ökologische und ökonomische Kalkulierer, auch wenn sie das Ergebnis ihrer Kalkulationen nicht als Reflektionsprozess, sondern als Kaskade von Emotionen erleben. Wenn sich eine Frau gar nicht schwängern lassen möchte, sondern einen Mann nur als Durchgangsstation betrachtet, gewissermassen als vorübergehend erreichtes Plateau, von dem aus sie sich nach noch besseren Gelegenheiten umzublicken vermag, dann kann es ihr natürlich nur recht sein, wenn er seine Ressourcen gemeinsam mit ihr verprasst. Der Neid anderer Frauen ist ihr dann sicher. Frauen erleben Missgunst als Lustgefühl. Bei Männern ist dies ähnlich, aber in geringerem Mass; für sie steht die Anerkennung durch Frauen immer im Mittelpunkt.

Dass Frauen sich schminken und farbenfrohe Kleider tragen, um fruchtbarer auszusehen, während Männer neben ihnen oft nur einen grauen Anzug anhaben, täuscht darüber hinweg, dass es selbstverständlich auch beim Menschen die Männchen sind, die sich mehr schmücken und ausstaffieren, als es die Weibchen tun. Sie benutzen dafür nur weniger ihr Aussehen, da dieses in der weiblichen Partnerwahl weniger relevant ist. Stattdessen versuchen Männer, Urkunden und Zertifikate einzuheimsen, sich Titel anzueignen, Posten und Ämter zu ergattern, Ruhm, Respekt und einen guten Leumund zu erlangen und dabei all ihre tollen Leistungsparameter, Fähigkeiten und Eigenschaften lautstark anzupreisen. Männer prahlen. Das müssen sie. Man sollte sie gewähren lassen, weil es gesund für ihre emotionale Ausgeglichenheit ist. Männer feilen an ihrer Persönlichkeitsdarstellung detailverliebter, als es Frauen mit Kajalstift an ihren Augenlidern tun.

Geldausgaben für vermeintlich überflüssigen Schnickschnack einerseits und quantitativer Paarungserfolg andererseits korrelieren bei Männern tatsächlich in überzeugender Weise. Frauen honorieren es mit Sex, wenn Männer ihr Geld zum Fenster herauswerfen. So gesehen ist angeberischer Schnickschnack – wie etwa ein pferdestärkenüberfrachtetes Auto oder ähnliches – für Männer alles andere als überflüssig. Wer einen Armanianzug trägt, bekommt mit höherer Wahrscheinlichkeit regelmässig eine Frau ins Bett, als wer Hawaiihemden vom Discounter trägt.

Eine Variante des Handicapprinzips des Menschen wurde im neunzehnten Jahrhundert noch »demonstrativer Konsum« genannt, nach der »Theorie der feinen Leute«. Dabei ging es allerdings noch primär um Genugtuung darüber, dass einem Aufmerksamkeit, Neid und Respekt entgegengebracht wurde, sowie darum, dass sich demonstrativer Konsum wirtschaftlich sogar lohnen kann, nämlich wenn man damit Geschäftspartner und Banken von seiner Bonität überzeugen kann. Man muss eben Geld scheinbar verschwenden, um noch mehr Geld zu verdienen. Um die erotische Rendite, die sich daraus ergibt, ging es in der Theorie der feinen Leute weniger. Um die geht es erst, seitdem das Phänomen in das »Handicapprinzip« überführt wurde. Ein Grossteil des menschlichen Konsums gilt eben nicht der unmittelbaren Bedürfnisbefriedigung, sondern ist eine indirekte Investition, um sein soziales Umfeld zu beeindrucken und seinen sozioökonomischen Status zur Schau zu stellen.

In der Ökonomie wird demonstrativer Konsum auch »Geltungskonsum« genannt. Tatsächlich gibt es Güter, die erst ab einer gewissen Preishöhe interessant sind, wenn dadurch zahlreiche Marktteilnehmer vom Erwerb ausgeschlossen werden. Vorher kann man mit ihnen nicht angeben. Geltungskonsum wird durch drei Faktoren begünstigt, die gut untersucht sind: niedriges Lebensalter, konservative politische Einstellung und niedriger Bildungsgrad. Auch wer intelligenter ist, hat ceteris paribus – unter sonst gleichen Bedingungen – einen Vorteil. Wer Vorteile besitzt, muss weniger Defizite mit anderen Mitteln ausgleichen.

Männer betreiben zunächst viel Aufwand, um eine Frau zu beeindrucken, neigen nach ersten Erfolgen allerdings dazu, ihr Geld bald lieber wieder in eigene Sinnesbefriedigungen und eigene Annehmlichkeiten zu investieren, oder es für später zurückzulegen. Aus ihrer Sicht macht das Sinn. Frauen scheint Geltungskonsum dagegen langfristig wichtiger zu sein. Sie wollen eben nicht nur potenzielle Fortpflanzungspartner, sondern das gesamte Sozialgefüge kontinuierlich beeindrucken. Allerdings soll dieser Lebensstil lieber nicht aus eigener Tasche bezahlt werden, sondern der eines repräsentativen Lebensgefährten. Frauen haben Spass daran, Fremden vorzuführen, welch finanzpotenten Mann sie an Land gezogen haben. Damit denken sie indirekt an die Paarungschancen ihrer Söhne.

Auch altruistisches Verhalten ist ein Handicap. Wer grosszügig und selbstlos ist, muss sich das leisten können. Viele Frauen finden es unwiderstehlich, wenn ein Mann sich regelmässig besonders grosszügig verhält. Kaum etwas törnt sie mehr ab als Geiz. Das hat etwas mit weiblichem Herdenverhalten zu tun. Uneigennütziges Verhalten aller Art ist immer als Handicap interpretierbar. Selbst ein Verhalten wie der ebenso gewaltfreie wie unkorrumpierbare politische Widerstand von Mahatma Gandhi (1869–1948) lässt sich als Ornament seines Charakters und somit als evolutionäres Handicap betrachten. Seine Askese hatte zwar keine Steigerung seiner höchstpersönlichen Lebensqualität zur Folge, aber er machte damit eindrucksvoll Werbung für seine Gene, von der seine Kinder noch erheblich profitierten.

Wer in seiner Kindheit schmerzhafte Mangel- und Verlusterfahrungen machen musste, dessen Organismus hat gelernt, dass man seine Ressourcen zusammenhalten muss. Er wird seltener Merkmale oder einen Habitus ausprägen, die einem echten Handicap entsprechen. Die Eroberung von Frauen wird ihm schwerer fallen als jenen, die immer Überfluss gewohnt waren. Wer sich stärker um die natürliche Selektion kümmern muss, dem bleibt weniger Aufmerksamkeit für die sexuelle Selektion.

Es gibt in der Evolutionsbiologie die interessante Ansicht, dass auch die weibliche Brust ein Handicap ist. Eine grosse Brust verrät sehr viel über die genetische Qualität einer Frau. Man erfährt etwas über die Energiedepots ihrer Trägerin, man kann Informationen über ihre gegenwärtige Zyklusphase ableiten, man bekommt Indizien auf ihr wahrscheinliches Alter, man erkennt bereits stattgefundene Schwangerschaften, und man kann Symmetrie ablesen, die Aufschluss über Parasitenbefall liefert. Je grösser die Brust, desto ehrlicher ist sie als Signal, weil sich die Informationen, die sie trägt, schlechter fälschen lassen. Eine grosse Brust hängt früher unschön herab, weil das Bindegewebe nachgibt. Je straffer eine Brust also war, desto sicherer konnten Männer in der Evolution davon ausgehen, dass eine Frau jung war. Männer mit einer Vorliebe für Hängebrüste mag es gegeben haben, aber sie pflanzten sich nicht so gut fort und starben früher aus.

Mit dem Bindegewebe ihrer Brüste hadern älterwerdende Frauen in ähnlicher Weise, wie dies erfolglose und finanzschwache Männer im Hinblick auf ihren gesellschaftlichen Status tun. Im Evolutionsverlauf standen Männer bei jungen Frauen mit grossen, prallen Brüsten Schlange. Diese hatten daher bevorzugter Zugriff auf die Männer als andere Frauen, und konnten sich den besten heraussuchen. Wenn sie zu lange pokerten, war es mit der Wahlfreiheit aber bald vorbei, und der Effekt der Schwerkraft kehrte die Vorzeichen um.

Was würden Frauen machen, wenn Männer alle den gleichen Anzug tragen oder das gleiche Auto fahren würden? Woher sollten sie Anhaltspunkte dafür gewinnen, welchen sie kennenlernen wollen? Wie schwer wäre es dann für sie, zu durchschauen, welche Männer tatsächlich über welche Qualitäten verfügen? In anderen Gesellschaftsformen als dem Kapitalismus weichen Frauen daher auf andere Vorlieben aus.

10 MÄNNLICHE ANSPRECHANGST UND WEIBLICHER RISIKOTRANSFER

Wie das gesellschaftliche Leben aussähe, wenn es die grosse männliche Angst davor, fremde Frauen anzusprechen, und die sie verursachenden Effekte nicht gäbe, kann man sich im Internet anschauen. Auf einschlägigen Verkupplungsplattformen befeuern Männer sämtliche Frauen, die auch nur entfernt interessant sein könnten, schrotflintenartig mit Kontaktversuchen.

Die meisten Männer gehen allen Ernstes davon aus, dass sie es waren, die beim Kennenlernen ihrer Lebens- und Liebesgefährtin den ersten Schritt machten. Besagte Gefährtinnen haben an einer solchen Version selten etwas auszusetzen. Die Illusion passt schliesslich prima in die schmeichelnden Selbstbilder der Geschlechter. Auf der einen Seite ein entschlossener Mann, der weiss was er will, und der nicht zögert, es sich zu nehmen. Auf der anderen Seite eine umschwärmte Lady, der mal wieder ein Männerherz zu Füssen gelegt wurde. Bei genauerer Analyse von Kennenlernsituationen lässt sich aber schnell durchschauen, dass es meistens nicht der Mann ist, von dem die Initialzündung ausgeht, sondern die Frau. Im Aufbau von Illusionen, die das Selbstbild stärken, ist das Gehirn eben ein Meister.

Bevor zwei Menschen miteinander sprechen, sehen sie sich. In der Zeit zwischen erstem Auffallen und erstem Ansprechen passiert nonverbal bereits sehr viel. Man kann jemanden anlächeln, ihm tief in die Augen schauen, seine Nähe suchen und vieles mehr, um Aufgeschlossenheit zu signalisieren. Man kann jemanden auch geringschätzig betrachten, das Gesicht verziehen, den Körper abwenden und mit vielen kleinen Instrumenten in Mimik, Gestik und Körperhaltung zur Schau tragen, dass man offenbar keine Lust auf näheren Kontakt hat. Frauen sind im Anwenden nonverbaler Mittel äusserst aktiv. Sie geben Männern damit einiges zu verstehen. Je nach gerade erwünschtem Effekt legen sie Ermunterungs- oder Entmutigungsverhalten an den Tag und justieren damit Annährungsbarrieren. Auf diese Weise steuern sie wie auf Knopfdruck den Dopaminspiegel eines Mannes. Mit dem Aufstellen von Barrieren können Frauen die individuellen Handlungshemmschwellen von Männern sehr fein einstellen. Das gesamte nonverbale Vorspiel, das dem Ansprechen vorausgeht, wird von Frauen dominiert. Wenn er sie angesprochen hat, dann meist deshalb, weil sie ihn zuvor ermuntert hatte.

Je leichter ein Besamungserfolg in Aussicht steht, desto vielversprechender ist eine Investition von Zeit, Aufmerksamkeit und Energie für den Mann. Entsprechend reagieren seine Emotionen in der konkreten Begegnungssituation. Wenn das Kennenlernen aussichtslos erscheint, behält er seine Ressourcen besser bei sich. Frauen haben bei evolutionärbiologischer Betrachtung allen Grund dazu, sich nicht als leicht verfügbar darzustellen. Weibchen, die sich als leicht herumzukriegen entpuppen, bekommen zwar viele direkte Angebote zu kurzfristigen Beziehungen und geben Männern damit genau das, wozu diese programmiert sind. Aber solche Frauen können Männer nicht langfristig halten. Ein Männchen, das Spermienkonkurrenz um jeden Preis vermeiden muss, will nicht dauernd damit rechnen müssen, dass seine Partnerin auf jedes billige Angebot anderer Männchen eingeht. Je eher er einkalkulieren muss, dass ihre Kinder nicht von ihm sind, desto weniger investiert er in sie. Und da er eine Frau meist genau so verliert, wie er sie einst bekam, ist ein Mann misstrauisch, wenn Frauen sich als schnell zugänglich erweisen. Unnahbarkeit zahlt sich für eine Frau also aus, sofern sie es nicht übertreibt und nicht zu lange zu hoch pokert. Ihre anfängliche Unnahbarkeit stärkt das Vertrauen des Partners in ihre spätere Exklusivität für ihn, auch wenn der Anfang sehr frustrierend und es äusserst unromantisch für ihn sein kann, wenn er eine Frau, die ihn offenbar gar nicht haben möchte, umschmeicheln muss, wie ein Verkäufer einen anfangs ganz und gar kaufunwilligen Kunden. Unnahbarkeit hat den weiteren wichtigen Effekt, dass ein Weibchen sich damit schwächere und nicht nachhaltig an ihm interessierte Männchen vom Leib hält. Barrieren haben nicht zuletzt den Effekt, dass sie diejenigen abhalten, die etwas nicht stark genug begehren. Wer ein Weibchen richtig will, für den lohnt es sich, verstärkt in sie zu investieren, da er bei gleicher Investitionshöhe den höheren Befriedigungserwartungswert als ein Konkurrent hat, der sie nicht gar so toll findet. Die Ausdauer, mit der ein Mann um eine Frau wirbt, ist deshalb ein ganz wichtiges Indiz darauf, wie sehr er zum Ressourceninvestment in sie bereit ist. Schwache Männer können sich eine lange Werbephase ohnehin nicht leisten, egal wie sehr sie eine Frau begehren. Durch hohe Barrieren selektieren Frauen neben den nicht ausreichend ressourcenbereiten also auch die nicht ausreichend ressourcenfähigen Männer aus. Sich Männern sogar selbst aktiv anzupreisen, ist für die Attraktivität von Frauen, die langfristige Beziehungen anstreben, hingegen von gravierendem Nachteil. Dagegen können weniger umschwärmte Frauen, die eh kaum Chancen haben, gute Männer langfristig an sich zu binden, ihre sowieso kaum vorhandene Attraktivität durchaus aufs Spiel setzen und sich für Männer leicht verfügbar machen. Viele Männer, die jeder bereit sind, ein kleines Bisschen zu investieren, sind besser als gar keiner. Die fruchtbarsten Frauen erweisen sich oft als die zickigsten Diven, während die unfruchtbarsten durch Offenherzigkeit bestechen. Und deshalb gibt es auch weiterhin Täuschungsversuche von eigentlich unattraktiven Frauen, die Divenverhalten imitieren, um die Aufmerksamkeit der Männer auch etwas auf sich zu lenken. Darum gibt es jede Menge scheinbar arrogant umherstolzierender Frauen, obwohl viele von ihnen einem Mann bei genauerem Hinsehen kaum etwas zu bieten haben. Darum finden sich in jeder Diskothek aufgedonnerte Einzelhandelsverkäuferinnen, die mit arrogantestem Augenaufschlag durch die attraktivsten Männer hindurch blicken, als seien diese Luft. Zunächst jedenfalls.

Männchen bekommen durch die Heftigkeit ihrer Emotionen – also durch ihr spontanes Verlangen und Begehren – angezeigt, wie attraktiv ein Weibchen ist. Bei allen Unterschieden in den Vorlieben von Männchen, die es sehr wohl gibt, ist das Spektrum männlicher

Präferenzen dennoch weitaus homogener als das weiblicher Präferenzen. Ein Männchen muss damit rechnen, dass die meisten anderen Männchen angesichts eines Weibchens ähnliche Emotionen spüren. Dies betrifft auch die starken und stärksten Männchen. Je grösser ein Begehren ist, desto eher ist man zu Ressourceninvestitionen, zu Risiken und zur Inkaufnahme von Verletzungen bereit, um zu bekommen was man möchte. Je attraktiver ein Weibchen ist, desto mehr Männchen werden logischerweise um es konkurrieren und schlimmstenfalls bis zum bitteren Ende kämpfen. Aber gerade in Anbetracht quantitativ und qualitativ harter Konkurrenz wird für ein schwaches Männchen der Erwartungswert, der sich aus seiner persönlichen Siegeschance und der Fruchtbarkeit des Weibchens zusammensetzt, immer ungünstiger. Mit steigender Attraktivität des Weibchens steigt somit auch die Angst eines Männchens vor starken und zu allem entschlossenen Wettbewerbern. Darum wirken weibliche Schönheit und Fruchtbarkeit häufig einschüchternd auf Männchen – wobei es sich eigentlich um die Furcht vor gefährlichen Konkurrenten handelt. Je weniger risikobereit, selbstbewusst und von den eigenen Qualitäten überzeugt ein Männchen ist, desto nervöser wird es sein und sich eine Annäherung an ein Weibchen gut überlegen. Wer in der Evolution zu naiv war und sich zu schwerwiegende Auseinandersetzungen mit zu starken Gegnern einhandelte, lebte kürzer als jener, der Gefahren und eigene Kräfte besser einschätzen konnte. Jeder Mann kennt das typische Angstgefühl angesichts einer überwältigend fruchtbaren Frau, das zu völliger Blockade, Sprach- und Ideenlosigkeit führen kann. Dahinter steckt ein Schutzmechanismus. Diese Ansprechangst war eine Hemmung, die Männchen in der Evolution davor schützte, sich unüberlegt übergrossen Gefahren auszusetzen. Frauen können diese Ansprechangst selten nachvollziehen. Ihre Konsequenzen sind aber erheblich. Wer Angst empfindet und nervös ist, wirkt gehetzt, gestresst und nicht selten aggressiv. In ihm finden Gehirnaktivitäten und Botenstoffausschüttungen statt, die ihm eine für andere Personen unsympathische Ausstrahlung geben. In der Anwesenheit hektischer, alarmierter und misstrauischer Menschen fühlt sich niemand wohl. Angst hat im Gehirn eine so grosse Priorität, dass viele andere Aktivitäten heruntergefahren werden und die interessanten Eigenschaften eines Menschen kaum noch zur Geltung kommen. So sinken die Chancen von schwachen Männern automatisch, die Gunst einer attraktiven Frau zu gewinnen. Die starken und leistungsfähigen Männer, die locker bleiben und weiterhin entspannt und ideenreich mit einer Frau plaudern können, bleiben übrig. Und es bleiben jene übrig, die eine andere Einschätzung bezüglich der Attraktivität einer konkreten Frau haben und vermuten, sie sei leicht zu haben.

Das allergrösste Ansprechangst verursachende Problem für Männer stellt jedoch die weibliche Wahlimitation dar. Aus der Beobachtung, ob ein Männchen von anderen Weibchen abgewiesen oder rangelassen wurde, zieht ein Weibchen weitreichende Schlüsse. Diese Beobachtung fliesst massgeblich in ihre Urteilsfindung ein. Um sich mit mutmasslich uninteressanten Männchen gar nicht erst aufhalten zu müssen, ist das Weibchen von vorneherein entweder zugeknöpft oder aufgeschlossen, je nachdem, welche Beobachtung sie vorher gemacht hat. Für Männchen steckt darin das grosse Risiko eines negativen Teufelskreises, der seine persönlichen Chancen zur Überwindung der sexuellen Selektion praktisch eliminieren kann. Wird man von einem Weibchen abgewiesen, wird man vermutlich auch von der zweiten und dritten abgewiesen, wenn diese schon den ersten Korb beobachtet haben. Wer eine Frau hemmungsfrei ansprach, deren Attraktivität drei Nummern zu gross für ihn war, der riskierte, dass andere Frauen die Zurückweisung beobachten. Männer ohne jegliche Ansprechangst scheitern daher häufiger an der sexuellen Selektion.

Unerfahrene Männer, schwache Männer und die, die sich dafür halten, empfinden mehr Ansprechangst, als jene, die erfahren und stark sind – oder sich dafür halten. Ein und derselbe Mann empfindet an Tagen mit schwacher Form und niedrigem Energiepegel mehr Ansprechangst als an anderen – und umgekehrt. Das ist ökologisch und ökonomisch sinnvoll. Dass Männer angesichts der brutalen Härte weiblicher Wahlimitationseffekte Hemmungen davor haben, Frauen offen ihre Gefühle zu zeigen, sollte niemanden verwundern. Nur durch das Verbergen ihrer Gefühle können Männer manchmal davor bewahrt werden, ihre gesellschaftliche Reputation zu verlieren. Wenn ein Mann eine Frau in Flirtabsicht anspricht, geht er aus der Deckung und gibt Einblick in seine Interessen. Die Frau kann sein Verhalten und seine Worte auf sich wirken lassen, ohne selbst aus der Deckung gehen zu müssen. Im Gespräch wächst die Summe von Eindrücken stetig, die sie von ihm gewinnt, und die Basis für ihr Urteil über ihn wird breiter. In dem Zeitfenster, in dem sie sich ihre Meinung über ihn bildet, kann sie ihn mit wohldosiertem Einsatz von Ermunterungs- und Entmutigungsverhalten wahlweise bei Laune halten oder frustrieren. In dieser Phase reden Männer extrem viel und Frauen hören aufmerksam zu, was sich nach der ersten Besamung und im späteren Verlauf einer Beziehung logischerweise umkehrt. Nach einem Gespräch oder einer Serie von Gesprächen kann die Frau entscheiden, ob sie in sein Angebot, eine höhere Intimitätsstufe zu erklimmen, einwilligen möchte. Es stellt eine Investition dar, weil sich die Aufmerksamkeit anderer Männer dadurch reduziert und eine etwaige spätere Umentscheidung ihre Glaubwürdigkeit mindern würde. Noch kann sie jederzeit aus der Anbahnung aussteigen und seine Hoffnungen enttäuschen. Und je nachdem, wie schlitzohrig sie sich bis dahin verhalten hat, schafft sie es vielleicht sogar, ihn zurückzuweisen, ohne einräumen zu müssen, dass sie tatsächlich Interesse an ihm hatte. Wenn ein zurückgewiesener Mann behauptet, nicht nur er habe sie, sondern auch sie habe doch ganz offensichtlich ihn attraktiv gefunden, kann sie das scheinheilig verneinen und fragen, wie er nur auf eine solch alberne Idee komme.

Wenn Möchtegerncasanovas billige Ausreden dafür erfinden, warum sie sich nach einer Liebesnacht nicht mehr bei einer Frau gemeldet haben, obwohl sie ihr Anlass zum Hoffen darauf gegeben hatten, kann das ein ziemlich scheinheiliges Schauspiel sein. Wenn eine Frau, die einem Mann Anlass zu Hoffnung auf Sex gegeben hat, nach einem oder mehreren Gesprächen plötzlich behauptet, er habe sich alles nur eingebildet, ist das nicht minder scheinheilig. Oft geschieht dergleichen mit fein aufeinander abgestimmten Prisen geschauspielerter Ungläubigkeit, Belustigung, Spott, Empörung und Überheblichkeit, mit denen eine Frau die Makellosigkeit ihres Rufs wahrt – und damit seinen beschädigt. Wie kann er sich auch nur einbilden, dass zwischen ihnen etwas hätte laufen können? Manchmal werden Frauen dann auch plötzlich sehr sachlich und geben vor, dass sich der Mann auf den anderen Kommunikationsebenen als der Sachebene etwas eingebildet haben muss. In festen Beziehungen muss sich ein Mann dagegen regelmässig anhören, was er abgesehen von der Sachebene angeblich noch so alles zu verstehen gegeben hätte, obwohl er das niemals getan hat. Viele Frauen haben eine grosse Leidenschaft für solche Arten von scheinheiliger Kommunikationsakrobatik; Männer finden das entnervend und ermüdend. Und genau deshalb, weil sie hier härtere Nerven und längere Ausdauer hat, gehören solche Spielchen zu den effektivsten »Waffen einer Frau«.

Ganz ähnlich ist auch das Verhalten von von Anfang an stark interessierten Frauen, die sich über in Wahrheit gar nicht vorhandenes männliches Interesse zunächst getäuscht, dies aber zu spät bemerkt haben. Die meisten würden sich eher die Zunge abbeissen, als einzugestehen, dass sie zurückgewiesen wurden.

Männer zahlen einen höheren Preis für das Kennenlernen, weil an ihnen das Risiko hängen bleibt. Indem sie die Gefahr einer Zurückweisung und die damit verbundenen sozialen Kosten übernehmen, investieren Männer bereits. Frauen investieren erst bei Einwilligung zum Geschlechtsverkehr in nennenswerter Weise. Eine Korbgefahr ist für Männer immer gegeben. Eine einhundertprozentige Erfolgsgarantie gibt es bei einem Kennenlernversuch nicht. Je fruchtbarer eine Frau, desto höher ist der Preis, den ein Mann bezahlen sollte – und umgekehrt. Aus ihrer bisherigen Erfahrung über die Höhe der männlichen Risikobereitschaft kann eine Frau darauf schätzen, wie attraktiv sie ist. Zumindest ungefähr.

Frauen lieben es, umschwärmt zu werden, denn sie fühlen sich dadurch persönlich wertgeschätzt. So wie Männer es lieben,

Sex zu haben, denn sie werden dadurch erotisch wertgeschätzt. Frauen haben gerne mehrere Verehrer nebeneinander, so wie Männer gerne mehrere Sexgespielinnen nebeneinander haben. Dem Schwärmen eines Mannes nachzugeben und ein erotisches Verhältnis zu beginnen, bedeutet für eine Frau, sich in ähnlicher Weise festlegen zu müssen, wie ein Mann, wenn er dem Nähebedürfnis einer Frau nachgibt und eine persönliche Beziehung aufnimmt. Im Zweifel müssen Männer zuerst nachgeben. Frauen können dann noch etwas länger taktieren. Sie stehen gerne vor einem angerichteten Buffet aus Wahlmöglichkeiten, von dem sie sich jederzeit bedienen können. Frauen schätzen Sicherheit. Wenn etwas zu unsicher ist, investieren sie lieber nichts. Höhere Preise als andere bezahlt man meist nur, wenn man auch einen höheren Bedarf als andere hat. Männer fragen Liebe und Sex stärker nach, als Frauen das tun. Darum zahlen sie den höheren Preis und gehen Risiken ein. Sie brauchen Frauen eben dringender, als Frauen umgekehrt sie brauchen. Frauen minimieren mit ihrem Verhalten und ihren Heuristiken konsequent Risiken. Sie wollen sich alle Optionen offenhalten, selbst aber keine Farbe bekennen, solange es vermeidbar ist. So kann man die Interessen anderer clever so manövrieren, wie es einem gelegen ist. Dazu benötigen Frauen eine gewisse soziale Intelligenz, gepaart mit einer leichten Egomanie, deren Symptome unterhalb der Wahrnehmungsschwelle anderer bleibt. Männer haben häufiger als Frauen eine geringe sozialer Intelligenz.

Frauen sind in der Evolution immer auf Nummer sicher gegangen. Risiko war stets Männersache. Männer mussten Frauen immer einen Vertrauensvorschuss geben. Und der wurde sehr oft enttäuscht.

11 DER IRRTUM VON DER WEIBLICHEN EMPATHIE

Jeder kennt diese Fernsehsendungen, in denen Leuten Missgeschicke und Unfälle passieren. Sendungen, in denen Menschen tollpatschig ausrutschen, Kinder mit dem Dreirad umkippen und Katzen in die Badewanne fallen. Früher gab es mehrere Sendungen dieser Art, mit Namen wie »Pleiten, Pech und Pannen« oder »Bitte lächeln«. Inzwischen schaut man »YouTube« und braucht solche Sendungen nicht mehr.

Was ist der erste typische Reflex einer Frau, wenn sie einen Videoclip sieht, in dem jemand auf einer Bananenschale ausrutscht und bitterbös aufs Steissbein fällt? Meist fasst eine Frau reflexhaft an ihr eigenes Steissbein. Das ist echtes weibliches körperliches Mitgefühl. In einer Gruppe Frauen, die in der Evolution gemeinsam Früchte sammeln ging, fühlten alle sofort mit und blieben stehen, wenn eine von ihnen schlimm gestürzt war. Aus der Gewissheit, dass alle sofort für jeden Hingefallenen stehen bleiben würden, speisten sich Vertrauen und Zusammenhalt der Gruppe. Wer diese Rückversicherung als Frau aufkündigte, lief Gefahr, im Fall eines Sturzes liegen gelassen zu werden. Nach einem ähnlichen Modell funktionieren moderne Versicherungen.

Was ist dagegen der erste typische Reflex eines Mannes, wenn er denselben Videoclip sieht? Meist fängt er an, hämisch zu lachen: »Hast Du den Vollidioten gesehen?« Dafür werden solche Sendungen produziert. Ein Mann kostet genüsslich seine Schadenfreude aus. Für einen steinzeitlichen Jäger, der nach stunden- oder tagelanger frustrierender Suche endlich ein essbares Tier entdeckt hat und ihm nun hinterher rannte, war es ein hervorragendes Erfolgserlebnis, wenn ein anderer Mann, der ebenfalls aufmerksam geworden war und das Tier genauso verfolgte, stolperte und nach Strich und Faden auf die Fresse fiel. Je heftiger, desto wahrscheinlicher, dass der so schnell nicht wieder aufstand. Dann hatte man das Tier für sich alleine. Wer eine Lehrstunde in Schadenfreude erleben möchte, braucht nur einer Männerrunde vor einer Videospielkonsole beizuwohnen. Ein denkwürdiges Erlebnis!

Frauen lachen allenfalls dann, dann aber besonders dreckig, wenn sie im Kino eine Szene sehen, in der ein Mann genau an der Stelle bitter verletzt wird, an der sein Körper von aussen am schmerzempfindlichsten ist. Im Kino hört man aus Frauenkehlen regelmässige lautes Gejohle, wenn eine männliche Filmfigur voll eins in die Eier bekommen hat. Auch das ist evolutionär erklärbar, denn dort war die Stelle, an der sie im Vergewaltigungsfall – der nicht selten vorkam – ihnen körperlich überlegene Männer am effektivsten ausser Gefecht setzen konnten.

Frauen wird häufig nachgesagt, dass sie die bessere Empathie hätten. Das stimmt auch für Dinge, die in ihrer eigenen Erlebniswelt eine Rolle spielen. Was ihr selbst jederzeit passieren könnte, dafür hat jede Frau ein gutes Gespür und kann es sehr sensibel nachempfinden. Anders ist es dagegen mit Dingen, die Abstraktion erfordern.

Die meisten Kriminalpolizisten sind sicherlich integere Leute, von denen die meisten ihre Berufe aus Überzeugung und Idealismus ergriffen haben. In der Funktion eines Kommissars wünscht man sich schliesslich nur Menschen, die selbst hochanständig sind und grosse Skrupel haben – auch wenn sie ihrerseits den ganzen Tag mit Leuten zu tun bekommen, die gewissenlos und kaltblütig sind. Kriminalpolizisten haben es täglich mit schweren Verbrechen zu tun, die aufgeklärt werden müssen. Nicht selten ergeben sich sehr langwierige und aufwändige Recherchen, bis ein Krimineller endlich dingfest gemacht werden kann. In Filmen sieht man regelmässig Kommissare, die auf der Jagd nach brutalen Serienverbrechern in ihrem Büro vor grossen Landkarten sitzen, auf denen an den Stellen Stecknadeln eingesteckt sind, an denen der Gesuchte bereits zugeschlagen hat. Der Kommissar, der selbst hoffentlich nie zu einem Verbrechen fähig wäre, sitzt vor dieser Landkarte und stellt sich die Frage, wo er selbst wohl als nächstes zuschlagen würde, wenn er der brutale Verbrecher wäre. Das ist gar nichts so einfach. Vielleicht ist der Kommissar ein sehr sanfter und liebevoller Mann, der keiner Fliege etwas zuleide tun könnte. Vielleicht hat er selbst eine hinreissende Tochter, die gerade dabei ist, zu einer schönen Frau heranzuwachsen. Und trotzdem muss er nun all seine eigenen Emotionen im Rahmen konkreter Überlegungen ausschalten und sich ernsthaft die Frage stellen, wo er selbst als nächstes nach einer jungen Frau zum Vergewaltigen suchen würde, wenn er der gesuchte Psychopath wäre. Was würde er tun, wenn er keine gesunde Hemmschwelle und Impulskontrolle hätte, sondern eine unkontrollierte Bestie wäre? Wo würde er zuschlagen, wann würde er zuschlagen, und welches Opfer würde er sich raussuchen? Kriminalkommissar zu sein, ist ein harter Job. Man muss zwar einerseits Mensch bleiben und darf nicht psychisch vor die Hunde gehen, andererseits besteht die Notwendigkeit, sich ständig von seinen höchsteigenen Gefühlen frei zu machen. Bei der professionellen Arbeit darf die eigene Gedanken- und Gefühlslogik nicht die des Mörders überlagern, die ein Kriminalpolizist sich jeweils temporär fiktiv überstülpt, denn sonst könnte er seinen Beruf nicht ausüben.

Mit einer Logik zu denken, nach der man selbst nicht funktioniert und die der eigenen Gedanken- und Gefühlswelt sogar wiederspricht, ist äusserst anspruchsvoll. Man setzt quasi eine fremde Brille auf, obwohl man darunter noch seine eigenen Kontaktlinsen trägt. Vollständig kann man die eigene Gefühlswelt nie abstreifen. Frauen und Männer sollen aber genau das leisten, wenn sie sich in das jeweils andere Geschlecht einzudenken und einzufühlen versuchen. Ratlosigkeiten wie:»Warum tut sie das?« oder»Warum ist er bloss so?« sind unvermeidbar. Indem er von den eigenen Emotionen vollkommen abstrahiert und sich in fremde Emotionen hineindenkt, vollzieht der Kriminalkommissar eine hohe Intelligenzleistung. Soziale und emotionale Intelligenz folgen aus logischer Intelligenz, da sozialphysikalische Prozesse ohne Logik und Rationalität nicht verstehbar sind. Und im Rationalisieren sind Männer Frauen meist einen Schritt voraus. Männer können Frauen wie ein akademisches Projekt analysieren, mit Distanz zu den eigenen Gefühlen. Sie versuchen die Prämissen zu verstehen, die weiblichem Verhalten zugrunde liegen. Frauen versuchen Männer zu analysieren, indem sie von ihren eigenen Gefühlen ausgehen. Sie versuchen männliches Verhalten zu verstehen, indem sie ihre eigenen Prämissen beibehalten und anwenden. Aufgrund der grösseren Anzahl von Männern am oberen Ende der Intelligenzverteilung erscheint es plausibel, dass Männer für den Beruf des Kriminalkommissars besser geeignet sind.

Irgendwo stand mal geschrieben, Empathie sei die Fähigkeit, das emotionale Leiden anderer zu verstehen, während Mitgefühl die emotionale Fähigkeit sei, am Leiden anderer Anteil zu nehmen. Man kann verstehen, ohne sonderlich mitzuleiden, und mitleiden, ohne wirklich zu verstehen. Vor diesem Hintergrund könnte man vielleicht formulieren, dass Frauen eher das mitfühlende und Männer eher das empathische Geschlecht sind.

Männer können sich gut daran erinnern, wie es sich anfühlte, als sie ihren Führerschein in die Hand gedrückt bekamen, ihren ersten eigenen Autoschlüssel, ihren Gesellenbrief, ihr Diplomzeugnis, oder als sie ihr erstes eigenes Gehalt erhielten. Sie wissen auch noch, was es für ein Gefühl war, zum ersten Mal vom Zehnmeterbrett zu springen, den ersten Schluck Bier zu trinken oder den ersten Blowjob zu bekommen. An besonders intensiv erlebte Ereignisse erinnert man sich einfach, weil sie sich im Gehirn eingebrannt haben. Ganz besonders natürlich daran, wie es war, als man seine Grosse Liebe erstmals erblickte. Aber welcher Wochentag damals war, weiss später kaum noch ein Mann. Oft wissen sie noch nicht mal mehr das Datum. Das ist ja auch nicht wichtig. Wichtig sind nicht irgendwelche bürokratischen Eckpfeiler, Zahlen, Daten und sonstiger erbsenzählerischer Bürokratensalat, sondern wichtig sind die tiefen Gefühle, die man in der Situation empfunden hat. Kaum ein erwachsener Mensch kann sich noch daran erinnern, welche Socken er bei seiner Einschulung trug, weil das genauso unwichtig ist wie der entsprechende Wochentag oder das Datum; aber an die grossen Gefühle und an die tolle Schultüte erinnert man sich sehr wohl. Es soll allerdings Frauen geben, die ihren Lebensgefährten vor die Tür setzen, weil er ihren Kennenlern- oder Hochzeitstag vergessen hat. Diese Frauen sind der Meinung, dass er derlei niemals vergessen hätte, wenn es ihm wirklich wichtig gewesen wäre. Eine solche Frau glaubt das, weil sie von sich weiss, dass sie es niemals vergessen würde. Weil sie etwas bestimmtes empfindet, hält sie es für selbstverständlich, dass alle es empfinden. Und schliesslich geben ihr ihre Freundinnen Recht. Eine solche Sicht- und Verhaltensweise ist zutiefst egozentrisch und entbehrt jeder emotionalen Intelligenz. Es mag sein, dass die Frau Daten niemals vergisst, weil ihr Zahlen etwas bedeuten, aber dass dem Mann ein Datum unwichtig ist, weil ihm empfundene Gefühle wichtiger sind als Zahlen, kann sie sich nicht vorstellen. Wie sollte ein Mann von einer solchen Frau jemals Empathie erwarten? Vielleicht ist es besser für ihn, wenn sie ihn wegen einer solchen Kleinigkeit verlässt, als dass ihm dies passiert, wenn es auf ihre Loyalität wirklich ankommt. Eine andere Frau, die weiss, was im Leben wirklich wichtig sein sollte, hat seine Liebe womöglich eher verdient.

Der Wert vom Empathie ist nicht zu überschätzen. Nichts ist so friedenssichernd wie Empathie. Je mehr man mit jemandem empfindet, desto schwerer fällt es, gegen ihn die Hand zu erheben, die Waffe auf ihn zu richten oder überhaupt Streit anzuzetteln. Schliesslich kann man auf jemanden weniger böse sein, wenn sich all seine Beweggründe nachvollziehen lassen. Viele Frauen machen Männern ohne Unterlass Vorwürfe, werten pauschal ihre Entscheidungs- und Handlungsmuster ab und empören sich andauernd. Dies sind genau jene Anzeichen, an denen mangelnde Empathie erkennbar wird. Wer sich weigert oder nicht dazu befähigt ist, sich in fremde Prioritätensetzungen und Entscheidungsmuster einzudenken, stempelt sie pauschalisierend ab und bewertet in selbstüberhebender Weise die eigenen als generell besser, edler und vernünftiger.

Viele Männer lassen sich ständig ein schlechtes Gewissen einreden dafür, dass sie denken, fühlen, entscheiden und handeln, wie Männer es typischerweise tun. Frauen haben Männer erfolgreich darauf selektiert, sich leicht Schuldgefühle einreden zu lassen. Wen man emotional erpressen kann, an den kann man nach Belieben einseitige Forderungen stellen.

Wenn es um soziale Intelligenz geht, sind Männer die klügeren Theoretiker und Frauen die schlaueren Praktiker. Männer denken wie Volkswirte, Frauen wie Betriebswirte. Betriebswirte erzielen viel öfter als Volkswirte den von ihnen angestrebten Erfolg, obwohl sie die abstrakten und übergeordneten Systematiken viel schlechter verstanden haben.

Dass Frauen sich besser in andere einfühlen können, glauben sie nicht nur selbst, sondern es wird ihnen sogar von einigen seriös etikettierten Wissenschaftlern eingeredet.

12 DER KLARE UND DER VERNEBELTE KOPF

Wenn man in etwas geübt ist, braucht man nicht nervös zu sein. Wer angesichts einer attraktiven Frau nervös ist, hat offenbar keine Übung im Umgang mit attraktiven Frauen. Das ist eine naheliegende Schlussfolgerung, die eine Frau üblicherweise zieht, die sich für attraktiv hält. Wenn ein Mann nervös ist, ist es wahrscheinlich, dass ihm entweder Erfahrung oder Erfolgserlebnisse fehlen und bereits jede Menge toller Frauen Abstand von ihm genommen haben. Ein sehr gefragter Mann hätte keinen Grund, nervös zu sein. Klar, denkt sich eine Frau, sie ist zwar ausgesprochen attraktiv, aber ein wirklich souveräner Mann könnte es sogar mit ihr aufnehmen. Also nimmt sie von nervösen, unsicheren oder gar stotternden Männern Abstand. Nervöse Verehrer wieder loszuwerden, kann ganz schön lästig sein. Eine genervte Miene genügt aber manchmal schon. Empörungsverhalten ist dann gar nicht mehr notwendig.

Frauen betonen gerne, wie romantisch sie sind. Romantische Gefühle hat man nicht für jede dahergelaufene Person übrig. Romantisch wird man, wenn man jemanden für etwas Besonderes hält. Dies sollte man zumindest annehmen. Besondere Dinge passieren selten im Leben. Auch besondere Begegnungen geschehen selten. Sonst wären sie ja nichts Besonderes. In Dingen, die selten passieren, kann man aber keine Übung entwickeln. Ohne Übung weiss man nicht so gut, was man genau tun muss, um Erfolg zu haben. Also ist man nervös. Nervosität eines Mannes sollte einer Frau eigentlich anzeigen, dass sie etwas ganz Besonderes für ihn ist. Wenn er sich in ihrer Gegenwart dagegen völlig gelassen verhält, sollte das für sie ein Indikator darauf sein, dass sie gar nichts Besonderes für ihn ist. Frauen wollen in Wahrheit aber gar keine Romantik. Das bilden sie sich nur ein. Sie geniessen nur die theoretische Vorstellung von Romantik. In Wahrheit wollen sie lässige Typen, denn das sind diejenigen, denen auch alle anderen

Frauen hinterherlaufen. Wer viel Erfahrung hat, ist eben kaum noch nervös.

Selbstverständlich sind Frauen in der Lage, Spass und Genuss an körperlicher Ästhetik und an Sex zu haben. Eine Frau versucht allerdings zunächst, aus den Heerscharen umherlaufender Männer, deren Persönlichkeiten nicht ihren Geschmack treffen, diejenigen zu identifizieren und herauszufiltern, deren Persönlichkeiten sie interessant und anziehend findet. Die Frage, ob sie dann auch Lust bekommt, mit diesen Männern Sex zu haben, betrifft erst den zweiten Filter. Bei Männern läuft es umgekehrt, denn sie müssen zunächst versuchen, zwischen den Heerscharen umherlaufender Frauen die schönsten und jugendlichsten Exemplare zu identifizieren. Erst danach steht der zweite Filter an. Dann geht es womöglich um die Frage, ob der Mann die Persönlichkeit einer Sexualpartnerin interessant genug findet, um sie auch über ihre sinnliche Attraktivität hinaus näher kennenlernen zu wollen.

Dass sich ein Mann in eine Frau verliebt, die er anfangs völlig übersehen hatte, ist äusserst unwahrscheinlich. Das Aussehen spielt für einen Mann die wichtigste Rolle. Und das Aussehen eines Menschen erkennt man unmittelbar. Wenn die Leidenschaft eines Mannes nicht bei der ersten Begegnung sofort durch explosive Dopamin-, Testosteron-, Noradrenalin- und Phenylethylaminschübe geweckt wird, dürfte es bei ihm auch später kaum zu grosser Leidenschaft kommen, höchstens zu einer pragmatischen Partnerwahl, in der freundschaftliche und kooperative gegenüber romantischen und erotischen Aspekten dominieren. Pragmatische Partnerwahl findet eher in fortgeschrittenem Alter statt, wenn Lust und Leidenschaft eine untergeordnete Bedeutung bekommen, man aber ungern alleine sein möchte, sondern einen Unterstützer an seiner Seite braucht, dem man vertrauen kann. Mit fünfzig ist kein Mann mehr so leidenschaftlich, wie er es mit fünfzehn noch war. Männer im jungen und auch im mittleren Alter erleben aber noch regelmässig das, was »Liebe auf den ersten Blick« genannt wird.

Erblickt ein Mann eine Frau, die vollkommen nach seinem Geschmack ist, wird er kalt erwischt. Auf ein Championsleagueendspiel, also einen höchst seltenen Ernstfall, kann sich ein Fussball-profi zumindest etwas vorbereiten. Aber auf die Begegnung mit einer besonderen Frau, von einem Kaliber wie man sie nur alle paar Monate oder Jahre mal sieht, vermag sich ein Mann natürlich nicht vorzubereiten. Sie passiert aus heiterem Himmel heraus. Wenn er Pech hat, geschieht die Begegnung genau dann, wenn er maximal gestresst und übermüdet ist, so dass ihm jegliches Oxytozin für ein nettes Lächeln und jegliches Dopamin für eine sympathische Gesprächseröffnung fehlt. Frauen ist das unvertraut, denn sie können die Attraktivität eines Mannes nicht sofort in allen für sie wichtigen Parametern erkennen. Im Gegensatz zu Männern setzen sie bei der Auswahl von Sexualpartnern zwar mehr auf Qualität als auf Quantität, bei der Prüfung von erwünschten Persönlichkeits- und Charaktermerkmalen setzen sie im Gegensatz zu Männern allerdings mehr auf Quantität als auf Qualität. Das bedeutet, dass sie nicht wie Männer auf einige wenige Attraktivitätsmerkmale achten, die ihnen ganz extrem viel bedeuten, sondern dass sich ihre Neugier auf zahlreiche Attraktivitätsmerkmale aufteilt, die dann jeweils nicht so entscheidend sind wie es für Männer der Fall ist. Von nachhaltiger männlicher Attraktivität werden Frauen nicht überwältigt, sondern sie entdecken sie erst Scheibchen für Scheibchen. Und wegen einem einzigen Scheibchen Attraktivität muss man nicht nervös sein. Richtig heftig nervös werden nur Männer, da sie keine Scheibchen, sondern fast die ganze Salami auf den ersten Blick erkennen.

Ein Mann erfasst den allergrössten Anteil der für ihn an einer Frau wichtigen Parameter sofort. Bei einer für ihn besonderen Frau fängt sein Puls an zu rasen, steigt sein Blutdruck, wird sein Mund trocken und seine rationalen Gedanken verschwinden. Seine Sicherheit über seinen Körper, seine Gestik und seine Mimik löst sich auf. Er schaut die Frau an und kann kaum fassen, was er sieht. Einerseits wird er von extremen Glückswallungen durchzuckt, die ihr Anblick in ihm auslöst, andererseits von Panikattacken aufgrund maximaler Ansprechangst. Sofort empfindet er das gewaltige Bedürfnis, sie anzufassen, sie zu küssen, ihr die störenden Kleider vom Körper zu reissen, sie vollkommen zu geniessen und ihr so nahe wie möglich zu sein. Sein Gehirn arbeitet auf Hochtouren daran, die Formen ihres Körpers, die Reinheit ihrer Haut und den Klang ihrer Stimme auf genetische Qualität zu analysieren. Sein Limbisches System sendet massive Impulse aus, damit er sich diese Gelegenheit bloss nicht entgehen lässt, seinen Samen in eine ideale Frau zu streuen. Wer weiss schon, wann ihm wieder ein vergleichbares weibliches Wesen über den Weg läuft? Wenn eine Entscheidungsoption so offensichtlich richtig ist, dass sie nicht erst bewusst und rational reflektiert werden muss, erscheint sofort mit aller Macht eine Emotion, die einen zwingen soll, jetzt keinen Fehler zu machen, sondern sich zu nehmen oder zu erkämpfen, was man begehrt. Die evolutionär jüngeren, für Selbstbeherrschung und Zukunftsantizipation zuständigen Gehirnbereiche arbeiten mit Hochdruck daran, die schier unerträglich starken Handlungsimpulse der mittelalten und ältesten Gehirnbereiche zu bändigen. Das Gehirn eines Mannes wird angesichts einer ihn restlos begeisternden Frau hoffnungslos überfordert. Für vernünftige Gedanken ist kein Platz mehr – das Gehirn hat dafür keine Ressourcen mehr frei. Es entsteht ein kognitiver Flaschenhals. Der Mann büsst vorübergehend ein Drittel seiner Intelligenz ein. Wenn er die Frau in sympathischer Weise ansprechen will, ist das ähnlich schwierig wie es sich für einen Betrunkenen anfühlt, beim Sprechen nicht durch Lallen aufzufallen. Beim liebestrunkenen Mann ist es lediglich nicht die Zunge, die nicht mehr gehorcht, sondern es sind seine kreativen Gedanken und interessante Gesprächsthemen, die sich ganz plötzlich verabschiedet haben. Die Frau weiss natürlich nicht, was im Mann vor sich geht. Sie kann sich währenddessen ganz entspannt ein Bild von ihm und seiner Attraktivität machen, so wie ein Professor ganz entspannt bleiben kann, während sein Student in einer mündlichen Prüfung gerade einen Blackout erlebt. Ein Blackout ist keine angenehme Situation. Aber immerhin weiss der Professor um die gegenwärtige Lage seines Prüflings. Eine Frau versteht meistens nicht, wie ein Mann sich fühlt.

Ob ein Mann attraktiv für eine Frau ist, kommt eben eher auf das an, was er sagt, als darauf, wie er aussieht. So wie es für einen

Professor bei einer Leistungsbeurteilung eher auf das ankommt, was ein Prüfling sagt, als darauf, wie er aussieht. Insofern ist das Ansprechen einer Frau für einen Mann vergleichbar mit der mündlichen Prüfung eines Studenten. Je besser die Frau ihm gefällt und je mehr ihm sein Gehirn die Hölle heiss macht, desto unwahrscheinlicher ist, dass der Mann überhaupt ein Wort herausbringt. Der Versuch, eine amüsante scherzhafte Bemerkung zu machen, verkommt zu einem dummen Witzchen, und aus dem Versuch eines sympathischen Lächelns wird ein schiefes Grinsen. Nichts geht mehr.

Bleibt es bei einer kurzen vergeblichen Begegnung mit der Frau, normalisiert sich der Zustand des Mannes in der nächsten Stunde wieder. Dann fallen ihm all die sympathischen Dinge ein, über die er mit ihr hätte sprechen können, und ihm kommen Komplimente in den Sinn, die er ihr gern gemacht hätte. Auch sein kreativer Humor ist wieder verfügbar. Warum war das alles bloss vorhin nicht da? So eine Unglück! Man kann für den Mann nur hoffen, dass er die Frau schnell wieder vergessen kann und der bei ihr erlebte Dopaminflash nicht die ultimative Dosis war, an die nie wieder eine andere Frau herankommt. Nur einmal angefixt, bleibt man ewig Junkie. Jeder hatte Begegnungen im Leben, die ihm nie wieder aus dem Kopf gehen. Erinnerungen an verpasste Gelegenheiten gehören zu den schmerzhaftesten Gedanken, die einen Mann quälen können.

Aufgrund der Antipathie, die eine Frau wegen der Nervosität und Unsicherheit eines stark an ihr interessierten Mannes für ihn empfindet, kommt es meist nicht zu einem Wiedersehen, sondern bleibt es bei einer kurzen Begegnung. Doch auch wenn sich die beiden öfter sehen sollten, wird es lange dauern, bis sie ihn so locker, sympathisch, humorvoll und ideenreich erlebt, wie er sein kann. Das Gehirn des Mannes steht unter Serotoninentzug. Serotonin gibt es für ihn erst wieder, wenn die Belohnung erfolgt ist. Geschlechtsverkehr ist für einen Mann die grösste Belohnung. Den meisten Männern bleibt Belohnung meistens vorenthalten. Statt sich auf anspruchsvolle Gesprächsinhalte im Zusammensein mit der Frau konzentrieren zu können, fällt die Aufmerksamkeit eines Mannes daher ständig auf ihr Dekolletee, auf ihre schönen Zähne, auf ihre gepflegten Fingernägel, auf ihre langen Beine, auf ihre schönen Haare und auf den verführerischen Duft, der ihm in die Nase steigt. Ständig fragt er sich, wie ihr Körper wohl an den Stellen aussieht, die im Moment mit Stoff bedeckt sind. Seine Qualen gehen so lange, bis er endlich am Ziel ist und ihr wundervoller Körper nackt neben ihm auf der Matratze liegt. Bis zu jenem Sex also, zu dem es vermutlich nie kommen wird. Erst dann wird sein Gehirn aber so richtig mit Serotonin überflutet. Dann entspannt er sich und ist wieder ganz der, als den ihn auch seine besten Freunde kennen: charismatisch, charmant und witzig. Langsam aber sicher kann er dann auch wieder vernünftig nachdenken. Und zum Nachdenken wird es allerhöchste Zeit.

Zeit nämlich, sich ein paar wichtige Fragen zu stellen. Was war das eigentlich gerade? Wer ist diese Frau, mit der er gerade Sex hatte? Nun, da der Druck weg ist, kann er sie endlich richtig kennenlernen. Es ist allerhöchste Zeit, in Erfahrung zu bringen, ob sie nur gut aussieht, gut riecht und sich gut anfühlt, oder ob sie auch etwas interessantes zu erzählen hat, ob sie ein nachhaltig interessanter Mensch ist, ob sie eine Frau für eine feste Beziehung sein könnte – oder ob er besser bald wieder Abstand von ihr nehmen sollte. Nun, da sein grösster Hunger gestillt wurde, ist er wieder der reflektierende Analytiker, der über seine Emotionen und Bedürfnisse nachdenken und sich daran erinnern kann, was eigentlich seine langfristigen Wünsche und Prioritäten sind. Entsprechend kann er sich fragen, ob diese Frau auch über den Moment hinaus in sein Leben passt. Als Mann überlegt er sich schliesslich sehr genau, wem er seine Ressourcen zur Verfügung stellt, und wer nur eine nette erotische Begegnung bleibt.

Frauen erleben das völlig anders. Wenn eine Frau von einem fremden Mann, der sie anspricht, als erstes seine ehrlichen und aufrichtigen Gedanken zu hören bekommt, nämlich wie ästhetisch er ihr Gesicht und wie erotisch er ihren Körper findet, ist er für sie sofort wieder gestorben. So natürlich seine sinnlichen Empfindungen auch sein mögen. Fällt ihm etwa nichts besseres ein? Einfallslose Männer gibt es schliesslich wie Sand am Meer, findet sie. Als Frau kann sich kaum vor ihnen retten. Es gibt Unmengen von Typen, die jedem Rock hinterherlaufen und nach der erstbesten »Tussi« suchen. Ausserdem will sie nicht auf ihr Aussehen reduziert werden. Sie will von Männern nicht auf das reduziert werden, was Männern am wichtigsten ist, sondern höchstens auf das, was sie selbst am wichtigsten an sich findet. Sie glaubt tatsächlich, die Männer würden sie auf ihr Aussehen reduzieren, bloss weil es das erste ist, was Männer an ihr kennen und schätzen lernen können. Nein, Männer die sie kennenlernen wollen, müssen sich schon etwas besseres einfallen lassen, als ehrlich und aufrichtig von ihren unmittelbaren Empfindungen zu berichten. Etwas, dass sie neugierig macht und glauben lässt, dass hinter den ehrlichen Bekenntnissen noch mehr ist, das sich kennenzulernen lohnt. Das Gehirn eines Mannes, der sich auf den ersten Blick verliebt hat, soll also etwas leisten, wozu es praktisch nicht im Stande ist. Ehrlichkeit, Aufrichtigkeit und Sinnlichkeit eines Mannes sind für Frauen noch nicht einmal von sekundärer Bedeutung.

Die meisten Frauen haben im Leben zwar schon einmal eine mündliche Prüfung erlebt, bei der sie ganz schön nervös waren, aber dass sich Männer so fühlen könnten, während sie mit ihr reden, leuchtet ihnen kaum ein. Wer vor seinem Prüfer einen Blackout hat, kann noch so viel wissen, bekommt aber dennoch eine schlechte Note. Wer eine Frau extrem attraktiv findet, kann noch so tolle Eigenschaften und Fähigkeiten haben, bekommt meistens aber dennoch einen Korb. Woher soll der Professor auseinanderhalten, ob das sinnlose Gestotter eines Studenten auf einen Blackout oder auf Unwissenheit zurückzuführen ist? Woher soll eine Frau wissen, ob das sinnlose Gestotter eines Mannes auf staunende Begeisterung oder auf Dummheit zurückzuführen ist? Im Zweifel geht das weibliche Vorsichtsprinzip von Dummheit aus.

Eine Frau weiss nicht, wie es ist, einen alles überwältigenden Attraktivitätsparameter sofort glasklar vor Augen zu haben. Wie der Verkehrspolizist seine Laserpistole auf ein fahrendes Auto, richten Männer ihre Blicke auf eine Frau und wissen sofort sehr genau über ihre entscheidendsten Qualitäten Bescheid. Ohne erotische Anziehung keine Sehnsucht nach echter Intimität, und ohne gemeinsame Intimität keine beständige Liebe. Grund genug, sehr nervös zu sein, wenn die Laserpistole einen herausragenden Wert anzeigt. Wenn eine Frau die Attraktivität eines Mannes endlich bis zum letzten Scheibchen entdeckt hat und ein langsamer Kennenlernprozess schliesslich hinter ihr liegt, dann braucht sie nicht mehr nervös zu sein, weil inzwischen ja Vertrauen gewachsen und Beziehung hergestellt ist. »Liebe auf den ersten Blick« wird von vielen Frauen fast nie erlebt, sondern ist für sie höchstens ein alberner Mythos.

Wo Männer spontan von emotionaler Sensation überwältigt werden und kritiklose Begeisterung empfinden, brauchen Frauen also erst noch eine zweite, dritte und vierte Information. Das finden sie weniger oberflächlich als die männliche Spontanbegeisterung. Wenn sie hören, dass ein Mann nicht Ingenieur, sondern Fliesenleger ist, seine schicken Anzüge nur geliehen sind und er nicht genug verdient, um selbstständig seinen Lebensunterhalt zu bestreiten, hält sich die Begeisterung einer Frau meist von vornherein in so engen Grenzen, dass sie auf zweite, dritte und vierte Informationen gar keinen weiteren Wert legt. Dass das noch oberflächlicher sein könnte als männliche Spontanromantik, kommt ihr dabei nicht in den Sinn.

Erst wenn eine Frau einen Mann nach ausgiebigen Gesprächen, Befragungen und Beobachten noch attraktiv findet, dann kommt die Zeit für körperlichen Austausch. Irgendwann findet auch die Frau endlich mal, dass es Zeit zum Schweigen und zum sinnlichen Geniessen sein könnte. Sich sexuell auf einen Mann einzulassen, ist nun ein Risikoinvestment seitens der Frau. Schon während des Geschlechtsakts beginnt ihr Gehirn damit, sie an ihr Investment zu binden. Sie empfindet eine Nähe und Verbundenheit zum Mann, die ihn vom Gros der anderen Männern unterscheidbar macht. Dazu kommt, dass er nun, nach der gemeinsamen körperlichen Leidenschaft, immer charmanter und humorvoller wird. Von den

Botenstoffveränderungen in seinem und in ihrem Gehirn hat sie keine Ahnung. Von Sekunde zu Sekunde fühlt sie mehr Nähe und Verbundenheit mit ihm. Oxytozin und Vassopressin vernebeln ihr Gehirn. Ab jetzt verabschieden sich ihre analytischen Fähigkeiten. Wozu auch weiter analysieren? Ihre Entscheidung ist ja längst gefällt. Der Point-of-no-Return ist überschritten. In den folgenden Tagen und Wochen braucht sie viel Bestätigung für ihre Entscheidung, sich auf ihn einzulassen. Sie sehnt sich nach Aufmerksamkeit und Nähe. In der Regel möchte sie unbedingt, dass es nicht nur beim One-Night-Stand bleibt.

Ein von der Frau gewollter, reiner und klassischer One-Night-Stand ist selten. Er geschieht praktisch nur dann, wenn sie zufällig auf dem Höhepunkt ihres Fruchtbarkeitszyklus einen Mann trifft, der sich ungewöhnlich schnell als ungewöhnlich eindeutig attraktiv für sie herausstellt. Frauen haben vor dem Sex einen klaren Kopf und überlegen sich genau, ob sie sich auf einen Mann einlassen wollen. Beim Sex verlieren sie den klaren Kopf. Hinterher sind sie noch impulsiver als sonst, und rationales und distanziertes Denken fällt ihnen schwer. Dann wollen sie den Mann meist nicht sofort wieder gehen lassen.

Männer können vor dem Sex nicht klar denken. Wenn eine Frau hübsch ist, läuft ihnen das Wasser im Mund zusammen, wie einem Verhungernden, der vor dem Schaufenster einer Konditorei steht. Sie wollen die Frau unbedingt haben. Erst beim Sex gewinnen sie ihren klaren Kopf dafür zurück. Hinterher können sie dann wieder rationaler und distanzierter denken und sich überlegen, ob die Frau wirklich die richtige Wahl für eine langfristige Beziehung ist. Während Frauen einen Mann kennenlernen müssen, um zu erfahren, ob sie Sex mit ihm möchten, müssen Männer Sex mit einer Frau haben, um heraus zu bekommen, ob sie am näheren Kennenlernen interessiert sind. Sex, zu dem es selten kommt, weil die Frau ihn erst zulassen müsste.

Der anfangs völlig vernebelte Kopf des Mannes führt leider dazu, dass die Frau ihr Gegenüber häufig falsch einschätzt. Wie soll sie auch beurteilen, ob sein Gehirn von Gefühlen überwältigt wird, oder ob sich der Mann immer so hohl wie in der Kennenlernsituation verhält? Baggernde Männer wirken meistens hohl auf Frauen. Wenn die reflektiven Gehirnbereiche nicht richtig arbeiten, hat man vorübergehend mehr Ähnlichkeit mit einem Schimpansen als mit einem Menschen. Temporärer Intelligenzverlust ist der Preis, den Männer für ihre vorübergehende Leidenschaftsexplosion bezahlen müssen. Frauen erhalten aber keine Garantie, dass ein leidenschaftlicher Mann tatsächlich auch eine Intelligenz besitzt, die nach Befriedigung seiner Leidenschaft wieder in den Vordergrund tritt. Dadurch, dass Frauen nicht die leidenschaftlichsten und am stärksten auf sie abfahrenden Männer ranlassen, sondern nur diejenigen, die sie aufgrund der Inszenierung des Augenblicks zufällig für attraktiv halten, haben sie viel schlechten Sex. Und die Männer natürlich ebenfalls, denn sie müssen fast immer mit ihrer zweiten oder dritten Wahl vorlieb nehmen, weil sie bei der ersten niemals eine Chance haben. Aber bevor sie gar keinen Sex bekommen und niemals vertrauensvolle Beziehungen mit Intimität eingehen, nehmen sie eben lieber die zweite oder dritte Wahl. Bevor er verhungert, isst auch ein Gourmet lieber trockenes Brot.

Frauen haben wenig bis keine wenig Empathie für spontanverliebte Männer. Im Gegenteil – solche Männer können sie nicht richtig für voll nehmen, weil sie deren Empfindungslogik überhaupt nicht nachvollziehen können.

Häufig irritiert eine Frau die Kühle und Distanziertheit, die Männer nach dem ersten Sex gelegentlich ausstrahlen. Sie weiss nicht, dass er sich jetzt in jener Prüfungsphase befindet, in der sie vorher war. Eine Frau ist nun meistens ihrerseits von ihren Gefühlen überwältigt, so wie er das vorher von seinen war. Wenn ein Mann nach dem Sex abweisend ist und versucht, sich so schnell wie möglich davonzustehlen, gilt er nicht selten als unmoralisches, gefühlskaltes Arschloch. Wenn eine Frau, nachdem ein fremder Mann sie angesprochen hat, also noch vor dem Sex, distanziert und abweisend bleibt und sich so schnell wie möglich aus der Situation zu stehlen versucht, gilt sie keineswegs als gefühlskalt. Und als unmoralisch schon gar nicht. Und niemals als Arschloch.

Frauen, die sich nicht auf dahergelaufene Typen einlassen, gelten als anspruchsvoll. Männer, die nach dem Sex entscheiden, nicht bei der Frau bleiben zu wollen, gelten als egoistisch. Wenn sich eine Frau während oder nach dem Sex verliebt, gilt das als ganz normal, ganz menschlich und als Ausdruck ihrer Gefühlstiefe. Wenn ein Mann sich nach wenigen Sekunden in eine Frau verliebt, gilt er als unzurechnungsfähig. Er kennt sie schliesslich noch gar nicht. Moralvorstellungen werden bekanntlich von Frauen gemacht und von Männern befolgt. Nicht umgekehrt. Das ist Ausdruck von weiblicher Macht und von männlichem Opportunismus. Man kann es aber auch anders ausdrücken. Vielleicht handelt es sich eher um Ausdruck weiblicher Selbstbezogenheit und Intoleranz sowie männlicher Schwäche, Abhängigkeit und Verzweiflung. In Kurzform kann man auch einfach von »Weiblichem Chauvinismus« sprechen.

Männer müssen also mit der Tatsache leben, dass sie in aller Regel die Frauen, die sie in Wahrheit wirklich begehren, nicht erobern können. Sie bekommen, zum einen aufgrund evolutionärer Ansprechangst, zum anderen aufgrund nervlicher Überforderung, in der Regel kein vernünftiges Gespräch mit solchen Frauen in Gang. Nur bei Frauen aus der zweiten Attraktivitätsreihe – gemessen an ihrem persönlichen Geschmack – sind sie so gelassen, kommunikativ und kreativ, wie sie sein müssen, damit sich Frauen in ihrer Nähe gerne aufhalten möchten. Diese Frauen gefallen ihnen immerhin noch gut genug, um einen Kennenlernversuch durchaus zuzulassen oder ihn sogar selbst herbeizuführen. Aber die »Grosse Liebe« entsteht dabei nicht. Während sie von den Frauen aus der ersten Reihe träumen, spielt sich ihr Leben mit den Frauen aus der zweiten Reihe ab. Das ist männliche Realität. Und die Frau an der Seite eines solchen Mannes wundert sich dann, warum er immer weniger mit ihr redet, sich immer mehr gehen lässt, warum er fremdgeht oder warum er keine Kinder mit ihr möchte.

Frauen müssen mit der Tatsache leben, dass sie vor dem Sex in aller Regel nicht definitiv sicherstellen können, ob ein Mann sie nur flachlegen will oder ob seine Emotionen es ernst meinen. Männer machen Frauen den Zugang zu den aus weiblicher Sicht bedeutsamen Ressourcen wie Zeit, Aufmerksamkeit, Zärtlichkeit, Vaterschaftsbereitschaft und Geld nicht leicht. Wenn die sexuellen Erfahrungen mit einer Frau nicht so toll waren, hält der Mann seine weiteren emotionalen Investitionen zurück. Darum haben Frauen eine ethisch zweifelhafte Moral geschaffen, die sexuell vagabundierende Männer anprangert. Frauen machen Männern den Zugang zu der aus männlicher Perspektive bedeutsamen Ressource Sex sehr schwer. Wenn die emotionale Aktivierung durch den Mann nicht überzeugend ist, hält eine Frau ihre sexuellen Investitionen zurück. Darum haben Männer ethisch zweifelhafte Verhaltensweisen entwickelt, Frauen über ihre wahren Absichten gegebenenfalls zu täuschen. Für manche ist Flirten ein Spiel. Wer Liebe und alles, was dazu gehört, für zu schön, für zu bedeutsam und für ein zu sensibles Thema hält, um damit zu spielen, der wird meist mit gebrochenem Herzen von der sexuellen Selektion aussortiert. Übrig bleiben Egomanen und Unsensible mit hoher Frustrationstoleranz sowie die flexibelsten Opportunisten.

Natürlich ist weibliches Kalkulieren in Sachen Liebe und Erotik verständlich. Wer das als Mann nicht versteht, dem fehlt es seinerseits an Empathie. Schliesslich werden Frauen von Männern ähnlich oft getäuscht, wie Männer es von Frauen werden. Was Kajalstift und Push-Up-BH einer Frau sind, das ist auf der anderen Seite substanzloses Imponiergehabe und das Vortäuschen von Leistungsfähigkeit und Finanzkraft. Auch Frauen haben es also nicht einfach. Wie erkennt man als Frau bloss den richtigen Mann?

Unsicherheit und Sprachlosigkeit eines Mannes gegenüber einer Frau können ein Anzeichen dafür sein, dass er innerhalb von Sekunden völlig von ihr fasziniert war. Unsicherheit kann aber natürlich auch bedeuten, dass er keinen Erfolg bei Frauen hat und verzweifelt nach einer sucht, die wenigstens aus Mitleid mit ihm ins Bett geht. Die Selbstsicherheit eines Mannes kann bedeuten, dass er ein Typ ist, der sich vor Angeboten von attraktiven Frauen nicht retten kann, sie könnte aber auch bedeuten, dass er sehr anspruchslos und es darum kein Problem für ihn ist, jede beliebige Frau anzubaggern. Wenn ein Mann seine Versuche, die Gunst einer

Frau zu gewinnen, schon bei geringem Widerstand schnell wieder einstellt, kann es sein, dass er sie nicht wirklich umwerfend fand, sondern nur auf Suche nach der nächstbesten unkomplizierten Gelegenheit zu schnellem Sex war. Wenn ein Mann seine Versuche, ihre Gunst zu gewinnen, bei geringem Widerstand rasch wieder einstellt, kann das aber auch bedeuten, dass es aus Rücksichtnahme und Respekt erfolgte, weil er viel Achtung vor der Frau, ihren Bedürfnissen, ihren Entscheidungen und ihrer persönlichen Selbstbestimmung hat, weil er ihren Willen selbstverständlich akzeptiert, ernst nimmt und ihr zugesteht, dass sie über eine ausreichende Urteilsfähigkeit verfügt. Wenn ein Mann wochen- und monatelang an einer Frau herumbaggert, kann es sein, dass er sich vor Sehnsucht nach ihr verzehrt und erst wieder ruhigen Schlaf findet, wenn er ihr Herz und ihren Körper erobert hat. Wochenlanges Gebaggere kann aber auch bedeuten, dass er einen gesunden männlichen Sexualtrieb und einfach eine unbändige Lust hat, sie mal ins Bett zu kriegen. Woran sie genau ist, weiss eine Frau immer erst hinterher. Um Sicherheit über seine wahren Absichten zu bekommen, muss eine Frau mit einem Mann ins Bett gehen. Es sei denn, sie kann darauf verzichten, jemals die Wahrheit zu erfahren. Natürlich ist es schmerzhaft für eine Frau, wenn ein Mann den sie gerne behalten hätte nach dem Sex das Weite sucht. Aber sicherlich keinen Deut schmerzhafter, als es für den Mann ist, wenn er von der Frau seiner Träume mit einem eindeutigen Korb zurückgewiesen und stehen gelassen wurde, und sie sich dabei nicht die geringste Mühe gemacht hat, mal ein kleines bisschen unter seine Oberfläche zu schauen.

Natürlich bekommen nervöse und aufrichtig interessierte Männer weniger Sex und Liebe als lässige und unnahbare, aber Nervosität können sich ohnehin nur jene abtrainieren, die viele Gelegenheiten zum Üben haben. Und je anspruchsloser ein Mann ist, desto mehr Frauen begegnet er, die sich zum Üben eignen. Anspruchslose Männer bekommen den meisten Sex, obwohl Frauen behaupten, anspruchsvolle Männer attraktiver zu finden.

Wer mit anderen konkurriert, sollte seine wahren Interessen verschleiern und oder hin und wieder unangekündigt cholerisch reagieren, um die kognitiven und zeitlichen Kosten der anderen zu erhöhen. So dass die sich ständig den Kopf über einen zerbrechen müssen, immer auf alles gefasst sein müssen, keine Ahnung haben was als nächstes geschieht und ununterbrochen in Alarmbereitschaft verharren müssen. Patriarchalische Vorgesetzte und diktatorische Despoten wenden solche Strategien an, sowohl bewusst als auch unbewusst.

Wer an Kooperation interessiert ist, sollte hingegen Vertrauen fördern. Vertrauen fördert man am besten, indem man sich für andere berechenbar macht, insbesondere indem man seine Bedürfnisse, Beweggründe, Motive und Interessen für sie offenlegt, nachvollziehbar und durchschaubar macht. Dergleichen hat viel mit zwischenmenschlichem Respekt zu tun. Das aufrichtigste und kooperativste Angebot macht ein Mann einer Frau daher dann, wenn er innerhalb der ersten Minuten oder gar Sekunden all seine Absichten offenbart und genau erklärt, was er wie und warum empfindet und was seine kurzfristigen und langfristigen Interessen an ihr sind. Dies wird von Frauen allerdings nicht sonderlich geschätzt. Sie fühlen sich von absoluter Ehrlichkeit ab der ersten Minute»unter Druck«gesetzt, als müssten sie nun sofortige endgültige Entscheidungen treffen. Sie finden völlige Offenheit»zu direkt«oder»zu fantasielos«. So fehlt jegliches Mysterium, über das sie mit ihren Freundinnen knobeln könnten. Offensichtlich hatte es in der Vergangenheit Selektionsvorteile, wenn Frauen sich nicht unbedingt auf die kooperativsten Männer einliessen. Sie erhöhten damit zwar ihre eigenen kognitiven Kosten, gleichzeitig aber auch die von potenziellen Feinden.

Wenn ein Mann einer Frau nicht von der ersten Sekunde an zu erkennen gibt, welche Interessen er verfolgt und wie sein Charakter im Einzelnen beschaffen ist, verwendet die Frau einiges an Zeit darauf, über ihn, seine Beweggründe und seine Ziele nachzugrübeln. Das ist ihrerseits eine Investition zeitlicher und kognitiver Ressourcen, in ihrer Summe davon abhängig, wie viele Rätsel er ihr aufgibt. Und Menschen neigen natürlich dazu, an Dingen festzuhalten, in die sie zuvor investiert hatten. Frauen empfinden daher automatisch eine grössere Verbundenheit zu solchen Männern. Verhaltensökonomen nennen das den »Sunk-Cost-Effekt«. Wenn ein Mann es dagegen ablehnt, mit den Gefühlen anderer Menschen zu spielen, und einer Frau von der ersten Sekunde an glasklar zu erkennen gibt, was und wie er für sie empfindet, vollzieht sich dieser Effekt nicht und bleibt er zumeist uninteressant für sie. Offene, ehrliche und direkte Männer werden von Frauen bestraft. Taktierende, spekulierende und manipulierende Männer werden von ihnen belohnt.

13 WEIBLICHE VORSELEKTION

Frauen gehen selten so gezielt auf Männerfang, wie Männer auf Brautschau gehen. Wenn Frauen tatsächlich nach attraktiven Männern Ausschau halten wollen, überlegen sie sich sehr genau, wo sie dazu hingehen. Sie wissen, dass an dem Ort, an den sie sich begeben, die Männer bereits nach bestimmten Kriterien vorgesiebt sind. Entsprechend sind Frauen auf einer Opernpremiere, auf einer Vernissage, in der First-Class-Lounge der Lufthansa oder im Wellnessbereich eines Fünfsternehotels sehr aufgeschlossen, wenn ein Mann sie anspricht, denn mit grosser Wahrscheinlichkeit gehört er zu einer hohen sozioökonomischen Schicht, ist gebildet und hat einen interessanten Beruf. Umgekehrt gilt entsprechendes. An einem Ort wie der U-Bahn einer Grossstadt vermeidet eine Frau es eher, mit Männern ins Gespräch zu kommen. Erfolgreiche und gefragte Männer, die schicke Limousinen durch die Gegend steuern, sind dort kaum präsent. Statt dessen ist es die komplette Unterschicht sowie ein buntes Sammelsurium aus Obdachlosen, Kriminellen und Freaks jeglicher Couleur. Märchenprinzen fahren seltener U-Bahn, als Soziopathen es tun. Ein Märchenprinz verläuft sich auch seltener als ein Sittenstrolch in verregneter Dunkelheit an eine abgelegene, finstere Bushaltestelle. Im Nachtbus lässt sich eine Frau nur ungern ansprechen. Auch unter mit Bierdosen und Vereinsschals ausgerüsteten Fussballfans befindet sich nur mit geringer Wahrscheinlichkeit ein Märchenprinz.

Frauen sind ununterbrochen mit ihren Erwartungswertkalkulationen, ihren Heuristiken und Hypothesen beschäftigt. Diese unbewussten Kalkulationen erleben sie als schwankende Gefühle, die sich an ihrem Verhalten ablesen lassen. Natürlich kann auch ein toller Mann mal eben die U-Bahn nehmen, wenn er sich nicht durch den Berufsverkehr zwängen möchte. Natürlich kann er auch mal im Nachtbus sitzen, wenn er kein freies Taxi erreichen konnte. Natürlich kann es sein, dass er seine alte Chaotentruppe aus der Schulzeit nie vergessen hat, sondern wenigstens einmal pro Jahr mit ihr ins Stadion geht. Alles kann sein. Aber bestimmte Dinge sind eben wahrscheinlicher – und andere unwahrscheinlicher. Frauen mögen es schade finden, dass es so sehr vom Aussehen abhängt, ob Männer sich für sie interessieren. Männer können es schade finden, dass das Interesse von Frauen immer das Ergebnis von Wahrscheinlichkeitsabwägungen ist.

An manchen Orten wimmelt eine Frau ohne genaueres Hinschauen fast alle interessierten Männer ab, während sie an anderen alle Männer sehr neugierig unter die Lupe nimmt. Männern bleibt kaum etwas anderes übrig, als sich danach zu richten, wenn sie Körbe vermeiden wollen. Körbe zu bekommen macht schliesslich keine Freude. An manchen Orten und unter bestimmten Umständen kann ein Mann sich jeglichen Kennenlernversuch sparen, weil dieser mit praktisch hundertprozentiger Sicherheit in eine Enttäuschung für ihn münden würde. Will er Frauen kennenlernen, so muss er sich zu den Tageszeiten, zu denen Frauen kennengelernt werden wollen, an die Stellen begeben, an denen Frauen angesprochen werden wollen. Frauen brauchen räumlich, zeitlich und thematisch immer einen passenden Inszenierungsrahmen. Von solch zufälligen Effekten ist ein Mann abhängig. Männer würden es ihrerseits nie von Ort, Zeit und Inszenierungsrahmen abhängig machen, ob sie offen dafür sind, gegebenenfalls ihre Traumfrau kennenzulernen.

Männer sind von weiblicher Vorselektion abhängig, weil Frauen die sozialen Spielregeln bestimmen. Wenn Frauen nicht kennengelernt werden wollen, wollen sie nicht kennengelernt werden. Basta! Selbst für den versiertesten und flexibelsten Flirter ist es praktisch unmöglich, die Stimmung einer völlig verschlossenen oder genervten Frau zu durchbrechen. Die Frauen, aus denen Männer wählen können, sind prinzipiell jene, von denen sie ihrerseits bereits selbst ausgewählt wurden – beziehungsweise ausgewählt werden würden.

Wie aber sollten sich Männer auf ihrer Suche nach den interessantesten Frauen verhalten, wenn sie dabei nicht durch das Nadelöhr der weiblichen Vorselektion limitiert wären?

Angenommen, am Schwarzen Brett der Philosophiefakultät einer grossen Universität, an der gerade aufwändige Umbau- und Renovierungsmassnahmen vorgenommen werden, wird ein Aushang angebracht, wonach zu wissenschaftlichen Zwecken einhundert Männer für die Beantwortung von ein paar Fragen benötigt werden. Interessierte mögen sich bitte melden. Angenommen, die sich meldenden Versuchskandidaten bestehen zu neunzig Prozent aus Philosophen und zu zehn Prozent aus Bauarbeitern. Die einhundert Männer werden ausgiebig befragt. Von der Versuchsperson »Hermann« erfahren die Versuchsleiter, dass er in seiner Freizeit gerne Motorrad fährt. Dreimal pro Woche stählt er seinen Bizeps in einer rustikalen Muckibude. Er raucht und trinkt gerne Bier. Zum Essen geht er am liebsten in das Steakhouse gegenüber seiner Wohnung. Dort nimmt er regelmässig ein grosses Stück deftiges Fleisch zu sich. Hermann hört gerne Heavy Metal. Manchmal geht er auch ins Fussballstadion. Auf schicke Kleidung legt er keinen Wert. Hauptsache, er muss im Winter nicht frieren und im Sommer nicht nackt umherlaufen. Hermann macht gerne so unvernünftige Sachen wie um Geld pokern oder nächtelang mit seiner Videokonsole herumdaddeln, weil er regelmässig einen Nervenkitzel braucht. Hermann lebt bereits seit fünf Jahren ohne feste Partnerin.

Ist Hermann wohl eher Bauarbeiter oder eher Philosoph? Solche Fangfragekonstellationen sind unter Wissenschaftlern sehr beliebt. Verhaltensforscher führen damit gerne vor, wie irrational Menschen denken und entscheiden. Viele würden nämlich spontan sagen, dass Hermann Bauarbeiter ist. Das mag auf Vorurteilen oder auf Erfahrung basieren. Egal. Es mag ja tatsächlich sein, dass das Interesse an Nervenkicks, Fussball und Bodybuilding unter Bauarbeitern verbreiteter ist als unter Philosophen. Vielleicht trinken Bauarbeiter auch mehr Bier und haben es schwerer, eine Partnerin zu finden. Was aber gerne übersehen wird, ist, dass unter den Versuchspersonen in diesem Beispiel neunmal so viele

Philosophen wie Bauarbeiter waren. Selbstverständlich gibt es fleisch- und fussballliebende Philosophen. Erst wenn man sagen könnte, dass Bauarbeiter sich sage und schreibe neunmal häufiger Fussballspiele anschauen und neunmal häufiger eine Hantel in die Hand nehmen, als Philosophen es tun, wäre Hermann wahrscheinlicher Bauarbeiter als Philosoph. Neunmal häufiger ist eine enorme Menge. Viele Menschen berücksichtigen mathematischen Prämissen nicht, weil eine Personenbeschreibung bei ihnen sofort Impulse aktiviert, durch die sich intensive emotionale Schubladen öffnen. Auf Basis der unmittelbaren Emotionen wird dann entschieden, anstatt wahrscheinlichkeitsmathematische Logik zu berücksichtigen. Steinzeitmenschen hatten eben noch keine nennenswerten empirischen Daten. Und der Steinzeitmensch, so sehr das Klischee inzwischen strapaziert ist, steckt tief in uns allen. Im mögen noch winzige Teile der modernen Grosshirnrinde gefehlt haben, aber das alte Stammhirn des modernen Menschen besitzen viele Säugetiere. Unmittelbare Emotionen führen häufig auf den richtigen Weg, manchmal aber auch in die Irre.

Warum ist diese Erkenntnis wichtig? Männern ist nicht völlig gleichgültig, welche Hobbys eine Frau hat, welchen Beruf sie ausübt, welcher sozioökonomischen Schicht sie zuzuordnen ist und so weiter. Aber gegen die Priorität, die das Aussehen hat, können diese Aspekte kaum etwas ausrichten. Das Aussehen ist das Nadelöhr für alle weiteren Kriterien, durch das eine Frau erstmal durch muss. Aber Männer sind beim Aussehen toleranter, als Frauen es fürchten. Selbstverständlich sind die Nadelöhre der weiblichen Vorlieben noch viel enger. Ein Mann muss sich angesichts seiner Empfänglichkeit für gutes Aussehen fragen, was er tun muss, um in möglichst kurzer Zeit das Aussehen von möglichst vielen Frauen zu vergleichen, um die für ihn attraktivsten aufzuspüren. Kann er das samstagabends in der Oper? Oder kann er das besser samstagnachmittags in der Fussgängerzone? Zunächst scheint es so, als würde man in der Oper eher als in der Fussgängerzone eine gepflegte und ästhetische Frau antreffen. Beim zweiten Reflektionsschritt wird aber klar, dass unter mehreren Tausend einkaufenden Frauen wahrscheinlicher ein attraktives Exemplar ist als unter zirka einhundert Frauen, die in der Oper sitzen. Mithilfe des Philosophen- und Bauarbeiterbeispiels sollte das jedermann einleuchten. Auch im Fastfoodrestaurant am Hauptbahnhof trifft man um ein Vielfaches wahrscheinlicher eine tolle Frau als in einem Sternerestaurant. Die absolute Anzahl an Treffern ist nämlich wichtiger als die relative.

Zur Optimierung der Partnersuche sind für beide Geschlechter also grundlegend verschiedene Herangehensweisen empfehlenswert. Allerdings setzt sich praktisch immer die weibliche Strategie durch. Eine Frau gibt fremden Männern, von denen sie in der Fussgängerzone, im Fastfoodrestaurant oder in U-Bahn ohne jeden näheren Zusammenhang angesprochen wird, kaum eine Chance, bei ihr einen Fuss in die Tür zu bekommen. Solche Männer werden sofort in aller Entschiedenheit abgewimmelt. In der Logik einer Frau kann es sich bei ihnen nur um verzweifelte, notgeile oder völlig oberflächliche Männer handeln. Solche Frauen, die sich draussen in der Wildnis, abseits vom Schutz ihrer Dorfgemeinschaft, nicht blöde von der Seite anquatschen liessen, überstanden die evolutionäre Selektion zweifelsfrei besser als zu naive und gutgläubige Frauen.

Frauen entscheiden nicht nur über den Ort, sondern auch über den Zeitpunkt, der ihnen genehm ist. Wenn sie gestresst, genervt oder übermüdet sind, oder wenn die Situation es gerade eher kompliziert macht, dann steht das Männerkennenlernen hintenan. Männern sind Ort und Zeitpunkt egal, da sie sich schliesslich nicht aussuchen können, wo sie sich gerade befinden, wenn ein hochattraktiver potenzieller Liebes- und Fortpflanzungspartner die Bildfläche betritt. Auch wenn sie gerade gestresst, genervt oder übermüdet sind, oder wenn der Moment gerade scheinbar unpassend ist, hat das Frauenkennenlernen absolute Priorität. Die harte sexuelle Selektion hat für Männer immer höhere Priorität als die natürliche. Aber Männer bleiben dennoch erfolglos, wenn sie sich nicht nach dem richten, was Frauen genehm ist.

Jede Bekanntschaft beginnt natürlich mit einer entscheidenden Kennenlernsituation. Die Bereitschaft zum Kennenlernen ist aber nicht vierundzwanzig Stunden am Tag gleich ausgeprägt. Morgens, auf dem Weg zu seinem Arbeitsplatz, wenn die eine Hälfte des Gehirns noch schläft und die andere sich bereits intensiv mit den Aufgaben des Tages beschäftigt, ist man weniger daran interessiert, von einem freundlich lächelnden Gesicht angesprochen und in ein Gespräch über Dinge verwickelt zu werden, für die man momentan nicht den geringsten Kopf hat. Abends sieht das ganz anders aus, wenn man sich in einer schicken oder kuscheligen Bar nach einem anstrengenden Tag entspannt und eine leckeres Getränk zu sich nimmt. Entsprechend sind Frauen, je nach Tageszeit und persönlichem Rhythmus, manchmal sehr zum Kennenlernen bereit, manchmal jedoch gar nicht. Da sie dem Mann über sein Aussehen hinaus kaum wichtige Informationen ansehen können, weil die anderen Attraktivitätsparameter nicht unmittelbar transparent sind, gibt es keinen Grund, in der Öffentlichkeit einen beliebigen Typen der sie anlächelt weiter zu beachten. Besser, sie kümmert sich jetzt um andere Dinge, die ohnehin erledigt werden müssen, und ist dafür nachher umso aufgeschlossener, wenn sie sich an einem Ort befindet, an dem die Wahrscheinlichkeit stark erhöht ist, dass auch die intransparenten Attraktivitätsparameter der anwesenden Männer interessante Ausprägungen haben. Oder sie beschränkt sich von vorneherein auf ihren Freundeskreis, auf ihren Sportverein oder auf sonstige Interessen. Dort sind die Männer nach sehr bestimmten Charakter-, Persönlichkeits- und sozioökonomischen Parametern vorgesiebt.

Für eine Frau, die die Erfahrung gemacht hat, dass zirka neunzig Prozent der Männer für sie von vorneherein gar nicht interessant sind, ist ein zufälliger Typ von der Strasse nicht mehr als eine zufällige Stichprobe, die mit neunzigprozentiger Wahrscheinlichkeit nicht nach ihrem Geschmack ist. Aus ressourcenökonomischen Gründen sollten Frauen sich von zufälligen Stichproben schnurstracks entfernen. Das machen sie in aller Regel auch sehr konsequent.

14 TANKSTELLENEFFEKT UND FERNSEHEN

Ohne Unterdurchschnittlichkeit gäbe es auch keine Überdurchschnittlichkeit. Absurd wird es allerdings, wenn sich auch Unterdurchschnittliche für überdurchschnittlich halten und der festen Überzeugung sind, sie hätten daher ebenfalls etwas überdurchschnittliches verdient.

Wie bildet man sich eine Vorstellung davon, welche Preise für eine Ware angemessen sind? Man beobachtet und vergleicht. Ganz einfach. Wer als Achtzehnjähriger erstmals selbst sein Auto betanken muss, hält an der nächstbesten Tankstelle und tankt für zwanzig Euro. Er hat noch keine Ahnung, ob das Benzin teuer oder billig ist, das er da tankt. Gut möglich, dass er sich bis dahin noch nie Gedanken darüber gemacht hat, was ein Liter Benzin üblicherweise kostet. Das ändert sich aber innerhalb kurzer Zeit. Benzinpreise werden plötzlich ein interessantes Thema für ihn. Es dauert bestimmt nicht lange und er kann von jeder Tankstelle in der Umgebung seines Wohnorts sagen, ob sie billig oder teuer ist. So entstehen Preisvorstellungen. Das gilt für alle Güter. Indem man den Markt eine Weile beobachtet, entwickelt man ein Gespür dafür, welche Preisspannen es gibt, wie Häufigkeiten darin verteilt sind, wo der Durchschnitt liegt und wie hoch die regelmässige Teuerung ist. Jeder hat sich im Laufe seines Lebens über die Preise aller Güter, die er kennt, auf diese Weise seine Vorstellungen gebildet. Je mehr Beispiele man gesehen hat, desto stabiler wird das Wissen über den angemessenen Preis eines Guts.

Es kann allerdings passieren, dass man ein schiefes Bild von Preisen und deren Angemessenheit bekommt, weil man nur einen Teil des Marktes sieht. Wer das Auto ausschliesslich für den täglichen Weg zur Arbeit nutzt und immer dieselbe Strecke fährt, sieht auf seinem Weg immer nur dieselben drei oder vier Tankstellen. Aus ihnen bildet er sich seine Preisvorstellungen. Wenn er irgendwann woanders hinfährt, wird er vielleicht bald verärgert aufschreien, weil er einer Tankstelle nach der anderen begegnet, an denen die Preise überall deutlich höher oder niedriger sind, als er es gewöhnt ist. Es kann schmerzhaft sein, in der Fremde viel mehr zu bezahlen, als man es von zuhause her kennt. Es kann sogar noch schmerzhafter sein, festzustellen, dass man bisher regelmässig zuviel bezahlt hat, weil man nur an den teuersten Tankstellen tankte, während das Benzin woanders billiger ist. Aber so verhält es sich meistens, dass man nur den Ausschnitt eines Marktes kennt und nur über die Preise innerhalb dieses Ausschnitts etwas sagen kann.

Über sehr lange Zeit lebten Menschen in kleinen Stämmen, mit üblicherweise ein paar hundert Mitgliedern. Die Vorstellung von attraktiv und unattraktiv, von schön und hässlich bildete man sich auf Basis der Körper und Fähigkeiten, die man innerhalb seines Stammes beobachtete. Man entwickelte auf diese Weise realistische Vorstellungen von Attraktivitätsspannen, von darin enthaltenen Häufigkeiten, von Durchschnittsattraktivität und davon, wo in etwa der eigene Stellenwert liegt. Das ist heute anders. Heute sieht man Unmengen Gesichter im Fernsehen, im Kino und auf Werbeplakaten. Erfolgreiche und schöne Menschen landen öfter in den Medien als erfolglose und hässliche. Darum sieht man zu oft schöne Gesichter, wenn man den Fernseher einschaltet. Das dortige Durchschnittsgesicht ist viel attraktiver als das in der wirklichen Welt. Wenn man bedenkt, dass der Fernseher in sehr vielen Haushalten allabendlich mehrere Stunden läuft, leuchtet ein, dass sich die Leute allgemein verzerrte Vorstellungen von tatsächlichen Durchschnitten bilden. Wenn man viele Stunden am Tag gutaussehende Gesichter sieht, gewöhnt sich das Gehirn an den Anblick. Es findet eine Anspruchsadaption statt. Wenn man sich mit übers Fernsehen adaptierten höheren Ansprüchen in öffentliche Lebensbereiche mit hohem Publikumsverkehr begibt, in den Supermarkt, in die U-Bahn und in die Fussgängerzone, wundert man sich, warum die Leute alle so schlecht aussehen. Aufgrund falscher Vorstellungen ist man erstaunt über all die vermeintlich unschönen Visagen um einen herum, die nicht einmal ansatzweise wie die mit Bildbearbeitungsprogrammen aufgehübschten Gesichter der Werbeindustrie ausschauen. Auch den eigenen Lebensgefährten betrachtet man kritisch.

Kein Mensch weiss heute mehr, was eigentlich noch repräsentativ ist. Moderne Medien zerstören jede realistische Vorstellung. Früher sah man nur einige tausende oder zehntausende Menschen in seinem gesamten Leben, aber keine hunderte pro Tag wie heutzutage in so mancher Metropole. Man hatte keine Ahnung davon, was in der grossen weiten Welt – in fernen Ländern, hinter dem Horizont und hinter den Bergen – noch so alles für wunderschöne Gesichter existierten. Was man nicht weiss, macht einen nicht heiss. Darum war man zufrieden. Man verglich sich nicht mit den falschen Leuten.

Napoleon Bonaparte hat sich sicher niemals darüber geärgert, dass er auf dem prachtvollsten Pferd von ganz Frankreich reiten musste, weil kein Porsche verfügbar war. Werbung weckt Ansprüche, von denen man vorher nicht wusste, dass man sie hat. Das ist die Kunst des Marketings. Auf Dauer kann einen das zutiefst unglücklich machen und in den Wahnsinn treiben. Auch bei einem ihrer Kinobesuche wohnen normale Leute in einer Tour den interessantesten fiktiven Erlebnissen bei. Kaum ein echtes Leben könnte in einer solchen zeitlichen Verdichtung so viele Abenteuer beinhalten, wie das der Rollen, die in Hollywoodfilmen dargestellt werden. Somit denkt jeder, sein eigenes Leben wäre langweilig. So entstehen viel Unglück und Frustration. Und glückliche Partnerschaften gibt es auch immer seltener, weil Mann und Frau den Ansprüchen des jeweils anderen nicht genügen. Man hat verzerrte Vorstellungen davon, was einem zusteht. Selbst durchschnittliche und unterdurchschnittliche Männer träumen von fruchtbaren Schönheitsköniginnen, und selbst durchschnittliche und unterdurchschnittliche Frauen träumen von charismatischen Siegertypen. Die meisten Männer müssen schmerzhaft lernen, dass sie zu erfolglos sind, um die tollsten Frauen zu beeindrucken. Die meisten Frauen wollen partout nicht einsehen, dass sie nicht hübsch genug sind, um die tollsten Männer an sich zu binden.

15 MÄNNLICHE HERZENSBRECHER UND HALBNACKTE FRAUEN

Man soll viel Wasser trinken, denn Wasser ist gesund, macht schlank und schön. Es entgiftet Nieren und Leber, reinigt die Haut von innen, erhält die optimale Viskosität des Blutes und sorgt für mehr Speichelproduktion und frischen Atem. Nun kann man sich natürlich morgens direkt drei Liter Wasser reinschütten, was der Körper umgehend damit quittieren würde, dass man schon eine halbe Stunde später aufs Klo rennen und überflüssige Wassermengen wieder ausscheiden müsste. Man kann auch über den Tag verteilt schlückchenweise drei Liter Wasser zu sich nehmen. Ernährungstechnisch wäre das sinnvoller. Aber im Endeffekt ist die Menge des konsumierten Wassers in beiden Varianten gleich. Es sind beide Male drei Liter.

Wenn es um das Verletzen der Gefühle des jeweils anderen Geschlechts geht, etwas, das weltweit leider täglich multimillionenfach geschieht, erinnert männliches Vorgehen an Reinschütten und weibliches an schlückchenweises Trinken. Dahinter steckt das Prinzip von Qualität und Quantität. Besser oder schlechter ist keins von beidem.

Verbreitete Klischees besagen, dass Männer sehr oft mit Frauen ins Bett gehen, ohne nennenswerte Gefühle für sie zu empfinden, während Frauen meist Gefühle für einen Mann empfinden, mit dem sie Sex haben. Das mag tendenziell zutreffen, auch wenn gelegentlich das Gegenteil vorkommt. Jeder kennt eine von diesen Geschichten, in denen zwei Leute miteinander ins Bett gegangen waren, vielleicht auch ein zweites und ein drittes Mal, und plötzlich verschwand der Mann, war nicht mehr erreichbar und antwortete nicht auf Anrufe oder SMS. Die Frau war mit dem Mann ins Bett gegangen, weil sie Gefühle für ihn entwickelt und immer mehr Sehnsucht nach seiner Nähe empfunden hatte. Sie wollte gemeinsame

Intimität mit ihm spüren und die Beziehung zu ihm vertiefen. Mit jedem Sex wurden ihre Gefühle stärker und sie verliebte sich noch ein bisschen mehr in den Mann. Er ging mit ihr ins Bett, weil er Lust auf und Spass am Sex hatte, und weil ihre sinnlichen Reize seinen Geschmack ausreichend ansprachen. Nach der ersten Nacht, spätestens aber nach einer Handvoll Nächten, merkte er jedoch zügig, dass sie langweiliger und unattraktiver war, als er zunächst gedacht hatte. Also machte er sich entweder aus dem Staub oder reinen Tisch. Die zweite Variante ist zwar zunächst schmerzhafter, aber aufrichtiger und die Frau weiss dann wenigstens, woran sie ist und muss keine quälende Ungewissheit ertragen. Vor dem Dilemma, ob sie besser die Gefühle ihres Gegenübers »schonen« oder offen erklären sollen, was Sache ist, stehen Menschen oft. Beide Varianten unterscheiden sich hier aber nicht von dem Endergebnis, dass die Frau verletzt zurück bleibt, nachdem der Mann seinen Spass gehabt hat. Er hätte eigentlich schon vorher genau wissen müssen, was er der Frau antat und was er in ihren Gefühlen anrichtete. Anstatt ihr eine bittere Enttäuschung weiträumig zu ersparen, hat er diese aber voll in Kauf genommen. Alles nur, um auf seine Kosten zu kommen. Die Zeche bezahlt sie. So ein Egoist!

Was ist in dem Klischeebeispiel passiert? Die wesentlichen Botenstoffe, die Gefühle von Nähe, Vertrauen und Verliebtheit erzeugen, sind Dopamin, Oxytozin, Vasopressin, Phenylethylamin und Neurotrophin. Der Oxytozinspiegel der Frau war zuvor, in der Gegenwart des Mannes, stetig angestiegen, bis sie sich ihm unwiderstehlich verbunden gefühlt hatte. Als der Oxytozinspiegel auf einem sehr hohen Niveau stand, entzog der Mann ihr genau das, wonach sie der Botenstoff Sehnsucht empfinden liess. Der Mann entzog ihr seine Nähe, seine Aufmerksamkeit und seine Zärtlichkeit. Diese Lücke zwischen Soll und Ist erzeugte daraufhin grosse emotionale Schmerzen. Je grösser die Lücke, desto grösser der Liebeskummer. Alles nur wegen dem blöden Typen und seiner egoistischen Suche nach Sex und Spass.

Es ist das angenehme Gefühl von Nähe und Vertrauen zu einem Mann, das in einer Frau ein Bedürfnis nach Sinnlichkeit entstehen lässt. Danach also, ihn zu sehen, seine Haut zu berühren und seinen Geruch wahrzunehmen. Bei Männern ist es andersherum. Es sind sinnlichen Reize wie Aussehen, Taktilität und Geruch, die ein Bedürfnis nach Nähe und Vertrauen entstehen lassen. Wenn ein Mann einer begehrenswerten Frau begegnet, empfindet er innerhalb von Sekunden sehr starke Impulse. Wenn sie ihm extrem gut gefällt, steigt sein Herzschlag, fängt er an zu schwitzen, wird sein Mund trocken und empfindet er eine unbändige Lust, sie sofort zu küssen, sie von ihren lästigen Klamotten zu befreien, ihren formvollendeten Körper überall anzufassen und seinen Penis möglichst schnell an oder in ihren Körper zu bringen. Die Gier eines Ausgehungerten, der vor einem köstlichen Feinschmeckerbuffet steht, kann lächerlich dagegen sein. Ein erwachsener Mann musste im Leben aber lernen, dass Frauen es nicht tolerieren, wenn sie ihren Emotionen in solchen Augenblicken freien Lauf lassen. Frauen wollen ein entscheidendes Wörtchen dabei mitreden, ob aus dem Begehren eines Mannes an ihr tatsächlich Befriedigung wird. Und meistens fällt dieses Wörtchen zu seinen Ungunsten aus. Die Selbstbeherrschungsfähigkeiten ihres Frontalhirns ermöglichen es Männern, im Gegensatz zu den Männchen anderer Tiere, ihren Bedürfnissen nicht unmittelbar nachzugeben. Das lässt ihren Entbehrungsschmerz nicht nennenswert geringer werden, aber ihr Frontalhirn weiss, dass zudringliche Männer mit geringer Selbstkontrolle für das rücksichtslose Ausleben ihrer Gefühle von der Gemeinschaft bestraft und die Gefühle von Frauen von der Gemeinschaft allgemein beschützt werden. Männer erleben deshalb in solchen Momenten höllische innere Qualen. Wenn es Sommer ist und die Frauen viel Haut zeigen, ist dies am schlimmsten.

Ein Mann sieht im Sommer die nackten Beine einer tollen Frau, er sieht ihre zierlichen Knöchel, er sieht ihre gepflegten Füsse, er sieht ihre schlanken Oberarme und ihre schmalen Schultern, er sieht wunderbar ästhetische weibliche Gesichtszüge, und er atmet Unmengen Pheromone ein, die aus ihren Schweissdrüsen austreten und in seine Nase wandern. Wenn es richtig warm ist, muss er ihren Schweissperlen auch noch dabei zusehen, wie sie ihr

Dekolletee hinunter rinnen und zwischen ihren Brüsten verschwinden. Attraktive Frauen, die sich ihrer Reize und deren Wirkung auf Männer voll bewusst sind, geniessen es, mit männlichen Emotionen zu spielen. Was könnte einer Frau eine grössere Genugtuung geben, als die Gewissheit, dass sie mit ihrer blossen Erscheinung bei fast allen anwesenden Männern sofort massives Begehren und harte Erektionen verursacht?

Jungen Frauen sieht man ihre ungeheure Lust dabei oftmals an, arrogant durch die Gegend zu stolzieren und sich der Aufmerksamkeit sämtlicher vor Gier fast zerplatzenden Männer gewiss zu sein, ohne sie im Gegenzug eines Blickes zu würdigen. Im Sommer lassen sich amüsante Szenen beobachten, wenn die eine oder andere junge Frau im knappen Outfit an einem mit Männern besetzten Strassencafé vorbeiläuft, die Blickrichtungen der Männer langsam mit der Frau mitwandern, und der Frau anzumerken ist, wie sehr sie in jenem Moment narzisstisch ihre Weiblichkeit und die Blicke der Männer geniesst. Im Mittelpunkt geballter männlicher Aufmerksamkeit zu stehen, muss sich für Frauen grossartig anfühlen, denn anders lässt es sich nicht erklären, wenn sie im tiefsten Winter freiwillig im Minirock vor Diskotheken anstehen und sich leichtsinnig Blasenentzündungen einfangen. Begehrliche Inaugenscheinnahme durch Männer muss sich für Frauen in etwa so anfühlen wie für Männer jene neugierigen Blicke, die sie von Frauen zugeworfen bekommen, wenn sie abends im Club mit Geldscheinen um sich werfen. Bevor junge Frauen abends ausgehen, tun sie alles, um ihr Äusseres und ihre Bekleidung auf eine Art und Weise zurecht zu machen, die dazu geeignet ist, den Finger so tief wie möglich auf die empfindlichste emotionale Stelle der Männer zu legen – die Empfänglichkeit für sinnliche weibliche Reize. Die wenigsten Frauen gewähren allerdings am Ende eines solchen Abends einem der Männer Entladung und Befriedigung seiner entstandenen Lust. Junge Frauen gehen hauptsächlich aus, um sich Selbstbestätigung zu holen und nicht, um am Ende in einem fremden Bett zu landen. Dies geschieht auf Kosten der Männer und deren Gefühle.

Männer verzehren sich ständig nach Sex. Sex dominiert permanent ihre Gedanken. Andauernd fallen ihnen obszöne Assoziationen ein. Wenn sie diese verbalisieren und anzügliche Witze machen, drehen Frauen nicht selten genervt die Augen nach oben oder bezeichnen den Zotenreisser als »sexistisch«. Zuhause allein im Wohnzimmer finden Männer keinen Sex. Also gehen sie raus. In den meisten Bars, Kneipen, Clubs und Diskotheken herrscht ein deutlicher Männerüberschuss. Das gilt global und für praktisch jede Ausgehkultur der Welt. Heerscharen von Männern beziehen samstagabends vor dem Weggehen ihr Bett frisch, deponieren Kondome auf dem Nachttisch und legen stimmungsvolle Musik so bereit, dass man nur noch auf den Abspielknopf drücken muss. Unter der Woche ist der Männerüberschuss noch erheblich grösser als am Wochenende. Die Männer träumen alle davon, am Ende des Abends eine tolle Frau mit nach Hause zu bringen, um eine fantastisch sinnliche Nacht mit ihr zu erleben. Die allerallermeisten von ihnen kehren später tief enttäuscht und mit hängenden Schultern wieder nach Hause zurück. Es gab zwar mal wieder die eine oder andere Frau, von der sie ziemlich angetörnt waren, die aber kein weiteres Interesse an ihnen verspürte. Den Frauen reichte es, die Männer scharf zu machen. Um tatsächlich mit ihnen nach Hause zu gehen, waren sie den Frauen aber offenbar nicht interessant genug. Also legen sich die Männer alleine ins Bett, versuchen bittere Versagergefühle zu verdrängen, onanieren mit Bildern der Frauen vor dem inneren Auge und schlafen mit feuchten Augen einsam ein.

Die wesentlichen Botenstoffe, die bei einem Mann spontan extrem starke erotische Bedürfnisse erzeugen, sind Testosteron und Dopamin. Die Konzentrationen der Botenstoffe steigen in einem Mann beim Anblick halbnackter attraktiver Frauen innerhalb von Sekunden auf im wahrsten Sinne schwindelerregende Höhen. Frauen, die es bewusst darauf anlegen, dass genau das bei Männern passiert, zeigen der Mehrheit von ihnen durch entmutigende Körpersprache allerdings eindeutig, dass sich die in diesem Augenblick empfundenen Sehnsüchte niemals erfüllen werden. Die Nerven der meisten Männer sind in solchen Momenten hoffnungslos überfordert. Diejenigen, die sich trotzdem trauen, eine Frau anzusprechen, obwohl sie ihre Nervosität und Erregtheit kaum verbergen können, geben nur klägliches Gestammel von sich. Eben das, wozu ihr Gehirn in der Situation totaler Überforderung gerade noch fähig ist. Nicht wenige Männer werden mit spöttischem Gesichtsausdruck und Augenrollen bedacht; in Diskotheken lässt sich das in hoher Verdichtung beobachten. Frauen lassen Männer oftmals voll ins Leere laufen. Die emotionale Lücke, die bei ihnen daraufhin zwischen Soll und Ist entsteht, hinterlässt eine tiefe Leere, ein schales Gefühl von Machtlosigkeit und Versagen, ein beschädigtes Selbstwertgefühl und unbefriedigte Sehnsüchte. Alles nur wegen des Vergnügens, das Frauen an der Provokation männlicher Emotionen haben, und der Lust an ihrem Narzissmus. Eine Frau muss eigentlich wissen, was sie Männern mit einem halbnackten Auftritt antut und was sie mit ihren Gefühlen anrichtet. Anstatt den Männern bittere Enttäuschungen zu ersparen, nimmt eine Frau diese wissentlich voll in Kauf. Alles nur, um auf ihre Kosten zu kommen. Die Zeche bezahlen die Männer. So eine Egoistin!

Nacktheit ist der natürlichste Zustand, den es gibt. So kommt ein Mensch auf die Welt. Andere Tiere bleiben ein Leben lang nackt, ohne dass jemand Anstoss daran nehmen würde. Menschen sind die einzigen Tiere die sich explizit bekleiden. Zum Glück dürfen Menschen in aufgeklärten Gesellschaften inzwischen wieder ihre Köper enthüllen, ohne barbarisch dafür bestraft zu werden. Ein Glück ist das, wenn man bedenkt, wie menschenverachtend man dafür im religiösen Wahn des Mittelalters bestraft werden konnte und noch heute in vielen wahnhaft religiösen Gesellschaften wird. Knapp bekleidete Frauen müssen sich in keiner Weise dafür rechtfertigen, dass sie auf Stoff verzichten. Es ist wunderschön, dass Frauen heute die Freiheit haben, ihren Körper nach freiem Ermessen in Szene zu setzen. Kaum jemand empfindet es nicht als schön, weibliche Körper betrachten. Frauen sind tausendfach häufiger Gegenstand von Aktmalerei und Aktfotografie, als männliche Körper es je waren. Und kaum eine Frau hat nicht insgeheim schon mal davon fantasiert, wundervoll als Nacktmodell in Szene gesetzt und von staunenden Augen bewundert oder beneidet zu werden. Aber auch wenn Frauen frei sind, mit ihrem Körper zu tun und zu lassen was sie wollen, könnten sie trotzdem die Empfindsamkeit und das Einfühlungsvermögen dafür aufbringen, was sie mit den sinnlichen Reizen ihres Körpers in den Gedanken und Gefühlen von Männern anrichten. Und jede Frau könnte ehrlich zu sich selbst sein und sich fragen, ob und gegebenenfalls wie oft sie ihre weiblichen Reize eigentlich schon in voller Absicht dazu eingesetzt hat, Männer zu provozieren. Wer es als Frau bereits getan hat, hat zumindest jeden Anspruch darauf verwirkt von Männern einzufordern, dass sie es ihrerseits unterbleiben lassen, mit weiblichen Gefühlen zu spielen.

Sex ist das natürlichste Ereignis, das es gibt. Mindestens so natürlich wie Essen und Schlafen. Alle Menschen sind das Ergebnis einer ewigen Kette von Fortpflanzungsakten, die seit Jahrmillionen in engen Intervallen stattfinden. Frauen fürchten eher die natürliche Selektion, Männer fürchten eher die sexuelle Selektion. Frauen sorgen sich mehr um fehlendes Essen, fehlende sichere Schlafplätze, fehlende fürsorgliche Freundschaften und fehlenden Schutz vor drohender Gewalt, während Männer sich eher um fehlenden Sex sorgen. Zum Glück dürfen Menschen in aufgeklärten Gesellschaften inzwischen wieder jederzeit beliebig mit anderen Menschen ihrer Wahl einvernehmlich Sex haben, ohne barbarisch dafür bestraft zu werden. Ein Glück ist das, wenn man bedenkt, welchen menschenverachtenden Zwängen man dafür im religiösen Wahn des Mittelalters ausgesetzt war und noch heute in vielen wahnhaft religiösen Gesellschaften ist. Lüsterne Männer müssen sich in keiner Weise dafür rechtfertigen, dass sie schnellen und guten Sex suchen. Und Frauen müssen sich nicht dafür rechtfertigen, dass auch sie sich auf interessante Gelegenheiten einlassen. Es ist wunderschön, dass Menschen heute die Freiheit haben, ihre Intimbeziehungen nach freiem Ermessen zu gestalten. Und selbstverständlich ist es auch wunderbar, dass es lustvolle, leidenschaftliche, sinnliche und gierige Männer gibt. Sie sind Gegenstand weiblicher Fantasie und tonnenweise kitschiger Literatur. Aber Männer könnten dennoch die

Empfindsamkeit und das Einfühlungsvermögen dafür haben, was sie mit dem hemmungslosem Nachgeben gegenüber ihren Trieben und Bedürfnissen in den Gefühlen und Gedanken von Frauen anrichten können. Und jeder Mann könnte jederzeit mal ganz ehrlich zu sich selbst sein, und sich fragen, ob und gegebenenfalls wie oft er seine Verführungskünste eigentlich schon bewusst dazu eingesetzt hat, Frauen sexuell gefügig zu machen. Wer es als Mann bereits getan hat, hat zumindest jeden Anspruch darauf verwirkt, von Frauen einzufordern, dass sie es ihrerseits unterbleiben lassen, mit männlichen Emotionen zu spielen.

Der entscheidende Unterschied zwischen männlichem und weiblichem Spielen mit Emotionen und Gefühlen des jeweils anderen Geschlechts ist aber, dass weibliche Interessenpolitik geschickt dafür sorgt, dass notgeile Männer als Ärgernis gelten, während halbnackte Frauen dagegen ihr selbstverständliches Recht auf persönliche Selbstbestimmung wahrnehmen. Für Frauen mit Liebeskummer hat jeder Verständnis, für systematische Playboys aber niemand.

Sicherlich kann erotische Zurückweisung extrem bitter sein, aber ein ernsthafter Liebeskummer verursacht in der Summe mehr Schmerz, da er viel länger anhält. Dennoch vermag ein Mann in der Zeit, in der eine besonders aufreizende Frau Hunderten von sexhungrigen Männern die kalte Schulter zeigt und ihnen unschöne Enttäuschungsduschen verpasst, noch nicht einmal eine Handvoll liebeshungriger Frauen zu verletzen. Ein emotional inkompetenter und egozentrischer Mann mag gelegentlich ein paar schluchzende Frauen hinterlassen, die ihn nicht mehr vergessen können. Zeitgleich hinterlässt eine emotional inkompetente und egozentrische Frau Tausende von Männern, die hochgradig gefährdet sind, die Schmerzhaftigkeit des Augenblicks in eine Kurzschlusshandlung zu überführen. Ein schwerer Liebeskummer einer Frau vermag schlimmstenfalls Jahre anzudauern, eine anhaltende Serie von schweren sexuellen Frustrationserlebnissen kann die gesamte Persönlichkeit eines Mannes brechen und für lebenslange melancholische Niedergeschlagenheit sorgen. Wenn Bremsbeläge nicht rechtzeitig erneuert werden, nehmen eines Tages die Bremsscheiben dauerhaften Schaden, selbst wenn hinterher auch noch so viele neue Bremsbeläge draufgepackt werden. Schwer und irreversibel depressive Männer gibt es weit mehr, als empirische Zahlen behaupten.

Feigheit und Arroganz eines Mannes gegenüber den amourösen Empfindungen einer Frau, auf deren Anrufe und Nachrichten er einfach nicht mehr antwortet und für deren verliebte SMS er nur ein überhebliches Grinsen übrig hat, können viel Leid anrichten. Es ist völlig normal, wenn eine verliebte Frau bei einem Mann ständig anruft, denn es ist ein menschlicher Ausdruck tief empfundener natürlicher Gefühle. Je früher ein solcher Mann seinerseits tief verletzt wird, desto mehr Frauen könnten davor bewahrt werden, ihrerseits von ihm verletzt zu werden. Respektlosigkeit und Ignoranz einer Frau gegenüber den erotischen Bedürfnissen eines Mannes, dessen Interessensbekundungen sie mit Augenrollen oder schäbigem Gekicher quittiert oder die sie gar als »sexistisch« oder »machohaft« bezeichnet, können viel Leid anrichten. Es ist völlig normal, wenn ein ästhetisch stimulierter oder sexuell erregter Mann einer Frau laut hinterher pfeift, denn es ist ein Ausdruck ehrlicher Spontanität und tief empfundener natürlicher Gefühle. Je früher eine solche Frau ihrerseits tief verletzt wird, desto mehr Männer könnten davor bewahrt werden, ihrerseits von ihr verletzt zu werden.

Männer lassen sich von Frauen nicht nur häufig einreden, dass sie rücksichtslos sind wenn sie weibliche Gefühle verletzen, sondern sie sind es in vielen Fällen vermutlich tatsächlich. Aber auf eigene Gefühlsverletzungen nachdrücklich hinzuweisen, trauen sich Männer meist nicht, denn dafür werden sie umgehend mit Respektverlust bestraft. Zeternde und jammernde Männer besitzen für Frauen keinen Sexappeal. Um männliche Heulsusen machen Frauen einen Bogen. Die sexuelle Selektion wird damit zu einer noch grösseren Hürde. Frauen, die heulen und über scheinbar gefühllose egoistische Männer wehklagen, werden von ihrem sozialen Umfeld dagegen nicht nur emotional unterstützt und getröstet, sondern bekommen bald wieder jede Menge Angebote interessierter Männer, die sofort in die Startlöcher gegangen sind.

Unter Evolutionspsychologen gibt es den Spruch, wonach Männer Sex suchen und gelegentlich Liebe finden, während Frauen Liebe suchen, wodurch sich gelegentlich Sex ergibt. Das ist missverständlich, denn Männer suchen ebenso sehnsüchtig nach Liebe, wie Frauen es tun, aber nach Sex suchen sie einfach noch viel häufiger. Wenn zwei Menschen gleichermassen hungrig sind, weil sie seit Tagen nichts gegessen haben, einer von beiden aber zusätzlich auch noch heroinsüchtig ist, denkt der eine die ganze Zeit an Essen und der andere die ganze Zeit an Heroin. Ein stärkeres überlagert immer ein schwächeres Bedürfnis. Das bedeutet vielleicht nicht, dass man sich von Zahnschmerzen wirklich einfach dadurch ablenken sollte, dass man sich mit dem Hammer auf den Daumen schlägt, aber es könnte erklären, warum manche Frauen glauben, dass Männer Liebe und Romantik weniger bräuchten als sie.

16 ERFOLGREICHE MÄNNER UND JUNGE FRAUEN

Mehr als zwei Drittel aller Trennungen intimer Zweierbeziehungen gehen von Frauen aus. Frauen sind nicht aus freundlicher Grosszügigkeit mit Männern zusammen, sondern sie überlegen sich sehr genau, ob und mit wem sie das Bedürfnis haben, zusammen zu sein. In einer modernen und freien Gesellschaft verstehen Frauen sich selbstverständlich nicht als Anhängsel der Männer, dazu da, ihnen das Leben angenehm zu machen. Dank mutiger Feministinnen, die im letzten Jahrhundert mit der Hilfe von klugen Männern gegen Patriarchen und deren konservative Gattinnen die juristische Gleichstellung der Geschlechter erkämpft haben, können junge Frauen heute ihre Liebesbeziehungen nach eigenem Geschmack gestalten und ihr Sexualleben nach eigenen Vorlieben organisieren. Prüderie und Calvinismus haben in aufgeklärten Gesellschaften auf lange Sicht keine Chance mehr. Höchster Respekt sollte allen Frauen gelten, die unter Einsatz von Leben und Gesundheit weiterhin in undemokratischen Ländern für selbstverständliche Menschenrechte von Frauen kämpfen. In der Europäischen Union gibt es diesbezüglich nichts mehr zu tun.

Frauen machen von ihrer Freiheit regen Gebrauch. Wenn sie sich zu einem Mann hingezogen fühlen, lassen sie sich auf Intimitäten mit ihm ein, ohne gesellschaftliche Repressionen zu fürchten. Wenn er ungewöhnlich attraktiv erscheint, verlieben sie sich durchaus in ihn, ohne Hemmungen oder soziale Ängste zu empfinden. Wenn sie in einer Beziehung eine echte Zukunftsperspektive vermuten, entwickeln sie auch nachhaltige Liebesgefühle. Aber auch für unerreichbare Männer erlauben sie sich zu schwärmen. Und wenn sich die Chance auf eine leidenschaftliche Nacht mit einem besonders tollen Kerl bietet, lassen sie sich gelegentlich auch auf einen One-Night-Stand ein, selbst wenn sie wissen, dass sie den Typen hinterher nicht werden halten können. Soweit könnte man sagen, Frauen sind »normal« geworden. Sie haben eine gesunde Einstellung zu ihrem Körper, zu ihren Liebes- und zu ihren Lustgefühlen entwickelt. Frauen in Industriegesellschaften sind heute nicht mehr in existenziellen finanziellen Zwängen und müssen keine Beziehungen fortführen, die ihnen nicht gefallen. Sie können sich aus Bindungen jederzeit lösen. Und dieses selbstverständliche Recht nehmen Frauen häufig in Anspruch. Doppelt so häufig, wie Männer es tun. Frauen sprechen nicht selten davon, dass in einer Paarbeziehung Geben und Nehmen in einem ausgeglichenen Verhältnis stehen sollten. Eine Frau schaut sich sehr genau an, was ihr eine Beziehung bringt, was sie ihr nicht bringt, wie viel sie investiert, und wie viel sie dafür an positiven Gefühlen zurückerhält. Negative Gefühle, die sie mit einem Mann erlebt, rechnet sie gegen. Wenn die Kalkulation dauerhaft nicht stimmt, dann beendet sie die Beziehung. Frei und bewusst gewählte Partnerschaften sind schliesslich dazu da, dass man sich in ihnen wohl und wertgeschätzt fühlt, nicht dazu, dass man in ihnen gefangen bleibt oder sich ausgebeutet fühlen muss.

Nach einer Trennung, die von ihnen ausgegangen war, können Frauen oftmals sehr entschieden und differenziert darstellen, warum sie sich zu diesem Schritt entschlossen hatten. Sie erklären dann ganz selbstbewusst, warum die Beziehung in dieser Form nicht mehr in ihr Leben passte, warum der Mann nicht mehr der richtige war, was an seinem Verhalten nicht mehr mit ihren Vorstellungen zusammenpasste und warum ihre Sehnsüchte und Bedürfnisse mit ihm nicht erfüllbar waren. Der Mann, sein Verhalten und weitere für sie relevante Attraktivitätsparameter passten zu diesem Zeitpunkt also nicht mehr mit ihren Ansprüchen zusammen – ganz einfach. Es ist keineswegs so, dass eine sich trennende Frau sich damit ein für alle Mal von Männern und intimen Liebesbeziehungen als solchen verabschiedet. Nein, sie verabschiedet sich nur von diesem einen Mann. Sie will ihn nicht mehr. Dabei hat sie vielleicht sogar den nächsten Typen schon unmittelbar am Start. Der Unterschied zwischen dem alten und dem neuen Partner liegt einfach darin, dass der neue in ihr Gefühle in einem Umfang und einer Intensität entfacht, wie es der alte nicht mehr vermochte. Woran es genau liegt – ob der neue fantasievoller, kreativer, intelligenter, erfolgreicher, zärtlicher und romantischer ist, ob er eine bessere Zukunftsperspektive oder was auch immer bietet –, kann von Trennungsfall zu Trennungsfall ganz unterschiedlich sein. Das ist Sache der Frau und ihrer Emotionen. Niemand hat sich einzumischen. Sie entscheidet sich für den Mann, bei dem ihre Ansprüche in der Summe am besten befriedigt werden und bei dem sie sich am wohlsten fühlt. Gerade Frauen, die jung und attraktiv sind, trennen sich noch entschlossener und konsequenter als unattraktive und ältere Frauen. Das macht Sinn, denn sie sind in einer starken Position. Junge Frauen trennen sich sehr oft.

Von Männern geht statistisch nur eine von drei Trennungen aus. Viele Männer sind zu abhängig von der zuverlässigen Belieferung mit Sex, um sich von Frauen zu trennen, selbst wenn ihre Gefühle längst erkaltet sind. Das mag man traurig finden. Vielleicht wäre es viel aufrichtiger und ehrlicher, wenn sie der Frau nicht weiter etwas vormachen und ihr nicht länger ihre Zeit stehlen würden. Aber oftmals ist eben der Geist willig, das Fleisch aber schwach. Wer als Diätwilliger schon mal vor einer offenen Chipstüte gesessen hat, kennt das Problem mit dem schwachen Fleisch sehr gut. Die Angst der Männer, an der sexuellen Selektion zu scheitern, ist zu gross, um eine regelmässige erotische Beziehung einfach zu beenden, wenn nicht gleich eine sichere Anschlussbeziehung besteht. Das ist entgegengesetzt zur Situation von Frauen, deren Angst vor dem Scheitern an der natürlichen Selektion zu gross ist, um sich den täglichen Herausforderungen des Lebens mit einem Mann an ihrer Seite zu stellen, dem sie deren adäquate Meisterung nicht länger zutrauen. Daher gibt es bei Männern selbst in festen Beziehungen eine grössere Genügsamkeit, über die Frauen regelmässig entsetzt sind. Ähnlich wie Männer über die Konsequenz staunen, mit der Frauen Trennungen vollziehen können.

Männer sind in einer Zwickmühle aus Sollen und Können, die Frauen in dieser Weise nicht vertraut ist. Frauen werden schon wieder etwas finden, wenn sie sich trennen. Diese Gewissheit hat eine ganze Menge Männer nicht. So gesehen sollten sich Frauen über Männer freuen, die charakterlich so beschaffen sind, dass sie sich ihrerseits konsequent, unmissverständlich und endgültig trennen. Geben tut es die durchaus.

Die wenigen extrem attraktiven Männer, die Selbstvertrauen haben, sich ihrer eigenen Qualitäten bewusst sind und wissen, dass sie sich um ihre sexuelle Zukunft keine Sorgen machen müssen, trennen sich in der Tat konsequent. Wenn Frauen sich von attraktiven Männern abgeschoben fühlen, weil sie ihnen offenbar nicht mehr gut genug sind, können sie sehr giftig werden. Dann scheint ein Mann ein gefühlloser »Egoist«, ein »Arschloch«, ein »Checker« zu sein, der am Leid der armen verlassenen Frauen Schuld ist. Interessanterweise scheinen dagegen jene Männer, von denen sich Frauen getrennt haben, selbst Schuld zu sein, weil sie sich in einer Weise verhalten haben, die den Frauen nicht mehr gefiel. So funktioniert weibliche Attributionslogik.

Frauen wollen Männer, die wissen, was sie wollen. Sagen sie. Männer wissen sehr wohl, was sie wollen. Männer wollen junge, schöne, fruchtbare Frauen. Erfolgreiche Männer an der Spitze der Gesellschaft, die freie Auswahl haben, nehmen sich genau das, was Männer wollen. Weil sie die Möglichkeit dazu besitzen. Sie haben auffällig oft deutlich jüngere Frauen. Frauen wissen ebenfalls sehr wohl, was sie wollen. Frauen wollen einfallsreiche, erfolgreiche, einflussreiche Männer. Schöne und junge Frauen, die freie Auswahl haben, nehmen sich genau das, was Frauen wollen. Weil sie die Möglichkeit dazu besitzen. Sie haben auffällig oft Männer mit hohem oder höchstem gesellschaftlichen Status.

Ein Mann, der sich trennt, tut das, was eine sich trennende Frau ebenfalls tut. Er ist nicht aus freundlicher Grosszügigkeit mit einer Frau zusammen. Er überlegt sich genau, ob und mit wem er selbst das Bedürfnis hat, zusammen zu sein. Er versteht sich selbstverständlich nicht als Anhängsel einer Frau, dazu da, ihr das Leben angenehm zu machen. Er kann seine Liebesbeziehungen nach eigenem Geschmack gestalten und sein Sexualleben nach eigenen Vorlieben organisieren. Wenn eine Frau ungewöhnlich attraktiv erscheint, verliebt er sich in sie. Wenn er in einer Beziehung eine echte Zukunftsperspektive vermutet, entwickelt er auch nachhaltige Liebesgefühle. Selbstverständlich schwärmt er auch für unerreichbare Frauen. Wenn sich die Chance auf eine leidenschaftliche Nacht mit einer besonders tollen Frau bietet, lässt er sich selbstverständlich auf einen One-Night-Stand ein, selbst wenn er weiss, dass er die Frau hinterher nicht langfristig wird halten können. Eine unbefriedigende Beziehung kann er jederzeit beenden. Das ist sein selbstverständliches Recht. Er kann sich genau anschauen, was ihm eine Beziehung bringt, was sie ihm nicht bringt, wie viel er investiert, und wie viel er dafür an positiven Gefühlen zurückerhält. Aber auch, welche und wie viele negative Gefühle die Beziehung zu einer Frau in ihm freisetzt. Wenn die Kalkulation dauerhaft nicht stimmt, dann beendet er die Beziehung. Frei und bewusst gewählte Beziehungen sind schliesslich dazu da, dass man sich in ihnen wohl und wertgeschätzt fühlt, nicht dazu, dass man in ihnen gefangen bleibt oder sich ausgebeutet fühlen muss.

Wenn eine Beziehung in ihrer jeweiligen Form nicht mehr in sein Leben passt, wenn die Frau an seiner Seite nicht mehr die richtige ist, wenn ihre sinnlichen Reize nicht mehr mit seinen Vorstellungen zusammenpassen und seine Sehnsüchte und Bedürfnisse mit ihr nicht mehr erfüllbar sind, wenn also die Frau, ihr Verhalten oder andere für ihn relevante Attraktivitätsparameter zum entsprechenden Zeitpunkt in entsprechender Kombination nicht mehr mit seinen Ansprüchen zusammenpassen, kann ein Mann Konsequenzen ziehen. Selbstverständlich. Es ist keineswegs so, dass sich ein sich trennender Mann damit ein für alle Mal von Frauen und von intimen Liebesbeziehungen als solche verabschiedet. Nein, er verabschiedet sich nur von dieser einen Frau. Er will sie nicht mehr. Dabei hat er vielleicht sogar schon die nächste Frau unmittelbar am Start. Der Unterschied zwischen der alten und der neuen Partnerin liegt einfach darin, dass die neue in ihm Gefühle in einem Umfang und einer Intensität entfacht, wie es die alte nicht mehr vermochte. Woran es genau liegt – ob die neue wohlriechender, wohlschmeckender, schöner, jünger, ästhetischer, schlanker, vollbusiger oder blonder ist, ob sich ihre Haut und ihre Körperformen einfach glatter, straffer und praller anfühlen, sie eine bessere Fortpflanzungsperspektive oder was auch immer bietet –, kann von Trennungsfall zu Trennungsfall ganz verschieden sein. Das ist Sache des Mannes und seiner Emotionen. Niemand hat sich einzumischen. Er entscheidet sich für die Frau, bei der er seine Ansprüche in der Summe am besten befriedigt fühlt. Gerade Männer, die erfolgreich und einflussreich sind, trennen sich entschlossener und konsequenter als unattraktive und gesellschaftlich bedeutungslose Männer. Das macht Sinn, denn sie sind in einer starken Position. Sehr erfolgreiche Männer trennen sich oft.

Wovon gesprochen wird, wenn vom klischeehaft erfolgreichen Mann die Rede ist, der seine gealterte Partnerin auswechselt, ist die Ausnahme von der Regel. Die höchst seltene Ausnahme. Dass dieses Bild so allgegenwärtig ist, liegt nur daran, dass man – wann immer eine solche Trennung vorkommt – davon lang und breit in der Boulevardpresse lesen kann. Wenn Hollywoodstars wieder Single sind, steht es in allen bunten Blättchen. Wenn sie eine neue Liebesbeziehung mit einem attraktiveren Partner haben, ebenfalls. Die Boulevardpresse schreibt immer über die Dinge, mit denen bei impulsiven Lesern die grösste Empörung verursacht werden kann. Aber wie viele Hollywoodstars gibt es schon. Tatsache ist, dass es in der deutlichen Mehrheit die Frauen sind und bleiben, die Beziehungen beenden. Die Klage von alternden Frauen, dass Männer sich ja jederzeit eine jüngere Partnerin nehmen und die bisherige dann ausrangieren könnten, entspricht in den allermeisten Fällen einer unangemessenen Hysterie. Den meisten Männern im mittleren und reiferen Alter geht es kaum einen Deut besser als den gleichaltrigen Frauen. Im Gegenteil. Keine schöne junge Frau würde sich für einen mittelmässigen alternden Mann hergeben.

Auf einhundert Mädchen werden einhundertfünf Jungs geboren. Diese fünf Prozent Unterschied werden auch dadurch nicht so schnell ausgebügelt, dass junge Männer riskanter leben und mehr tödliche Unfälle bauen. Es gibt also mehr Männer als Frauen. Und bei Männerüberschuss gibt es immer auch mehr einsame Männer als einsame Frauen. Wenn alle Frauen mit einem Mann versorgt wären, bliebe immer noch ein Rest von zweieinhalb Prozent Männern übrig. Frauen müssen sich erst dann noch für wenige Jahre mit dem Alleinsein arrangieren, wenn sie in das Alter kommen, das über der Lebenserwartung von Männern liegt. Kurz vor ihrem Tod sind Frauen daher oft einsam, während ihre Männer bereits tot sind. Dafür bekommen Männer in ihrer Jugend früher Lust auf Sex, in einem Alter, in dem Zeit und Gefühle extrem verdichtet erlebt werden, in dem die Mädchen aber noch kaum Interesse an Sex haben – schon gar nicht mit gleichaltrigen Jungs. So gewöhnen sich die Jungs bereits früh an Einsamkeit, genau in der sehnsüchtigsten Lebensphase, in der es als am schmerzhaftesten empfunden wird. Die Einsamkeit einer alten Witwe oder alten verlassenen Frau dauert zwar länger als die eines Teenagerjungen, der weder Sex noch Zärtlichkeiten bekommt. In ihrer Qualität ist die Einsamkeit des Teenagerjungen allerdings um ein Vielfaches grösser.

Wenn ein erfolgreicher Mann sich tatsächlich zugunsten einer jüngeren von seiner alten Frau trennt, gibt es parallel zur verlassenen Partnerin auch mindestens einen jungen einsamen Mann, dem ein erfolgreicher Geschlechtsgenosse offenbar an Attraktivität überlegen ist und der ihm die Freundin ausgespannt hat. Junge, erfolglose und chancenlose Männer, deren soziale Aufstiegsmöglichkeiten gering sind, nerven ihr Umfeld weniger mit Gejammer und betreiben weniger Rufschädigung, als verbitterte reife Frauen das tun. Für die Boulevardpresse sind sie nicht sonderlich interessant. Von ihnen kann man höchstens im gesellschaftspolitischen Teil der seriösen Tagespresse lesen, wenn bei einem von ihnen mal wieder die Sicherungen durchgebrannt sind, und wenn diskutiert wird, was man mit den jungen, testosterongesteuerten, perspektivlosen männlichen Problemfällen aus der Unterschicht machen soll.

Wenn ein Mann, der sich bereits in fortgeschrittenem Alter befindet, ohne Hemmungen seinem Interesse für sehr junge Frauen nachgeht, behaupten ältere Frauen gelegentlich, dass er es wohl mit reiferen Frauen nicht mehr aufnehmen und sie nicht beeindrucken könne. Das ist so absurd, wie wenn erfolglose Männer Frauen vorwerfen würden, dass sie sich nur deshalb für Piloten, Ärzte und Richter interessieren, weil sie es mit mindergebildeten Männern nicht aufnehmen könnten. Wer als Mann schon mal versucht hat, eine Achtzehnjährige ins Bett zu bekommen, weiss, dass es selbstverständlich weitaus schwerer ist, diese zu beeindrucken, als eine Vierzigjährige. Wenn Frauen der Meinung sind, es sei negative Diskriminierung, wenn Männer junge und fruchtbare Frauen gegenüber älteren bevorzugen, haben sie noch nie darüber nachgedacht, welcher Diskriminierung es entspricht, wenn Frauen erfolgreiche Männer gegenüber erfolglosen bevorzugen. Wer egozentrisch ist und wem es an empathischen Fähigkeiten fehlt, der erkennt immer nur die Probleme der eigenen Perspektive.

Unattraktive Frauen sollten sich vielleicht weniger Gedanken über attraktive Männer und attraktive Frauen machen, als über unattraktive Männer. Denen geht es nämlich ähnlich wie ihnen. Aber für die interessieren sie sich nicht. Für die interessiert sich keiner. Über erfolgreiche Männer und junge Frauen muss man sich keine Sorgen machen. Schöne und junge Frauen wissen meistens sehr genau, was ihnen gefällt; es macht wenig Sinn, sie zu bevormunden oder zu beschimpfen. Und erfolgreiche Männer wissen ebenfalls sehr genau, was ihnen gefällt; es macht wenig Sinn, ihnen gegenüber gehässig oder rufschädigend zu sein. Unattraktive Männer haben dagegen nicht nur Probleme, sondern sie können auch sehr schnell selbst zum Problem für die Allgemeinheit werden, je nachdem, wohin ihr Frust sich kanalisiert. Das ist ein ernstes Thema.

17 SCHULDLOSE FRAUEN UND SCHULDIGE MÄNNER

Wer Kooperationspartner hat und sich mit ihnen je nach persönlichen Fähigkeiten Arbeit teilen kann, besitzt einen Vorteil gegenüber anderen, die alleine sind und sich selbst um alles kümmern müssen. Daraus ist die moderne Zivilisation mit spezialisierten Berufen entstanden. Wer mit einem zuverlässigen und leistungsfähigen Kooperationspartner arbeitet, ist im Vorteil gegenüber jenen, die mit einem unzuverlässigen und unfähigen Kooperationspartner auskommen müssen. Wer die Wahl zwischen zwei potenziellen Kooperationspartnern hatte und sich gegen jenen entschied, von dem bekannt war, dass er schon mal Mist verzapft hatte, und der sich stattdessen für jenen entschied, von dem ihm nichts bekannt war, hatte einen Vorteil gegenüber anderen, die sich für jenen entschieden, der bekanntermassen bereits Mist verzapft hatte. Ein negatives Image ist gegebenenfalls also schlechter als gar kein Image, wenn man erwählt werden möchte.

Aber ein Wählender verfügt nicht immer über alle Informationen. Manchmal muss er ganz auf das vertrauen, was andere von sich selbst behaupten, weil er keine andere Informationsquelle hat. Wer seinerseits glaubhaft Verantwortlichkeit für Misserfolge abstreiten kann, hat also gegenüber anderen, die es nicht können, einen Vorteil darin, als Kooperationspartner gewählt zu werden. Wer für Misserfolge verantwortlich ist, die Schuld dafür aber glaubhaft anderen in die Schuhe schieben kann, hat einen Vorteil gegenüber jenen, die es nicht können. Wer nicht für Erfolge verantwortlich ist, aber glaubhaft darstellen kann, dass er es doch ist, hat einen Vorteil gegenüber jenen, die es nicht können. Wer sowohl Glaubwürdigkeit ausstrahlt, geschickt täuschen kann als auch ein guter Selbstdarsteller ist, hat meist einen individuellen Vorteil gegenüber anderen, die darin nicht so gut sind. Der individuelle Vorteil bringt einem erst dann nichts mehr, wenn sich eigentlich unfähige, aber glaubhaft täuschende Selbstdarsteller in der Population derart erfolgreich ausbreiten, dass sie nicht mehr von den anderen durchgeschleppt werden können, sondern die Population zugrunde geht, weil sie nur noch aus unfähigen Mitgliedern besteht.

Aus dieser verhaltensökologischen Populationsevolutionslogik erklärt sich, warum Menschen heute zu dem neigen, was Psychologen als »Fremdattribution« und »Selbstattribution« bezeichnen. Menschen neigen dazu, ihre Erfolge narzisstisch auszuschlachten, wobei sie tendenziell eher über- als untertreiben. Sie betreiben dann Selbstattribution. Wobei jene glaubwürdiger sind, die mittels einer gekonnten Understatementmaskerade suggerieren können, dass sie bescheiden seien. In Misserfolgsfällen neigen Menschen hingegen dazu, sich als Opfer zu reklamieren, das aufgrund von äusseren Umständen oder dem Verhalten anderer Leute exakt so handeln musste, wie es gehandelt hat.

Hinzu kommt, dass Männer eher zu dem Glauben neigen, Ereignisse seien auf ihre eigenen Entscheidungen oder Fähigkeiten zurückzuführen, und andere hätten dabei allenfalls eine Nebenrolle gespielt. Frauen hingegen glauben oft, die Fähigkeiten und Entscheidungen anderer Personen wären mindestens ebenso massgeblich gewesen wie ihre eigenen, und sie selbst wären nur ein Zahnrädchen im Getriebe gewesen.

Bei Männern, die Misserfolg haben, gleichen sich beide Effekte aus. Eigentlich suchen sie die Fehler woanders als bei sich, wie es bei Misserfolg verlockend ist, andererseits glauben sie als Männer eben auch, dass es an ihnen selbst lag. Bei erfolgreichen Frauen gleichen sich die Effekte ebenfalls aus, nur spiegelverkehrt. Natürlich haben Frauen nichts gegen das erhebende Gefühl, etwas Grossartiges erreicht zu haben, aber sie versuchen immer auch, anderen Leuten von ihrem Ruhm abzugeben.

Ganz unerträglich können allerdings erfolgreiche Männer werden, die aus dann doppeltem Grund glauben, es hätte alles an ihnen gelegen. Und noch unerträglicher – weil ethisch höchst dubios – verhalten sich erfolglose Frauen, wenn sie völlig ausser Stande sind, Verantwortung für Misserfolge zu übernehmen, und sich permanent in einer exklusiven Opferrolle sehen.

Die Gründe für das unterschiedliche Geschlechterverhalten liegen im evolutionär ausselektierten weiblichen Herdentrieb einerseits und der männlichen Profilierungsneurose andererseits.

18 MÄNNLICHER UND WEIBLICHER STATUS

Paul McCartney hat es bestimmt leichter, Frauen ins Bett zu bekommen, als Tina Turner Männer. Ein Gabelstaplerfahrer hat es aber schwerer, Frauen zu beeindrucken, als eine Friseurin Männer. Für die Attraktivität von Paul McCartney ist massgeblich, welchen Beruf und welche Vermögensverhältnisse er hat, weniger wie alt er ist und wie er aussieht. Für den Gabelstaplerfahrer allerdings auch. Für die Attraktivität der Friseurin ist massgeblich, ob sie jung und hübsch ist; weniger welchen Beruf und welche Vermögensverhältnisse sie hat. Für Tina Turner allerdings auch.

Status ist etwas, dass man sich nicht selbst zuteilen kann – auch wenn sich jeder Mensch aufgrund seiner positiven Selbstillusionen als etwas besonderes vorkommt. Status vergeben die anderen, durch die Aufmerksamkeit und die Wertschätzung, die sie einem zubilligen. Egal, wie viel Urvertrauen und Selbstbewusstsein einem mitgegeben wurde, man kann kaum vermeiden, mehr oder weniger subtil zu spüren zu bekommen, welchen Status andere Menschen einem beimessen. Was man da zu spüren bekommt, kann je nach Zusammenhang ganz unterschiedlich sein. Wenn man ein hochdekorierter Wissenschaftler ist, hat man auf einer Fachkonferenz einen hohen Status und auf dem Fussballplatz einen schlechten, sofern man nicht auch noch hochgradig ballversiert, austrainiert und schlank ist. Als Fussballspieler einer Nationalmannschaft geniesst man auf und um dem Fussballplatz einen hohen Status, weil man gut darin ist, das Spielgerät auch aus hoher Entfernung genau in den Torwinkel zu treten; aber als Intellektueller gilt man normalerweise nicht. Zwar gibt es belesene Fussballspieler, wie es auch sportliche Wissenschaftler gibt, aber zu belesen oder zu sportlich werden sie jeweils schon nicht sein, denn sonst hätten sie beide vermutlich einen anderen Beruf ergriffen. Je nach Zusammenhang beruht Status also auf unterschiedlichen

Faktoren. In Warenhäusern für exklusive Kleidung und teure Luxusfahrzeuge hat derjenige den höchsten Status, der am kaufwilligsten ist und am meisten bezahlt, denn Geld sieht man nicht an, von wem es kommt und wie es erworben wurde. Im Krankenhaus hat hoffentlich derjenige den höchsten Status, der über das kompetenteste medizinische Wissen verfügt. In einem Flugzeug, in zehn Kilometern Höhe, haben weder Wissenschaftler noch Fussballspieler noch Milliardäre noch Ärzte einen sonderlichen Status, sondern derjenige, der weiss, wie man ein Flugzeug fliegt und sicher landet. Auf einer Oscarverleihung wiederum interessiert man sich für die angesagtesten Schauspieler, aber nicht dafür, von welchem Piloten sie hergeflogen worden sind. So besitzt jeder auf einem anderen Metier einen lokal höheren oder niedrigeren Status.

Aber wer hat nun in der Endabrechnung am meisten Status? Wer ist global am attraktivsten? Der Schauspieler, der Pilot, der Arzt, der Milliardär, der Wissenschaftler oder der Fussballspieler? Gibt es einen universellen Massstab? Hängt es davon ab, wer am häufigsten in der Zeitung steht ? Hängt es davon ab, wer die meisten Leute kennt? Oder geht es weniger um Quantität als um Qualität? Ist es also wichtiger, in welchem Zusammenhang man in der Zeitung steht, als wie oft, und wichtiger, wen man alles kennt, als wie viele? Oder zählt noch etwas ganz anderes?

Liebe ist den meisten Menschen das höchste Gut. Und grossartigen Sex wollen alle haben. Es ist ja auch nicht gerade unbedeutend, mit wem man Kinder in die Welt setzt und wen man gegebenenfalls heiratet. Vor allem die Kinder, die irgendwann Erwachsene sind, werden es ganz und gar nicht unwichtig finden, wer ihre Eltern sind. Jeder Mensch existiert nur, weil zwei ganz bestimmte Menschen sich zusammen fortgepflanzt haben. Sicher feststellen lässt sich das zumindest für den Körper. Bewusstseinsforschung vermag darüber bislang wenig auszusagen.

Wer der Hausarzt unserer Mutter war, von welchem Piloten sie durch die Gegend geflogen wurde, bei welchem Professor sie studiert hat und wessen Schauspiel- oder Fussballkünste sie mochte, ist uns weit weniger wichtig als die Tatsache, dass sie sich zur Fortpflanzung mit ausgerechnet unserem Vater entschlossen hat. Aus dem Rang auf dem Partnerfindungsmarkt geht also der alles entscheidende, ultimative Status hervor, um den es letztendlich geht. Jede andere Art von Status kann sich nur auf Nebenschauplätze beziehen. Wer eine Menge Frauen und wer davon noch die attraktivsten Exemplare ins Bett bekommt, der ist der tollste Typ. Und diejenige, um die sich die meisten und die attraktivsten Männer bemühen, ist die unwiderstehlichste Frau. Alle Menschen wollen toll und attraktiv sein. Und alle Menschen begehren ihrerseits tolle und attraktive Menschen.

Da Frauen umso begehrter sind, je fruchtbarer sie sind, verfügt eine neunzehnjährige Schönheit, die im Leben noch nicht viel geleistet hat, demnach prinzipiell über einen höheren Status als eine Wissenschaftlerin, Milliardärin, Ärztin, Pilotin, Schauspielerin oder Sportlerin. Das klingt fair, denn jede Frau ist in ihrem Leben mal neunzehn, aber nicht jede Frau ist irgendwann im Leben mal Pilotin oder Ärztin. Dadurch, dass nicht Beruf, sondern Alter und Fruchtbarkeit die Primärfaktoren sind, ergibt sich die Tatsache, dass jede Frau mal einen hohen und mal einen niedrigen Status hat. Daran gibt es nur wenig zu relativieren. Inwieweit sich Fruchtbarkeit und Schönheit in andere Faktoren umrechnen lassen, ist schwer zu beziffern. So mancher mittellose Mann würde sicherlich lieber eine dreissigjährige Milliardärin mit mittelprächtigem Äusseren ehelichen als eine mittellose neunzehnjährige Schönheit. Grundsätzlich ändert das aber nichts am Prinzip, dass Fruchtbarkeit der mit Abstand wichtigste und alles dominierende Attraktivitätsfaktor einer Frau ist. Bei Männern sieht es unübersichtlicher aus. Die Bewertung ihrer Attraktivität ist viel uneindeutiger, zumal sich Männer stärker voneinander unterscheiden, als Frauen sich voneinander unterscheiden; andererseits differieren die Geschmäcker von Frauen stärker voneinander, als die von Männern; Wahlimitationseffekte und ähnliches einmal ausgeblendet. Männer werden sich schneller darüber einig, welche Frauen attraktiv und welche unattraktiv sind, als Frauen darüber, welcher Mann attraktiv und welcher unattraktiv ist.

In der weiblichen Einschätzung ist Alter nicht so wichtig. Aber auch nicht völlig unwichtig. Ein vierzigjähriger Professor findet vermutlich mehr Frauen, die ihn attraktiv finden, als ein siebzehnjähriger Teenager, von dem man noch nicht mal weiss, mit welchem Schulabschluss er durchs Leben gehen wird. Der Professor hat sich bereits sehr vieles erarbeitet, während man über den Schüler keineswegs sagen kann, ob er später etwas vergleichbares wird leisten können. Der Professor verdient gutes Geld, hat sich ein wertvolles Netzwerk geschaffen und gute Gene bewiesen, denn dumm, unfähig und gänzlich unvernünftig kann er kaum gewesen sein, wenn er es so weit gebracht hat. Sich auf den Schüler und sein unsicheres Potenzial einzulassen, ist dagegen absolut spekulativ. Inwieweit der erhebliche Altersunterschied zwischen beiden sich aber zu Ungunsten des Professors und zugunsten des Schülers auswirkt, zieht komplizierte rechnerische Spekulationen nach sich. Es hängt davon ab, wie man Quantität und Qualität zueinander gewichtet. Der Professor hat sicher bei einer insgesamt grösseren Anzahl von Frauen Chancen, der Schüler aber womöglich bei den attraktiveren, weil bei den jüngsten und fruchtbarsten Frauen. Wer aus dieser Verschachtelung eine einfache Formel entwickeln möchte, dem kann man nur viel Erfolg wünschen.

Fünfzehnjährige Frauen finden durchaus häufig Männer bis zirka zwanzig interessant. Das ist zumindest nicht selten. Achtzehnjährige Frauen finden durchaus häufig Männer bis etwa fünfundzwanzig interessant. Das ist ebenfalls nicht selten. Zweiundzwanzigjährige Frauen finden durchaus häufig noch Männer bis fünfunddreissig interessant. Auch das ist nicht selten. Für die meisten fünfundzwanzigjährigen Frauen ist selbst vierzig kein unüberwindbar hinderliches Mannesalter, sofern es sich um ein echtes Prachtexemplar handelt. Als achtzehnjähriger Mann ist man für fünfundzwanzigjährige Frauen dagegen ziemlich uninteressant. Als Fünfundzwanzigjähriger ist man hingegen für fünfunddreissigjährige Frauen schon etwas interessanter. Soll man sich als Mann übers Älterwerden nun freuen, weil man potenziellen Zugang zu immer mehr Frauen bekommt, oder soll man sich ärgern, weil die Frauen immer unattraktiver, weil unfruchtbarer werden? Wenn es um Qualität geht, sind die Chancen eines Mannes, mit einer jüngeren Frau zu kopulieren, höher zu bewerten als die, dies mit einer älteren zu tun. Eine Kopulationsgelegenheit mit einer einzigen achtzehnjährigen Frau ist aus Fortpflanzungssicht womöglich wertvoller als mit einer ganzen Kohorte von Fünfunddreissigjährigen. So gesehen hat ein fünfundzwanzigjähriger Mann einen höheren Status als ein fünfunddreissigjähriger. Der fünfunddreissigjährige beneidet den fünfundzwanzigjährigen Mann zweifellos darum, dass der einfacher an achtzehnjährige Frauen herankommt.

Die optimale Kombination aus Alter, aus Formalbildung, aus Kontostand, aus Bekanntheit und Ruhm und so weiter, mit der man als Mann am attraktivsten ist, dürfte kaum ermittelbar und somit auch kein globaler Attraktivitätsmassstab sein.

Frauen wird nachgesagt, sie könnten ihren eigenen Status auf dem Partnermarkt besser als Männer den ihrigen einschätzen. Aber was Frauen nicht so alles nachgesagt wird. Vor allem, was sie sich selbst alles nachsagen, ist ganz erstaunlich. In den letzten Jahren klagen Frauen vermehrt darüber, dass es immer weniger gleichwertige Männer für sie gäbe, mit denen sie ernsthafte Lebenspartnerschaften eingehen könnten. Dass es immer mehr hochgebildete Frauen in verantwortungsvollen Führungspositionen gäbe, die um immer weniger Männer konkurrieren müssten, weil ihnen immer weniger hochgebildete Männer in verantwortlichen Führungspositionen gegenüber stünden. Was die Frauen da beklagen, würde bedeuten, es gäbe heute natürlich quantitativ zwar noch immer so viele Männer wie früher, nur seien die qualitativ nicht mehr so interessant. Nun, die Anzahl der Männer hat sich in der Tat nicht nennenswert verändert, und auch nicht ihre genetischen Anlagen. Frauen haben lediglich ihre Ansprüche erhöht und diskriminieren Männer heute stärker, als sie es früher taten. Frauen haben demnach kein Problem mit den Männern, sondern mit ihren eigenen Ansprüchen. Das ist ein wichtiger Unterschied. Wenn heutzutage weniger Männer eine tolle Karriere machen können als früher, weil die Zahl ihrer beruflichen Konkurrenten sich durch das Hinzukommen von Frauen auf den Arbeitsmarkt erhöht hat, ist dies das Ergebnis einer logischen mathematischen Konsequenz.

Es sind logischerweise weniger Männer, die so hohe Positionen erreichen und so viel Geld verdienen, wie es Männer früher vermochten. Aber deshalb verändern sich die Männer nicht dramatisch. Natur, Charakter und Persönlichkeit haben sich keineswegs gewandelt, nur weil Männern heute häufig Frauen bei einer Beförderung vorgezogen werden. Das einzige, was sich verändert, ist ihr durchschnittlicher beruflicher Status. Wenn heute weniger Männer als früher für Frauen interessant sind, obwohl sich weder die Populationsgrösse noch das evolutionär gewachsene Wesen der Männer erheblich verändert haben, dann können nur die Interessen der Frauen das Problem sein. Vielleicht gibt es nicht weniger interessante Männer, sondern weniger Frauen mit realistischen Vorstellungen von ihrer eigenen Attraktivität und dem, was ihnen ihrer Ansicht nach auf dem Partnermarkt zusteht.

Das Arbeits- und Berufsleben hat sich gewandelt. Auch Frauen wollen heute Karriere machen. Warum auch nicht? Es ist ein ganz selbstverständlicher Anspruch. Ebenso selbstverständlich sollten sich aber auch die Ansprüche an die Karriere des Lebens- und Liebespartners in vernünftigem Masse ändern. Nicht jeder Mann kann heute noch Karriere machen, schliesslich werden die Arbeitsplätze nicht zuletzt durch die auf den Arbeitsmarkt drängenden Frauen weniger. Frauen sollten daher mit einem geringeren beruflichen Status des Mannes vorlieb nehmen. Was Frauen allerdings tun, ist eher das Gegenteil. Unter den gegebenen Bedingungen ihre Ansprüche nicht abzuändern, das ist so, wie allesamt in einen Bus einzusteigen, in dem vorher fast nur Männer sassen, dann die Hälfte der Sitzplätze zu beanspruchen und sich schliesslich von seinem bequemen Sitzplatz aus darüber zu beschweren, dass nun weniger Männer sitzen als vorher.

Wenn Frauen ihre Ansprüche nicht nach »unten« ändern wollen, obwohl es immer weniger Männer gibt, die diese Vorstellungen formal befriedigen können, gibt es nichts, worüber sie sich ernsthaft beschweren könnten. Männer ändern ihr Interesse an blutjungen Frauen ja auch nicht, obwohl sie im Lauf des Lebens immer weniger Chancen bei ihnen haben. Männer beschweren sich allerdings auch nicht. Stattdessen werden Männer flexibler und passen ihre Ansprüche insofern an, als dass sie mit der Attraktivität von mittelmässigen und unterdurchschnittlichen Frauen nicht mehr so hart ins Gericht gehen. Männer führen durchaus auch Beziehungen zu älteren und weniger fruchtbaren, also unattraktiveren Frauen. Aus ganz pragmatischen Gründen. Schliesslich gibt es nicht in Hülle und Fülle achtzehnjährige Frauen für jedermann. Vielleicht sollten auch Frauen pragmatischer werden und Beziehungen zu Männern führen, die bezüglich Bildung, beruflicher Hierarchie und Vermögensverhältnisse andere Ausprägungen aufweisen als sie.

Wenn Frauen älter werden und ihre Männer sehnsüchtig hübschen Mädchen hinterher schauen, beschweren sie sich häufig über diese Neigungen. Männer klagen dagegen nicht über die Neigungen ihrer Frauen, ihre Neugier auf erfolgreiche und wohlhabende Männer zu richten. Trotzdem bekommen die Männer den Schwarzen Peter zugeschoben. Wenn immer weniger Männer attraktiv sind, da immer weniger von ihnen Karriere machen, weil sie es aufgrund mathematischer Gegebenheiten nicht mehr können, sehen Frauen ein Problem in den Männern. Darin, dass sie selbst nicht ewig jung bleiben und daher stetig unattraktiver werden, sehen Frauen hingegen kein Problem in sich selbst, sondern ebenfalls in den Männern und deren Geschmack. Dass Frauen in höherem Alter weniger attraktiv sind, liegt also an frischfleischsüchtigen Männern, dass erfolglosere Männer weniger attraktiv sind, liegt hingegen keinesfalls an statusgeilen Frauen.

Dass die eigenen Bedürfnisse nicht befriedigt werden können, ist also der Fehler des anderen Geschlechts, und dass die Bedürfnisse des anderen Geschlechts nicht befriedigt werden können, ist ebenfalls der Fehler des anderen Geschlechts. Diese weibliche Logik wird von Frauen beinahe universell auf alle erdenklichen Geschlechterfragen übertragen. Männer wenden diese Logik nicht an. Es ist doch ganz normal, dass Frauen älter werden. Und es obliegt den Frauen zu entscheiden, welche Männer sie attraktiv und welche unattraktiv finden. Männer beschweren sich über beides nicht. Über Geschmack lässt sich nicht streiten. Ein solches Verständnis, wonach es völlig normal ist, dass heute weniger Männer als früher attraktiv sind, und es Männern selbst obliegt zu entscheiden, was sie an Frauen attraktiv oder unattraktiv finden, haben Frauen nicht entwickelt.

Manche Frau verwendet gern und häufig den Begriff »Augenhöhe«. Je mehr beruflichen Status sie erwirbt, desto weniger Männer gibt es ihrer Meinung nach auf ihrer Augenhöhe, die mindestens einen ebenso hohen Attraktivitätsstatus haben. Es sind oft Frauen mit hoher und höchster Bildung, mit akademischen Graden oder grosser beruflicher Führungsverantwortung, die dergleichen äussern. Das ist so, wie wenn Männer sich einen persönlichen Fitnesstrainer, einen Ernährungsberater, einen Leib-und-Magen-Koch und einen Kosmetiker zulegen, ihrem Körper jeden Tag stundenlange Wellnessbehandlungen gönnen und sich dann irgendwann beklagen, dass es kaum noch Frauen auf ihrer Augenhöhe gäbe, die so schön aussähen wie sie. Solche Männer hätten zweifelsfrei völlig falsche Vorstellungen. So, wie zahlreiche moderne Karrierefrauen tatsächlich völlig falsche Vorstellungen haben.

Eine begehrte Frau kann realistischerweise nur erwarten, wer selbst ein attraktiver Mann ist. Die attraktiven und erfolgreichen Männer bekommen meistens, was sie wollen, nämlich fruchtbare Frauen. Die attraktiven und schönen Frauen bekommen meistens ebenfalls das, was sie wollen, nämlich erfolgreiche Männer. Frauen mit hoher Bildung, mit akademischen Titeln und mit grosser beruflicher Führungsverantwortung sind aber nicht die Frauen mit hohem erotischem Status. Zumindest dann nicht, wenn sie nicht auch hervorstechend fruchtbar aussehen. Aber beides zusammen, berufliche Karriere und Fruchtbarkeit, geht normalerweise nicht. Mit zunehmendem beruflichen Erfolg wird man nämlich auch zunehmend älter. Darum wird das Arbeiten mit Frauen für Männer mit steigenden Hierarchiestufen auch immer angenehmer, sachlicher und unkomplizierter, weil die Kolleginnen auf höheren Hierarchiestufen älter und unattraktiver sind. Männer werden mit

Steigen ihrer Hierarchiestufe daher immer weniger durch weibliche Schönheit von der Arbeit abgelenkt.

Immer mehr Frauen erreichen höhere Positionen und verdienen mehr Geld als früher. Aber deshalb verändern sich die Frauen nicht dramatisch. Schönheit und Fruchtbarkeit einer Frau wandeln sich dadurch nicht. Das einzige, was sich wandelt, ist die berufliche Position.

Menschen wollen sich nicht unter Wert verkaufen, sondern einen Fortpflanzungspartner, der auf dem Partnermarkt mindestens so viel wert ist wie sie selbst. Weniger für Männer als für Frauen ist die Vorstellung, dass sie sich unter Wert verkauft haben könnten, ein Horrorszenario. Problematisch für den Einzelnen und seine persönlichen Sehnsüchte ist es dabei natürlich, wenn er seinen eigenen Marktwert nicht richtig einschätzen kann. Das Selbstwertgefühl hilft zwar etwas bei der Einschätzung, wer eine Nummer zu gross und wer eine zu klein sein könnte. Aber während die meisten Männer wissen, dass sie, wenn sie eine unbedeutende berufliche Funktion einnehmen, für schöne Frauen unattraktiv sind, können sich älterwerdende Frauen mit ihrer wachsenden Unattraktivität selten abfinden, ohne missgünstig zu werden.

Wenn beruflich erfolgreiche Frauen nun glauben, sie seien attraktiv, weil sie über die Tatsache, dass sie selbst an Männern beruflichen Erfolg attraktiv finden, auch auf sich selbst schliessen, begehen sie einen gravierenden Empathiefehler. Es findet keine Einfühlung in das andere Geschlecht mit seiner anderen Prioritätensetzung statt. Solche Frauen sind ideale Opfer von Partnerschaftsagenturen und Internetpartnerbörsen, die ihnen einen Traumpartner in Aussicht stellen, anstatt ihnen den Kopf gerade zu rücken und ehrlich zu erklären, für welche Art von Männern sie tatsächlich interessant sind. Erfolgreiche Managerinnen und gebildete Akademikerinnen vergleichen sich mit erfolgreichen Managern und gebildeten Akademikern und sind unglücklich, wenn diese im Unterschied zu ihnen verheiratet sind und Kinder haben. Für einen Mann mit durchtrainiertem und wunderschön durchgestyltem Körper, der unzufrieden ist, nur weil die meisten schönen Frauen anders als er verheiratet sind, hätten erfolgreiche und gebildete Frauen dagegen nur ein Lächeln übrig.

Schönheit und ästhetische Körper bei Männern werden von Frauen zwar auch, aber eben bei weitem nicht so sehr nachgefragt wie andere Kriterien. Formalbildung, beruflicher Status und Finanzkraft bei Frauen werden von Männern auch, aber eben nicht so sehr nachgefragt wie Schönheit und Jugend.

Wer glaubt, etwas besseres verdient zu haben als das, was sich ihm seinerseits anbietet, lebt in einer Illusion. Man hat gar nichts verdient. Menschen entscheiden selbst, wen sie attraktiv finden. Niemand hat einen Anspruch darauf, von irgendwem attraktiv gefunden zu werden. Wer unbedingt attraktiv gefunden werden will, muss sich den Kriterien desjenigen unterwerfen, vor dessen kritischem Auge er bestehen möchte. Männer, die nicht alleine bleiben wollen, müssen sich mit der weiblichen Meinung über sie abfinden. Frauen, die nicht alleine bleiben wollen, sind von den entsprechenden männlichen Kriterien abhängig. Wer seine eigenen Massstäbe für besser hält, sollte entsprechend auch damit zufrieden sein, dass nur er selbst sich attraktiv findet. Wenn Frauen entscheiden, was ihnen an Männer gefällt und was nicht, tun sie das, egal ob es den Männern passt oder nicht. Wenn Männer ähnliches tun, sollten sich Frauen nicht über männliche Prioritäten beschweren. Jemand ist Richter in eigener Sache, wenn er sich selbst als attraktiv einstuft, nur weil er in einem Kriterium gut abschneidet, dem er selbst hohe Bedeutung beimisst, das für das andere Geschlecht aber irrelevant ist. Wenn ein Mann sich für attraktiv halten würde, weil er gut computerspielen kann und fände, dass auch Frauen ihn deshalb attraktiv finden sollten, würden diese darüber höchstens nach Herzenslust lachen. Selbstverständlich darf sich eine beruflich erfolgreiche Frau so toll finden, wie sie möchte, und ihre Ansprüche so hoch schrauben, wie sie will, aber niemand muss sie ernst nehmen, wenn sie in ihrem Leben nicht so recht glücklich ist.

Zynismus ist eine normale menschliche Reaktion. Er hilft dabei, sich von Dingen nicht zu sehr verletzen zu lassen. Frauen, die im Leben die bittere Erfahrung machen, dass bestimmte Männer keinerlei Interesse an ihnen haben, sondern immer nur »junge Dinger« anhimmeln, stehen auf der gleichen Ebene wie Männer, die voller Bitterkeit sagen, dass Frauen »statusgeil« sind und es bloss auf »Kohle« und gesellschaftlichen Ruf abgesehen hätten. Unmengen einsamer und verbitterter Männer, die keinerlei Chance auf intimen Kontakt mit einer Frau haben, müssen sich von lamentierenden Frauen, die über »sexgeile« und »oberflächliche« Männer wehklagen, die es angeblich nie ernst mit ihnen meinen, geradezu verhöhnt fühlen. Wenn eine Frau sich jahrelang überschätzt und zu lange an Männer rangeschmissen hat, für die sie über eine Affäre hinaus nicht attraktiv genug war, sollte ihr das Anlass geben, ihre Selbsteinschätzungsfähigkeiten zu hinterfragen. Wenn sie ihre Ansprüche auf das Niveau bringt, das sie sich tatsächlich leisten kann, findet sie vermutlich noch immer genug Männer, die bereit sind, mit ihr ein Kind zu zeugen. Das können sehr viele Männer umgekehrt kaum von sich behaupten.

Mit ihrer Selektion haben Männer Frauen im Laufe der Evolution so modelliert, dass sich verlässliche Attraktivitätsindikatoren herausgebildet haben, die man sofort erkennen kann. Welke Haut, hängende Brüste und Falten sind sehr aussagekräftig. Männer können Frauen ihre Fruchtbarkeit ganz gut ansehen, Frauen hingegen können Männern ihren Fortpflanzungswert nicht so leicht ansehen. Wenn einhundert Männer vor ihr stehen, von denen sie sich innerhalb von Sekunden einen für ein Date heraussuchen soll, ist eine Frau überfordert. Wenn die Männer auch noch nackt sind, kann sie noch nicht mal auf schicke Kleidung und gute Schuhe achten. Penisgrösse und ein austrainierter Waschbrettbauch mögen zwar interessant sein, sind in der Summe aller Attraktivitätsfaktoren aber zu unwichtig. Angezogen sind Männer aufschlussreicher als nackt. Eine Frau muss an die Gedanken der Männer gelangen, und an deren Gefühle. Und sie muss ihr Sozialverhalten beobachten. Sie bräuchte also erst eine Gelegenheit, die Männer in sozialer Interaktion zu erleben. Vor allem aber wüsste sie gerne, wie andere Frauen sich den Männern gegenüber verhalten und welche Meinung sie sich von ihnen bilden. Vorher kann sie kaum entscheiden.

Es gleicht sonst einem Lotteriespiel für sie. Angesichts der Dinge, die sie alle beachten muss, kann eine Frau gar nicht anders, als die zielstrebige Art, wie Männer Frauen einschätzen, für oberflächlich zu halten. Wenn sie aber selbst mit einer Laserpistole sofort für Klarheit sorgen könnte und nach Monaten des Suchens einem der ganz seltenen Einhundert-Prozent-Männer begegnen sollte, würde sie ohne Zögern auf den Mann zugehen, sich in seine direkte Nähe stellen, in anlächeln, ihm tief in die Augen schauen, ihren Körper in Szene setzen, an ihrer Kleidung zupfen, ihren Busen richten, viel Haut zeigen und auf Teufel komm raus seine Aufmerksamkeit zu gewinnen suchen. Sie würde alles daran setzen, mit ihm ins Gespräch zu kommen – egal, ob sie dadurch zu spät zu einem wichtigen Termin kommt und jemanden warten lässt. Alles andere wäre in dem Moment gänzlich unwichtig. Auch wenn der Mann sie einfach stehenlassen sollte, würde sie hinterherlaufen und nicht so schnell lockerlassen. Auch auf die Gefahr hin, dass er sich belästigt fühlt. Würde sie seine Handynummer oder seine Adresse in Erfahrung bringen, müsste er noch jahrelang damit rechnen, dass sie ihm Nachrichten schickt oder plötzlich an seiner Tür klingelt. Ihr Gehirn wäre durch eine extreme Dosis Dopamin angefixt und würde bei anderen, nur halbwegs tauglichen Männern, fürs erste nicht reagieren. An Männern, bei denen die Laserpistole nur fünfundachtzig Prozent anzeigt, würde sie in den nächsten Wochen völlig desinteressiert vorbeilaufen. Wenn der Einhundert-Prozent-Mann sie trotz aller Annäherungsversuche nicht attraktiv fände, würde sie in tiefe Zweifel verfallen. Sie könnte kaum glauben, dass er so attraktiv sein soll, wie es die Laserpistole anzeigt, wo er doch offensichtlich ein so schlechtes Urteilsvermögen besitzt und in ihr nicht die besondere Prinzessin entdeckt, die so ganz anders ist als die anderen.

Für wildfremde Männer, die an jedem beliebigen Ort und zu jedem beliebigen Zeitpunkt auf sie zukommen und ihr sagen, sie müssten sie sofort kennenlernen, haben Frauen wenig Verständnis. Obwohl sie wissen sollten, dass Männer eine eingebaute Laserpistole für weibliche Attraktivität besitzen. Wenn ihnen aufdringliche

Männer auf der Strasse hinterher laufen, fühlen sich Frauen extrem belästigt. Einfühlungsvermögen sieht anders aus. Ein männlicher Rockstar regt sich nicht über seine Groupies auf, wenn sie anhänglich und aufdringlich vor seinem Hotelzimmer herumlungern. Auch nicht über die extrem unattraktiven.

Wie könnte ein Szenario aussehen, bei dem jeweils einhundert Frauen und einhundert Männer aufeinander träfen, die alle an Fortpflanzung interessiert sind? Die beste Frau will ganz sicher den besten Mann haben. Die zweitbeste will aber auch den besten haben. Auch die drittbeste will den besten haben. Erst die Frauen auf den Plätzen fünf bis zehn sehen vielleicht ein, dass sie zwar attraktiv sind, mit den allerattraktivsten aber doch nicht mithalten können; und da der beste Mann bereits ausgelastet ist, machen sie sich nur noch auf den drittbesten Mann Hoffnungen. Die nächsten zehn Frauen, von Platz elf bis zwanzig, steuern auf einen der nächsten drei Männer zu – und so weiter, bis nach ganz unten. Grafisch dargestellt würde dabei eine sehr asymmetrische Figur erscheinen. Wenn man bei der einhundertsten Frau angekommen wäre, hätte man vielleicht noch nicht einmal die Hälfte der Männer erreicht. So ähnlich sähe die Wirklichkeit tatsächlich aus. So ähnlich sieht auch die Verteilung von Sex aus. Fast alle Frauen führen Liebesbeziehungen und haben Sex mit Männern aus der oberen Attraktivitätshälfte. Die unattraktivsten Männer bekommen fast nichts ab. Verständnis oder Mitgefühl können sie von Frauen nicht erwarten. Dazu sich zu überlegen, wie entsetzlich das Leben für diese Männer ist, haben Frauen weder Zeit noch Lust. Frauen sind zu sehr damit beschäftigt, sich darüber zu empören und zu echauffieren, wie sehr attraktive Männer auf Aussehen und Jugend achten und wie oberflächlich, traurig und romantikfrei das doch ist. Dass sie selbst oberflächlich sein könnten, wenn sie einen Diplom-Betriebswirt pauschal einem Klempner vorziehen, ohne die Charaktereigenschaften beider nachhaltig geprüft zu haben, auf diese Idee kommen die wenigsten Frauen.

Männer verpaaren sich durchaus auch nach »unten«. Sie blicken eher über ein bisschen Cellulite hinweg als Frauen über Erfolglosigkeit, fehlende Bildung und mangelnde finanzökonomische Potenz. Frauen erhalten aber regelmässig die Chance, auch von solchen Männern zumindest manchmal Sex zu bekommen, die sie für eine feste Beziehung niemals binden könnten. Männer haben keine derartige Möglichkeit. Die Gelegenheiten auf schnellen wohltuenden Sex verlagert sich eben zu den attraktiven Männern. Und dann wundern sich Frauen, dass attraktive Männer so oft fremdgehen.

19 MÄNNLICHE PREISKONSTANZ UND WEIBLICHER PREISVERFALL

Männer der Oberschicht sind zu beneiden. Von all jenen die nicht dazu gehören. Die sprichwörtlichen »Oberen Zehntausend« verlassen ihre Schicht meist ein Leben lang nicht. Wenn man einmal die richtigen Kontakte hat, in einflussreichen Kreisen verkehrt und einen gewissen Kapitalstock besitzt, aus dem man passiv Rendite ziehen kann, dann schmiert man nur selten völlig ab. Auch den Männern der oberen Mittelschicht geht es noch die meiste Zeit ziemlich gut. Männer mit Status ziehen magnetisch den Erfolg, das Geld, die Aufmerksamkeit und die Frauen an sich; was diese Männer vereinnahmen, muss zwangsläufig bei anderen fehlen. Die Männer der mittleren und unteren Mittelschicht haben schon ganz schön zu knabbern. Im Grunde ihres Herzens hängen sie, mehr oder weniger bewusst, ständig Träumen von grossartigem Sex und leidenschaftlichen Liebesbeziehungen zu wunderschönen Frauen nach. Nur leider drängen sich ihnen die Frauen nicht auf. Diese Männer stauben nur hier und dort mal erotische Erlebnisse ab. Die sozioökonomische Hierarchie ist nicht sehr durchlässig, und mit ihr ist es auch die sexuelle Hierarchie nicht.

Wer als Mann in ein gemachtes Nest mit allem Pipapo hineingeboren wurde, gilt als wohlhabender Sohn einer angesehenen Familie. Er besucht eine Privatschule, geht auf eine namhafte Universität, bekommt über gute Beziehungen einen sehr lukrativen Job und erbt eines Tages einen ordentlichen Batzen Vermögen. Wer dagegen in katastrophale Familienverhältnisse hineingeboren wird, wessen Eltern das Kindergeld für ihre eigene Lustbefriedigung und für Alkohol verschwenden, wer sich um sich selbst kümmern muss, dem fehlt der Turbo, um auf höhere berufliche Hierarchieebenen zu gelangen. Wofür reiche Söhnchen eine Sekretärin, einen Verwalter oder einen Berater haben, darum muss sich ein Unterschichtenmann selbst kümmern. Während er seine energieraubende Steuererklärung selbst ausfüllt, laden die reichen Söhnchen ihre Akkus bei Rotwein im Edelrestaurant oder beim Sex mit einer attraktiven Schönheit wieder auf. Wer arm ist, verbringt viel Zeit mit stupider und frustrierender Arbeit. Wer wohlhabend ist, verbringt viel Zeit mit Zerstreuung und Kreativität. Wer als Wohlhabender hart arbeitet, der tut es nur, weil er sich einen Job aussuchen konnte, der ihn mit höchster intrinsischer Motivation erfüllt. Wer aus einfachen Verhältnissen stammt, verbleibt dort meistens ein Leben lang. Entsprechend wenig Sex hat er. Zugang zu attraktiven Frauen bestimmt sich eben primär nach sozioökonomischen Parametern. Jammern hilft da gar nichts. Darum jammern Männer auch wenig. Ihr Frust kanalisiert sich eher in Depression oder Gewalt.

Als Mann gehört man also entweder zu den Gewinnern oder zu den Verlierern – und bleibt es im Regelfall ein Leben lang. Im Übergangsbereich befinden sich jene Männer, die sich in ihren Tagträumen zu den Siegern zählen, in Wirklichkeit aber eigentlich ebenfalls verkappte Verlierer sind. In der Mitte finden sich die Leistungsträger der Gesellschaft. Sie ackern fleissig vor sich hin, weil gelegentlich ein paar Brocken Luxus für sie abfallen, die sie an jener Schwelle zur Oberschicht schnuppern lassen, von deren Überschreitung sie ständig träumen. Sie stellen sie sich als Pforte ins Elysium vor, hinter der jede Menge junger nackter Schönheiten auf sie warten. Letztlich fällt für sie aber nicht annähernd so viel Sex ab, wie es ihre Bedürfnisse verlangen. Die Mitte ist die Kuh, deren Arbeitskraft abgemolken wird und die dafür, dass sie ihre Kraft und ihre Gesundheit investiert, von der Oberschicht mit ein paar gelegentlichen Belohnungen abgespeist wird, die ihren Hunger wach halten. Am Verhältnis von Investition und Rendite ihrer Ressourcen gemessen, ist nicht die Unter-, sondern die Mittelschicht der wahre Verlierer. Das Prinzip hat schon Karl Marx (1818–1883) durchschaut, nur war sein Sexualtrieb offenbar nicht ausgeprägt genug, um zu erkennen, dass der Faktor »Sex« noch viel entscheidender ist als der Faktor »Produktionsmittel«. Sofern man Sex nicht ohnehin zu den Produktionsmitteln hinzuzählen möchte, da Männchen aus ihm überhaupt erst ihre Arbeitsmotivation beziehen.

Bei Frauen gibt es in dem Sinne keine Verteilung nach Ober- und Unterschicht, sondern nur jüngere und reifere Frauen. Keine von ihnen ist ein Leben lang Oberschichten- oder Unterschichten- frau, aber jede von ihnen ist mal jung und mal reif. Das Gefühl, einen Raum zu betreten und zu spüren, wie sich alle männlichen Augen im Raum ihr zuwenden, kennen fast alle jungen Frauen. Das Gefühl lieben sie. Schönheit vergeht aber. Makellose Haut, Sanduhrfigur und perfektes Bindegewebe ver- schwinden irgendwann hinter Falten und Hüftspeck. Jede Frau macht die Erfahrung, dass die Aufmerksamkeit der Männer zu jüngeren Frauen abwandert. Das Gefühl tut ihnen enorm weh. Es ist also keine Frau ihr Leben lang entweder eine Gewinnerin oder eine Verliererin, sondern fast jede gehört mal zu den Begehrten und mal zu den Nichtbegehrten. Dass Frauen beim Älterwerden unattraktiver werden, ist nicht ungerecht, sondern Abbild einer solidarischen Aufteilung unter den Frauen.

Ist es nun besser, als Frau geboren zu sein, die den Staffel- stab irgendwann an eine jüngere übergibt, oder als Mann, der den Staffelstab entweder lebenslang oder niemals in den Händen hält? Es ist die alte Frage von Alles-oder-Nichts, beziehungsweise halbe- halbe. Frauen machen halbe-halbe, Männer riskieren das Nichts, um das Doppelte zu bekommen.

Es mutet tragisch an, dass das Bankenparadoxon im Leben an den fiesesten Stellen zuschlägt. Wer einen Kredit am dringendsten braucht, dem geben Banken die schlechtesten Konditionen. Und so sieht es in der Liebe zwischen den Geschlechtern aus. Eine jun- ge Frau sollte sich nicht dem erstbesten Kerl an den Hals werfen, sondern Fortpflanzungskandidaten sorgfältig prüfen und so lange auf die Folter spannen, bis sich die Spreu vom Weizen trennt. Junge Frauen flirten lieber unverbindlich, beobachten Männer sehr neu- gierig, machen sich viele Gedanken über den Aufbau ihres Sozial- verbunds und darüber, wer angesagt ist und wer nicht, wer mit wem etwas hat oder hatte und wer von wem einen Korb kassiert hat. Junge Frauen verschaffen sich damit einen Überblick über amouröse und erotische Marktwerte, damit sie die attraktivsten

Männer identifizieren können. So viele Kandidaten wie in ihren jungen Jahren werden später nicht mehr bei ihnen Schlange stehen. Und genau deshalb sollten sich Frauen, je älter sie werden, desto weniger Chancen entgehen lassen. Und deshalb entwickeln sich ihre Bedürfnisse, wie sie sich entwickeln. Je älter Frauen werden, desto mehr Freude haben sie am Sex, desto lustvoller können sie sich beim Sex hingeben, und desto mehr Spass haben sie auch an Spontansex und Affären. Genügten ihr als junge Frau die vielen begehrlichen Blicke der Männer, um ihren Narzissmus zu befriedigen, braucht eine ältere Frau mehr körperlich spürbare Bestätigung. Lüsterne Blicke von Männern sind dann ja nur noch ein seltenes Ereignis.

Dem steht bei Männern ein eher umgekehrter Verlauf gegenüber. Teenagerjungs haben kaum Chancen auf Sex, denken aber ununterbrochen daran, haben wegen jeder Kleinigkeit Erektionen und onanieren ohne Unterlass. In ihren mittleren Jahren wachen Männer dann bereits häufiger ohne als mit Morgenerektion auf und denken mehr ans Arbeiten als an Sex. Ihnen treibt nicht mehr jeder tiefe Ausschnitt den Schweiss auf die Stirn. Evolutionär erfolgreich waren eben vor allem jene Männer, die in jungen Jahren tatkräftig und erfolgreich die sexuelle Selektion bewältigten, sich in mittleren Jahren dann aber fürsorglich ums Überleben ihres Nachwuchses kümmerten, also verstärkt die natürliche Selektion bekämpften. Im fortgeschrittenen Alter ist Männern daher sogar häufig ein gutes Glas Wein oder ein schmackhaftes Essen lieber, als sich den Stress des Flirtens anzutun. Erfolgreiche Männer haben es dann nicht mehr nötig, auf Partys und in Diskotheken herumzulungern und sich anzupreisen. Und erfolglose Männer besitzen dann nach all den frustrierenden Körben, die sie im Leben bekommen haben, keine Kraft mehr, um sich in Schale zu werfen. Das macht sich entsprechend bemerkbar. In mittlerem und reiferem Alter sind es Frauen, die lamentieren, dass sich viele Männer abends kaum noch von ihrer Fernsehcouch erheben und aus dem Haus gehen wollen, während es in Diskotheken mit jungem Publikum vor allem Jungs sind, die sich die Nächte um die Ohren schlagen. Im mittleren Alter tummeln sich auf Speeddating-Events und Singlereisen bereits doppelt so viele Frauen wie Männer, während die eMail-Postfächer junger Mädchen auf Datingplattformen im Internet aus allen Nähten platzen – und die vieler Jungs unterdessen verwaisen. Junge Frauen sind in ihrer glücklichsten Lebensphase, junge Männer in ihrer unglücklichsten. Junge Frauen bekommen jeden Wunsch von den Augen abgelesen, junge Männer erleben am laufenden Band Frustration. Männliche Teenager begehen mehr als zehnmal so häufig Suizid wie weibliche Teenager. Das Glücksempfinden der Geschlechter gleicht sich aber immer mehr an, bis die Männer die Frauen in der Mitte des Lebens überholen.

Das weibliche Glück hält sich bis Anfang dreissig auf einem relativ hohen Niveau, bis die Unverheirateten – sofern sie noch nicht Mutter geworden sind – Torschlusspanik bekommen, und bis die Verheirateten gemerkt haben, dass die Ehe nur selten das hält, was ihnen Kleinmädchenillusionen versprochen hatten. Von da an sinkt der weibliche Glückspegel steil ab. Sobald eine Frau Mutter ist, investiert sie die Ressourcen, die sie als junge Frau eisern bewacht hat, in ihren Nachwuchs. Das ist erschöpfend. Wenn die Kinder aus dem Haus sind, haben viele Frauen das Gefühl, alles von sich gegeben zu haben, und fürchten darum, ob ihre Kinder auch zu schätzen wissen werden, was sie alles für sie getan haben.

Männer werden im Laufe der Jahre glücklicher. Sogar bei den erfolglosen Männern reduziert sich zumindest das Unglücklichsein. Im Lauf der Jahre verlieren sie immer mehr das Interesse an Frauen, was ihrer Gesundheit und ihrer Ausgeglichenheit sehr gut tut. Sie kümmern sich vermehrt um andere Hobbys, anstatt ununterbrochen an Brüste zu denken. Ihren grösser werdenden Finanzspielraum nutzen sie dazu, sich materielle Bedürfnisse zu erfüllen, die als junge Männer noch weit von ihnen entfernt waren. Was Frauen wollen und wie sie ihnen besser gefallen könnten, interessiert reife Männer nicht mehr. Sie lassen sich nicht mehr von der Frage verrückt machen, wie sie es Frauen recht machen könnten. Letztlich nehmen ältere Männer mit Genugtuung zur Kenntnis, dass viele gleichaltrige Frauen nun ähnlich einsam sind, wie sie es als Teenager selbst waren. Das versöhnt viele von ihnen. Da schmecken Rotwein und Zigarre gleich viel besser.

Zufriedenheit ist das Ergebnis eines Soll-Ist-Vergleichs. Zufriedenheit bestimmt sich danach, wie sich Anspruch und Wirklichkeit zueinander verhalten, wie gross gegebenenfalls die Lücke zwischen beiden ist, und auf welcher Seite des Bruchstrichs sich die Lücke befindet. Um zufriedener oder weniger unzufrieden zu werden, muss entweder das Ist steigen oder das Soll sinken. Wenn das Ist sinkt oder das Soll steigt, geschieht das Gegenteil. Frauen werden im Lauf der Zeit relativ unzufriedener, weil ihre Bedürfnisse immer weniger befriedigt werden, weil also ihr Ist sinkt. Männer werden relativ zufriedener, weil ihre Bedürfnisse immer weniger werden, weil also ihr Soll sinkt. Männer werden mehrheitlich bereits früh desillusioniert und lernen, dass sie nicht alles haben können – schon gar nicht alle Frauen. Frauen merken erst viel später, wie viele Türen ihnen als junge Mädchen ursprünglich offen gestanden haben, und wie sich diese im Lauf des Lebens nach und nach unaufhaltsam schlossen.

Das Verhalten von Eltern entspricht der Situation ihrer Kinder. Mahnen sie ihre sechzehnjährige Tochter noch eindringlich, sich nicht vom Falschen schwängern zu lassen, stellen sie ihrer dreissigjährigen Tochter bereits sorgenvoll die unangenehme Frage, wann sie denn endlich zu heiraten gedenke. Junge Männer bekommen von ihren Vätern dagegen eingetrichtert, frauentechnisch alles mitzunehmen, was sie kriegen können, und Mütter freuen sich, wenn sich junge hübsche Mädchen am Zimmer ihres Sohnes die Klinke in die Hand geben. Väter und Mütter machen sich aber grosse Sorgen, wenn der Junge keine »abkriegt«. Erwachsene Männer werden von ihren Eltern hingegen in Ruhe gelassen, denn wenn der Sohn erfolgreich bei Frauen ist, gibt es ja keinen Anlass zur Sorge, und wenn er erfolglos ist, muss man nicht auch noch in seinen emotionalen Wunden herumbohren.

Ein Abraham Lincoln (1809–1865) zugeschriebenes Zitat lautet: »Willst Du den Charakter eines Menschen erkennen, so gib ihm Macht!«

Menschen, die keine Macht haben und niemals welche hatten, können grossmäulige Geschichten davon erzählen, welch grossmütige Kaiser und Könige sie doch abgeben würden. Bei gänzlich machtlosen Menschen ist es kein Wunder, wenn sie sich kooperativ, kompromissbereit und nachgiebig verhalten. Interessant ist allerdings, wie sehr sich der Charakter von Menschen manchmal ändert, sobald sie plötzlich zu Macht kommen. Und umgekehrt ist interessant zu beobachten, wie Menschen, die ihre Macht verlieren, immer demütiger und bescheidener werden. Man müsste jedem Menschen mal für einen Tag höchste Macht geben, ohne ihm zu sagen, dass es nur für vierundzwanzig Stunden sein wird, um zu erkennen, wie sein wahres ethisches Wertekonzept beschaffen ist.

Wenn Frauen jung und schön sind, haben sie eine gewaltige Macht. Die Männer schmelzen vor ihnen dahin und sind Wachs in ihren Händen. Dementsprechend schwelgen die meisten von ihnen in selbstgerechten Prinzessinnenillusionen und gehen auf teilweise unfassbar gedankenlose und gleichgültige Weise mit den Gefühlen von Männern um. Wenn man diesen Frauen beim Älterwerden zuschaut, lässt sich meist auch sehr gut beobachten, wie sie immer verständnisvoller, einsichtiger, offener und aufgeschlossener werden. Wer wirklich sichergehen möchte, dass er keine Opportunistin, sondern eine Frau mit wahrhaft edlem Charakter an seiner Seite hat, sollte sich daher eine blutjunge Schönheit auf dem Höhepunkt ihrer Attraktivität suchen und sie, wenn sie sich tatsächlich auch noch als liebeswürdiges Goldstück erweist, nie wieder hergeben.

Ebenso wie jede Frau, solange sie über ein Fünkchen Selbstachtung verfügt, einem Mann, der ihr noch die kalte Schulter zeigte als er grossen beruflichen Erfolg hatte, viel Geld verdiente, gesellschaftliche Aufmerksamkeit und Anerkennung genoss, der später aber, sobald er seinen Job, seine soziale Reputation und all sein Geld verloren hat, vor ihr auf den Knien rutscht, sie anfleht, dass er früher ja so blind gewesen sei, nicht erkannt habe wie wundervoll sie doch wäre und sie seine Liebe doch erhören möge, die Tür weisen wird.

20 MÄNNLICHE LEBENSERWARTUNG UND WEIBLICHE LEBENSERWARTUNG

Frauen leben länger als Männer. Der höhere Aufwand, den Männer im Leben betreiben, um attraktiv für das andere Geschlecht zu sein, die weiteren Wege, die sie gehen, um Sex zu finden, die aggressiveren Auseinandersetzungen, die sie untereinander bestreiten, um Sieger zu sein, die häufigeren verletzenden Zurückweisungen, die sie von Frauen bekommen, sämtliche höheren Risiken, die sie eingehen müssen, und die grösseren Testosteronmengen, die ihre Körper zu verkraften haben, fordern Tribut. Frauen teilen sich ihre Kräfte über eine längere Dauer ein; sie werden schlicht länger gebraucht. Grossmütter waren in der Evolution sehr wichtig, Grossväter hingegen schnell lästig. Frauen, die all ihre Kräfte in kurzer Zeit verbrauchten, erwiesen sich in der Evolution als nicht nützlich. Männliche Helden, die all ihre Lebenskraft auf einen kurzen Zeitraum zusammenballen konnten, waren in der Evolution dagegen sehr nützlich. Hollywoodfilme mit draufgängerischen weiblichen Actionhelden einerseits und »vernünftigen«, um ihre Ressourcen bedachte Männern andererseits will niemand sehen.

Jeder Kraftsportler weiss, dass Schnellkraft und Kraftausdauer nicht gleichzeitig ohne gegenseitige Einschränkung möglich sind. Man kann nicht gleichzeitig Leichtathletikolympiasieger über einhundert und über zehntausend Meter sein. Männer verlegen sich daher eher aufs explosive Sprinten. Frauen müssen hingegen keine Maximalkraftleistungen erbringen, sondern kontinuierliche und zuverlässige. Sie werden länger gebraucht. Der Beitrag fast jeder Frau ist nützlich für die Population. Jede bekommt entsprechend auch Fortpflanzungsoptionen. Männer werden nicht so lange gebraucht. Und sie sind ersetzbar. Für jeden verbrauchten männlichen Helden steht jederzeit eine Handvoll Nachrücker in den Startlöchern.

Um attraktiv zu sein, mussten Männer in der Evolution regelmässig alles aus sich herausholen, damit sie besser waren als andere. Nur die leistungsfähigsten Männer werden von der Population gebraucht. Nur die guten bekommen Fortpflanzungsgelegenheiten. Männer leben daher kürzer. Es sei denn, sie sind Mönche. Mönche haben eine ähnliche Lebenserwartung wie Nonnen. Der Nutzen von schwachen Männern besteht allenfalls darin, dass sie mit ihren kläglichen Anstrengungen dafür sorgen, dass die starken weiterhin zu Leistung angespornt werden, um die schwachen auf Distanz zu halten.

Die strikte Askese im Leben von Mönchen beinhaltet insbesondere Enthaltsamkeit von Sex. Mönche machen sich kaum Sorgen um ihre Chancen bei Frauen. Mönche leiden keine Höllenqualen beim Anblick eines hübschen Dekolletees, in das sie leider nicht nach Herzenslust hineingreifen dürfen. Mönche gehen nicht nach Diskothekbesuchen, bei denen sie haufenweise halbnackte Frauen sahen, tief frustriert alleine nach Hause. Mönche haben sich erfolgreich von Adrenalin und Dopamin entwöhnt, nach dem Männer sich üblicherweise so dringend sehnen. Mönche betreiben keine Extremsportarten und trinken kein Alkohol, um damit ausbleibenden Erfolg in der Liebe zu kompensieren. Mönche spekulieren auch nicht so lange an der Börse oder zocken im Spielkasino, bis sie ein nervliches Wrack sind. Mönche konkurrieren nicht sonderlich miteinander, weshalb ihre Testosteronproduktion geringer ist. Mönche leben gesünder. Es ist hauptsächlich die Jagd danach, für Frauen als Sexpartner infrage zu kommen, die Männer Jahre an Lebenszeit kostet.

Das höhere Risikoverhalten von Männern führt nicht nur dazu, dass sie jünger und häufiger tödlich verunglücken, sondern es findet bei ihnen permanent eine höhere Ressourcenverschleuderung statt. Eine Kette ist nur so stark, wie ihr schwächstes Glied. Und Gesundheit hält nur so lange, bis das am meisten beanspruchte Organ hinüber ist, auch wenn andere Organe noch blendend intakt sind. Während Frauen aufmerksam in ihren Körper hinein hören und bei Bedarf den einen oder anderen Gang zurückschalten, fahren Männer in gleicher Situation weiter mit Vollgas am Anschlag. Männer erkennen körperliche und psychische Warnsignale viel später und häufig erst dann, wenn schon reichlich Schaden angerichtet ist. Männer stehen ständig unter Strom. Männer brauchen ständig Dopamin, es sei denn, sie verfügen bereits über ein restlos befriedigendes Sexualleben. Aber wie viele Männer haben das schon?

Neben der sich deutlich von Frauen unterscheidenden quantitativen und qualitativen Investition von Lebensenergie haben Männer grundsätzlich das Problem, dass sie das extremere Geschlecht mit den flacheren Verteilungsfunktionen und breiterer Streuungen in den meisten Messparametern sind. Fehler, Störungen und Defekte – aufgrund von Mutationen in alle Richtungen – treten bei ihnen häufiger auf. Das ist sowohl Ursache dafür als auch Ergebnis davon, dass Frauen sie sexuell strenger selektieren. Einerseits meiden Frauen eigenartige Freaks wie der Teufel das Weihwasser, andererseits suchen sie immer das »Besondere«. Letztlich darf ein Mann kein ununterscheidbarer farbloser Durchschnittstyp sein, denn dann ist er völlig uninteressant. Sogar durchschnittliche und unterdurchschnittliche Frauen sind mit durchschnittlichen und unterdurchschnittlichen Männern kaum zufrieden. Sie bleiben lieber alleine, als sich mit einem durchschnittlichen oder unterdurchschnittlichen Mann abzufinden.

Die Evolution diversifiziert im weiblichen Paarungsschema die männlichen Eigenschaften so, wie ein guter Kapitalanleger dies mit breiter Wertpapierstreuung macht. Sobald Männer herausragende Leistungen welcher Art auch immer vollbringen, werden sie sozusagen von der sexuellen Selektion ins Gendepot gelegt. Frauen sind gegenüber männlichen Extremen zwar grundsätzlich misstrauisch, da sie vorher ja nicht wissen, welche Mutationen sich als nützlich und welche als schädlich erweisen, aber alle die, deren Mutationen wahrscheinlichkeitsmathematisch starke Indizien auf Nützlichkeit geben, werden im Genpool beibehalten.

Wenn eine Frau beim Sport im Eifer des Gefechts einen Schlag oder einen Tritt abbekommt, bleibt sie typischerweise stehen und fasst sich an die schmerzende Stelle. Das ist grundsätzlich vernünftig. Andere Frauen fragen sofort, wie es ihr geht und ob bei ihr alles in Ordnung ist. Männer bemerken die eigenen Verletzungen dagegen meistens nicht. Sie kommen vom Fussballplatz und stellen plötzlich mit Überraschung fest, dass sie irgendwo bluten. Einen Tag, nachdem sie Fussball gespielt haben, entdecken Männer blaue Flecken an ihrem Körper, deren Herkunft sie sich nicht erklären können. Wer in der Evolution auf der Jagd nach einem wilden Tier über Stock und Stein durch Unterholz rannte, hatte einen Selektionsnachteil, wenn er zu schmerzempfindlich war. Schmerzempfindlichkeit, die grundsätzlich vor schweren Beschädigungen bewahrt, hat sich bei Frauen sensibel entwickelt. Bei Männern ist sie schwächer ausgeprägt. Männer fahren in Kampf- und Jagdsituationen so viel Adrenalin hoch, dass sie sich zuerst um Vernichtung des Gegners und erst dann um eigene Wehwehchen kümmern. Das bot evolutionäre Vorteile. Wer seit drei Wochen mit knurrendem Bauch durch die Gegend streifte, musste sehr ökonomisch mit seinen Kräften umgehen. Wenn man sich fürs Kämpfen entschieden hatte, sollte man sich erstens seiner Sache sehr sicher sein und sie zweitens bis zum Ende durchziehen. Wer erst loslegte, dann aber früh wieder aufgab, hatte zwar Ressourcen investiert, bekam seine Depots aber nicht mit Nachschub versorgt. Also gaben Männer im Kampf alles, was sie hatten und liessen sich nicht von Nebensächlichkeiten ablenken. Wer nichts erlegte, drohte nicht nur zu verhungern, sondern wurde bei seiner Heimkehr auch nicht mit Sex belohnt. Männer, die sich in der natürlichen Selektion als nutzlos erwiesen, wurden von der sexuellen Selektion gnadenlos ausgesiebt. Das heutige Resultat sind Männer, denen Leistung vor Gesundheit geht. Dass Männer sich nachlässiger als Frauen um ihre Altersvorsorge kümmern, solange sie noch nicht einmal wissen, ob sie die sexuelle Selektion überstehen, ist logisch und vernünftig. Geld verprassen, um damit Sexualpartner zu beeindrucken, ist besser, als es für ein Leben in Einsamkeit anzusparen. Ein Leben ohne Sex ist für Männer nicht lebenswert. In kurzfristige Prahlerei und Protzerei zu investieren, war für Männer in der Evolution weitaus vernünftiger, als langfristig etwas beiseite zu legen.

Es sind nicht nur die kleinen Kratzer, die Männer zunächst nicht bemerken. Sie können sämtliche Schwer- und Schwerstverletzungen – von klaffenden Wunden bis zu üblen Verbrennungen – besser aushalten, als Frauen es vermögen. Die Legende von den unglaublichen Geburtsschmerzen einer Frau während der Entbindung existieren nicht etwa, weil die Schmerzen tatsächlich so gross wären, sondern weil Frauen einfach viel sensibler auf Schmerzen reagieren. Die Schmerzen des Geburtsvorgangs haben schon hunderte Milliarden Frauen und Aberbilliarden Weibchen anderer Säugetierarten überstanden. Dass Männer bei minimalen Gesundheitsbeeinträchtigungen wehleidiger reagieren, ist lediglich ein Schutzmechanismus. So konnten sie verhindern, dass sie zu früh – noch bevor sie vollständig auskuriert waren – wieder zum Aufbruch in Kampf und Jagd gedrängt wurden. Und sie konnten damit die Fürsorge austesten, mit der sie im Ernstfall versorgt würden. Männer, die im Krankheitsfall gepflegt wurden, hatten einen Selektionsvorteil. Erfolgreiche Männer brauchen immer eine oder mehrere Frauen, die ihnen den Rücken freihalten, damit sie alles geben können. Aber der Teufel scheisst ja eh immer auf den grössten Haufen.

Die grössere Ausgeglichenheit, mit der Frauen durchs Leben gehen, und ihr höherer Serotoninspiegel wirken ein Leben lang positiv auf ihr Immunsystem und entsprechende Entzündungshemmungsmechanismen. Da das Hierarchiegefälle bei Frauen nicht so gross und ihre Chancen auf Fortpflanzung besser sind, leiden sie weitaus weniger unter Stresshormonen. Ihr Gehirn wird weniger von Kortisol zerfressen. Männer sind einfach früher kaputt. Ihnen passiert das von heute auf morgen, wie bei einem Auto, dem plötzlich eine Dichtung platzt. Männer, die in ihrem Leben mit viel weiblicher Zuneigung, mit vielen wechselnden Partnerinnen, mit viel Sex und jungen Frauen verwöhnt werden, können dagegen sehr alt werden. Besser könnte man als Mann ja auch nicht wie die Made im Speck leben.

21 WEIBLICHER MÄNNERVERSCHLEISS

In einer Fussballmannschaft kann man sich verstecken. Das klingt für Nichtmannschaftssportler zunächst etwas eigenartig, stimmt aber. Man verzichtet einfach auf die Risikopässe, die gelegentlich nötig sind, um Spiele zu entscheiden. Stattdessen spielt man ganz sichere Kurzpässe, die zwar garantiert bei Mitspielern landen, die die eigene Mannschaft aber auch keinen Meter näher Richtung gegnerisches Tor bringen. Man muss sich nicht immer freilaufen, sondern kann öfters mal in der Deckung des Gegenspielers stehenbleiben, um gar nicht erst angespielt zu werden. So blamiert man sich weniger, wenn man mal einen schlechten Tag hat. Formtiefs lassen sich so besser kaschieren. Wenn man kein Führungsspieler, sondern nur Mitläufer ist, klappt das ausgezeichnet; zumindest vor den Augen des Stadionpublikums. Der Trainer einer Profimannschaft, der hinterher akribisch sämtliche Videoaufzeichnungen in Zeitlupe auswertet, erkennt es aber natürlich. Wenn man allerdings Führungsspieler ist, was üblicherweise dem zentralen Mittelfeldregisseur zukommt, der als Spielmacher kreativ die Fäden zieht, kann man sich nicht verstecken. Wenn es bei dem nicht läuft, läuft es in der ganzen Mannschaft nicht. Alle anderen können sich hinter ihm dann noch besser verstecken.

Auf Führungsfiguren ruhen alle Augen. Sie werden sehr genau beobachtet und sehr streng beurteilt. Sie dürfen sich weniger Fehler als andere erlauben und ernten schon bei kleinen Flüchtigkeitsfehlern scharfe Kritik. Dabei geht es nicht immer nur sachlich zu. Führungsfiguren haben viele Neider. Am Stuhl von Führungsfiguren wird ununterbrochen von irgendwem gesägt. Führungsfiguren müssen Missgunst, Schadenfreude, Gerüchte und Intrigen, teils ungefilterten Hass sowie die ständige Präsenz von potenziellen Königsmördern aushalten. Führungsfiguren brauchen ein dickes Fell. Das ist der Preis für den Ruhm, den sie bekommen, wenn sie erfolgreich sind. Ruhm bringt Fortpflanzungsmöglichkeiten mit sich – und in modernen Gesellschaften Geld, das indirekt ebenfalls Fortpflanzungsmöglichkeiten in Aussicht stellt. Auch die Verwandten ersten und zweiten Grades können vom Ruhm noch profitieren und haben erhöhte Fortpflanzungschancen. Kein Wunder, dass jeder, der nicht Führungsfigur ist, zumindest gelegentlich davon träumt, eine zu sein oder zu werden. Zumindest Männer sind gern bereit, im Gegenzug für bessere Fortpflanzungschancen ein paar Gehässigkeiten in Kauf zu nehmen. Die Erfolgserwartungshaltung ihnen gegenüber ist hoch. Führungsfiguren stehen unter Druck. Jede ihrer Handlungen liegt auf einer Goldwaage. Frauen beobachten männliche Führungsfiguren sehr genau. Sie wollen wissen, ob er bisher einfach nur eine Glückssträhne hatte, die irgendwann reisst, oder ob er sich bewährt – ob er hingehört, wo er steht. Männer beobachten eine männliche Führungsfigur ebenfalls sehr genau, weil sie auf einen Ausrutscher lauern, um selbst auf die begehrte Position aufzurücken.

Eine 75-Watt-Glühbirne leuchtet heller als drei 25-Watt-Glühbirnen, weil sich deren Leistung nicht addiert. Wer möglichst helles Licht braucht, hat von einer 75-Watt-Glühbirne mehr als von einer mit 25 Watt, auch wenn die letztere über eine dreimal so lange Lebensdauer, verfügt.

Führungsfiguren müssen qualitativ sehr leistungsfähig sein. Das geht zulasten von Quantität. Aber das macht nichts. Eine Gemeinschaft hat nicht viel davon, wenn eine wenig leistungsfähige Führungsfigur an ihrer Spitze steht, die sich ihre Kräfte langfristig einteilt und ewig lebt, sowie von einer Nummer Zwei, einer Nummer Drei und einer Nummer Vier, die sich ihre Kräfte parallel ebenfalls einteilen. Besser ist es, wenn eine Führungsfigur ihre Energie und ihre Fähigkeiten auf eine kurze Periode ballt und gegen die nächste energiegeladene Führungsfigur ausgetauscht wird, sobald ihre Kräfte am Ende sind. Ist diese ebenfalls erschöpft, kann auch sie problemlos durch hochmotivierte Nachrücker ersetzt werden. Und so weiter, und so fort. Wenn die Population gross genug ist und aus dem Vollen geschöpft werden kann, macht das ökologisch

172

und ökonomisch für die Gemeinschaft eindeutig Sinn. Für sie ist es optimal, wenn jede Führungsfigur mit Vollgas bis zum Anschlag alles gibt, was sie hat.

Wenn sich eine Gruppe zu Fuss durch die Wildnis schlagen muss, sollte immer der voran gehen, der die beste Orientierung hat, der am besten Spuren lesen, Signale deuten und der am besten kämpfen kann. Ihm gilt das Vertrauen der Gruppe. Zu ihm schauen alle auf. Er bekommt die meisten Fortpflanzungsangebote. Er ist es aber auch, der als erster einen Abhang hinunter stürzt, in ein Erdloch fällt oder von einem hungrigen Raubtier gefressen wird. Das höhere Risiko ist der Preis für seine Annerkennung und den Sex.

Männliche Alphatiere leben ein erfahrungsintensives, an Eindrücken hochverdichtetes Leben. Sie leben im Spotlight. Aber ihr Leben ist meist kurz. Solange eine Führungsfigur kraftvoll und erfolgreich ist, was sie permanent bestätigen muss, wird sie mit Bewunderung belohnt. Sie bekommt viele Privilegien zugeteilt und so manche Wünsche erfüllt. Selbst nach der Zeit ihrer Führung werden Alphatiere bei manchen Arten noch weiterhin mit bemerkenswertem Respekt belohnt, sofern sie ihre Position ebenso rechtzeitig wie freiwillig abgegeben haben. Spätere Anerkennung, auch über die Amtszeit hinaus, erhöht den Anreiz für potenzielle Führungsfiguren, sich anzustrengen und den Ansturm an die Spitze tatsächlich zu versuchen. Beim Menschen findet diese Logik Anwendung. Wenn Führungsfiguren in Ausübung ihrer exponierten Verantwortung draufgehen und den Löffel abgeben, werden ihre unmittelbaren Verwandten noch lange bevorzugt behandelt und versorgt. Dies passiert zumindest beim Menschen. Bei Kriegshelden, Revolutionsführern oder Rettern vieler Menschenleben können die Nachkommen noch lange vom Ruhm zehren. Bei Misserfolg brechen jedoch Spott, Häme, Genugtuung und Verachtung über Führungsfiguren herein, und Aasgeier fallen über sie her. Bei vielen Arten überleben Alphatiere einen Sturz nicht, sondern werden getötet oder sterben in einsamer Isolation. Über Führungsfiguren wird getuschelt, getratscht und gelästert; Angestellte verbringen ihre Kaffeepausen überwiegend damit, über ihre Chefs herzuziehen, zumindest bis diese plötzlich im Türrahmen erscheinen. Die Boulevardpresse zeigt bei jeder Gelegenheit unvorteilhafte Fotos von vermeintlichen Führungsfiguren. Von Kabarettisten werden sie ohne Unterlass durch den Kakao gezogen. Durch dieses Stahlbad muss durch, wer ein echter Anführer sein möchte. Schafft er das nicht und zeigt er sich dünnhäutig, sind seine Tage schnell gezählt. Ein Nachfolger ist rasch gefunden, Lücken werden sofort geschlossen. Wenn das Scheitern der Führungsfigur nicht so gnadenlos bestraft würde, wäre der Leistungsanreiz, selbst eine zu sein, nicht so gross, und der Gesamtnutzen für die Population nicht so attraktiv.

In der Evolutionspsychologie gibt es den sogenannten »Coolidge-Effekt«. Calvin Coolidge (1872–1933) war der dreissigste US-amerikanische Präsident. Der Legende nach besuchte er mit seiner Gattin eines Tages eine Farm, bei der sich seine Gattin auch den Hühnerstall zeigen liess. Dort fragte sie den Farmer, was eigentlich der Hahn für eine Funktion habe, wo er doch gar keine Eier legen könne. Sie bekam erklärt, dass der Hahn den ganzen Tag nur mit Besteigung und Besamung von Hennen beschäftigt wäre. Daraufhin soll die beeindruckte First Lady den Farmer gebeten haben, dies doch bitte ihrem Mann zu erzählen. Nachdem der Farmer es dem Präsidenten erzählt hatte, fragte dieser nach, ob der Hahn denn immer dieselbe Henne besteigen würde. Als der Farmer erklärte, dass es sich jedes Mal um eine andere Henne handle, bat der Präsident ihn darum, das doch bitte dringend seiner Frau zu erzählen. Der Coolidge-Effekt verrät nicht nur, wie männliche Gorillas, Löwen, Stiere und Hähne funktionieren, sondern auch, wie Männer funktionieren. Es ist erst einen Wimpernschlag in der biologischen Evolution her, dass Menschen sich von anderen Affen, und Affen sich von anderen Säugetieren abgespalten haben. Für Sex mit neuen Frauen werden Männer von ihrem Belohnungssystem mit hohen Dosen an Glücksbotenstoffen belohnt. Verzicht zu verlangen, wäre so, wie von einem Heroinabhängigen zu erwarten, dass er jederzeit seine Sucht abstellt.

Nicht nur Menschen, sondern die meisten Primaten, Säugetiere und Wirbeltiere neigen tendenziell zu Polygynie. Die erotische

Gunst der Weibchen gilt dem obersten männlichen Anführer. Seinem Stellvertreter gilt die zweit- und dessen Stellvertreter die dritthöchste Gunst. Auf die Grosse Zahl betrachtet stimmt das. Der gemeinsame Nachwuchs von Weibchen und Anführer profitiert von dessen Ruhm und erntet dessen Gene, weist also durchaus eine Chance auf, ebenfalls Anführer mit vielen Fortpflanzungsmöglichkeiten zu werden. Aber was machen Weibchen mit ihrer Gunst bei Machtwechseln, zu denen es in unregelmässigen Abständen kommt? Bei den meisten Tieren wechselt die weibliche Gunst mit der Macht. Auch beim Menschen passiert das, wenn auch nicht in der Individual-, sondern in der Gesamtbetrachtung. Bei wem auf grosse Erfolge grosse Misserfolge folgen, der erlebt nicht nur, wie Schulterklopfer plötzlich verschwinden, sondern auch, wie sich jene Groupies abwenden, die kurz zuvor noch voller Begeisterung für ihn waren. Frauen begehren weniger einen Mann und seinen Charakter als ihre eigenen Illusionen über ihn, die durch dessen Inszenierung entsteht. Wird ein Sieger zu einem Verlierer, bleibt er zwar derselbe Mann, aber der Rahmen der Inszenierung um seine Person verändert sich. Frauen schlafen aber weiterhin mit erfolgreichen Männern, auch wenn die jeweiligen Männer nun andere sind als vorher. Frauen schlafen mit bestimmten männlichen Eigenschaften, wobei die sie tragenden Männer variabel sind, aber die Vorliebe bleibt fix. Weibchen stellen so sicher, dass sie immer den Rahm der Männchen abschöpfen. Innerhalb der Männchenpopulation beanspruchen sie die besten Männchen, aber auch innerhalb des Lebens eines jeweiligen Männchens schöpfen sie immer seine leistungsfähigste Zeit am effektivsten ab.

Professionelle Fotografen und Fotomodelle wissen, dass man für eine Handvoll richtig guter Fotos oft hunderte Aufnahmen machen muss. Nicht, weil die restlichen Fotos zwangsläufig alle misslungen sind, sondern weil Profis einen perfektionistischen Anspruch haben. Attraktive Frauen wissen, dass man für eine Handvoll brauchbarer Männer hunderte an uninteressanten Kandidaten abwimmeln muss. Nicht, weil letztere alle minderwertig wären, sondern weil Frauen sich in einer beliebig grossen Menge mit ihren erotischen Offerten automatisch zu den Männern hinwenden, die in ihren Augen herausragend sind. Ganz egal, wie gut eine Jungengeneration gelungen ist, suchen sich Mädchen unter ihnen später immer die jeweils besten Exemplare aus. Männer bestimmter Berufszweige, Einkommensklassen und Bildungsschichten werden von Frauen praktisch ignoriert. Sie sind nicht der Rahm, den Frauen abschöpfen wollen. Viele Männer werden in eklatant gesellschaftsrelevanten Funktionen beschäftigt, aber dabei enorm ausgenutzt. Sie bekommen im Gegenzug kaum etwas von dem zurück, worin für Männer nahezu ihr kompletter Lebenssinn liegt: Sex und Liebe.

Männer arbeiten in der Hochseefischerei, auf Bohrinseln, im Bergbau, beim Katastrophenschutz, als Gabelstaplerfahrer, als Dachdecker und unter Tage im Bergbau, wo sie kaum Tageslicht sehen. Niemand würde auf die Idee kommen, weibliche Ersthelfer in ein havariertes Atomkraftwerk zu schicken. Viele Männer sind ständig in erhöhter Lebensgefahr und malochen oft hart, ohne jegliche Anerkennung dafür zu bekommen. Frauen und männliche Sieger schöpfen aus den gesundheitlichen Ressourcen dieser körperlich arbeitenden Männer mit vollen Löffeln – und erklären deren Bildungsschicht im Gegenzug zum Problemfall.

In Anlehnung an den Titel des grossartigen Films »Nicht der Homosexuelle ist pervers, sondern die Situation in der er lebt« von Rosa von Praunheim (*1942) sollte sich eine Gesellschaft gelegentlich vielleicht die selbstkritische Frage stellen, ob ihre Problemfälle wirklich immer das Problem sind, oder ob nicht viel eher die Gesellschaft das Problem ist, in der die vermeintlichen Problemfälle leben.

Auf sinkenden Schiffen heisst es: Frauen und Kinder zuerst. Keine Gesellschaft drängt ihre Frauen dazu, an vorderster Front zu dienen. Entsprechend werden Frauen aber auch dann nicht nach vorn geschickt, wenn Helden gefragt sind und Ruhm und Ehre in Aussicht stehen. In kargen Zeiten – mit ungünstigem Chancerisikoverhältnis – fahren Frauen so insgesamt ganz gut. Lieber keinen Anspruch auf eine Führungsposition erheben, wenn im Falle des Misserfolgs bitterste Konsequenzen drohen. In Zeiten des Wohlstands – mit besserem Chancerisikoverhältnis – sieht es dagegen anders aus. Wenn man auch im Falle des Scheiterns nicht hungernd erfrieren muss, dann gibt man gerne ambitionierte Parolen von sich.

Da Männer immer um ihre soziale Reputation bangen müssen, weil die über ihre zukünftigen Fortpflanzungsaussichten entscheidet, können sie es sich nicht leisten, gegen opportunistisches weibliches Verhalten anzugehen. Wenn Männer jammern, wenden Frauen sich von ihnen ab, und andere Männer reiben sich die Hände. In einem solchen System, das von männlicher Konkurrenz und weiblicher Solidarität geprägt ist, steht jeder Mann grundsätzlich als Einzelkämpfer einer geschlossenen weiblichen Meinungsführerschaft gegenüber.

Männer, die nicht zur Attraktivitätsspitze gehören und durchschnittlich erfolgreich einen grauen Bürojob oder unterdurchschnittlich erfolgreich einen körperverschleissenden Handwerkerjob ausüben, finden sich irgendwann damit ab, wenn sie von Frauen aus der Attraktivitätsspitze als Mitläufer, Versager oder Prügelknabe anderer angesehen werden. Versager sind für jene Frauen, die sich Männer nach Belieben aussuchen können, eben keine ernsthafte Option. Diese Männer fangen dennoch selten an, gehässig gegen Topmodels zu wettern. Im Gegenteil – Bauarbeiter hängen sich trotzdem Pin-ups mit unerreichbaren Frauen in ihre Spindtür. Das ist bei Frauen anders. Frauen, die nicht zur Attraktivitätsspitze gehören, also Frauen mittleren Alters und ältere Frauen, können sich keineswegs damit abfinden, dass sie von Männern aus der Attraktivitätsspitze als »alte Schachteln« angesehen werden, die so langsam mal »ausrangiert« gehören. Das kommt überhaupt nicht infrage! So ein Kerl soll sein blaues Wunder erleben! Und darum werden über ihm bei jeder Gelegenheit Spott, Häme und blanker Hass ausgeschüttet. Wenn ein Premierminister reiferen Alters mit einer siebzehnjährigen Teenagerin einvernehmlich Sex hatte, bekommt er den kollektiven Unmut aller anderen Frauen zu spüren. Denen geht aber es weniger um die körperliche und seelische Unversehrtheit der Minderjährigen als um ihre eigene Eifersucht darauf, dass ein Alphatier es wagt, ihnen eine jugendliche Schönheit vorzuziehen.

Wenn sich impulsive Leute über etwas aufregen, steckt in ihrer Argumentation selten so etwas wie ein schlüssiger roter Faden, sondern aus ihnen kommt nur ein diffuser Wust an selbstgerechten Beschimpfungsreflexen. Frauen sind grundsätzlich impulsiver als Männer.

Ein attraktiver Mann wird nur dann dauerhaft von Frauen bewundert, wenn er sich selbst gegenüber den unattraktiven und älteren unter ihnen noch wie ein Gentleman verhält. Attraktive Frauen werden dagegen auch dann weiterhin hofiert, wenn sie sich Bauarbeitern gegenüber hochnäsig verhalten.

Ein erheblicher Anteil der Männer zieht sich irgendwann frustriert nach Hause zurück. Die Männer verschwenden ihre Zeit mit Videospielen, konsumieren Pornografie, onanieren vor dem Computer, surfen ganztags im Internet und ernähren sich vom Pizzaservice. Und in Partnerbörsen verschicken sie jede ihrer eMails pauschal an fünfzig Frauen. Das müssen sie, weil davon maximal eine beantwortet wird. Wer von Beruf Möbelpacker ist, hält seine Knochen hin. Das Geld, das er verdient, wiegt den Schaden an seiner Gesundheit nicht auf. Im Gegenteil – er wird ausgebeutet, bis seine Gesundheit ruiniert ist. Über Chancen bei Frauen macht er sich meist keine Illusionen mehr. Da lässt er sich lieber sein Essen und sein Bier schmecken und kümmert sich nicht weiter um sein Körpergewicht. Diese Männer haben keine Lust mehr, abends rauszugehen und sich vom dreihundertsten oder vierhundertsten Korb demütigen zu lassen. Männer müssen mehr Angebote zur amourösen und erotischen Kontaktaufnahme verteilen, als angenommen werden. Frauen haben in aller Regel mehr Angebote vorliegen, als sie annehmen. Der überwältigende Teil der Männer erfährt somit mehr Ablehnung als Gegenliebe. In der Gesamtbetrachtung lohnt sich Liebe für Männer nicht. Diejenigen, die ihre Liebe zu enthusiastisch und grosszügig verschenken, brennen emotional aus. Ausgebrannte, depressive, resignierte oder verbitterte Männer bleiben endgültig alleine. Für die weibliche Orientierung ist es hervorragend, wenn ein Mann in einem jämmerlichen Moment erwischt wird. Der Ausschlussalgorithmus von Frauen schlägt sofort zu und sie können auf ihrer ewigen Suche nach dem besten aller Männer einen weiteren Kandidaten von ihrer Liste streichen. Auch andere Männer profitieren davon, denn sie haben einen Konkurrenten weniger. In einer erbitterten Leistungsgesellschaft hat ein Problem, wer sich als Mann beim Heulen erwischen lässt. Männer die ihre wahren Gefühle verstecken, haben den Selektionsvorteil. Aber auch zahlreiche relativ erfolgreiche Männer sind nicht glücklich. Der evolutionäre Antrieb, der beste sein zu wollen, macht sie verrückt. In einer globalisierten Welt, mit Milliarden Mitspielern, findet sich praktisch immer noch jemand besseres, egal was man probiert. Männer werden von ihrem Ehrgeiz und ihrer regelmässigen schnellen Anspruchsadaption aufgefressen. Ehrgeiz ist gefährlich, denn er produziert vor allem Verlierer. Am Beginn einer Fussballbundesligasaison träumen achtzehn Mannschaften davon, Deutscher Meister zu werden. Siebzehn können diesen Traum am Ende trotz aller Bemühungen nicht verwirklichen. Diejenigen, die am knappsten dran waren, sind sogar die frustriertesten, obwohl sie zu den besten gehörten. Der Vizemeister ist der erste Verlierer. Silbermedaillengewinner begehen beachtlich häufig Suizid. Es kann eben nur einer Gewinner sein. Die steile weibliche Partnerpräferenz produziert Unmengen enttäuschter Männer, die trotz erheblichen Aufwands erfolglos bleiben. Erfolg ist relativ, nicht absolut, gerade in einer Bundesligatabelle. Für Frauen ist es optimal, wenn Männer erheblichen Aufwand betreiben, denn der wird schliesslich zu ihren Gunsten betrieben. Besser für sie, wenn Männer sich in einer Ehrgeizspirale gegenseitig aufwärtsschaukeln, als in einer Faulheitsspirale abwärts. In der Schulzeit finden Mädchen noch die Jungs am attraktivsten, die energiegeladen, kreativ und wortgewandt sind, weil bei denen die Wahrscheinlichkeit am höchsten ist, dass sie einmal erfolgreich sein werden. Ein bis zwei Jahrzehnte später haben sich natürlich dennoch manche, von denen die Mädchen es zunächst nicht geglaubt hätten, anders entwickelt als gehofft. Dann rutschen diese Männer aus der Gruppe der Interessanten raus und ein paar andere rücken nach, die sich besser als erwartet entwickelt haben. Wie Auf- und Absteiger der

Bundesliga am Ende einer jeden Saison. Dann sind die Männer angesagt, die die besten Studienabschlüsse und Berufsaussichten vorweisen können, weil bei ihnen die Wahrscheinlichkeit am höchsten ist, dass sie es zu Ansehen und gutem Leumund bringen. Ein bis zwei Jahrzehnte später haben sich dennoch manche, von denen es die Frauen nicht geglaubt hätten, anders entwickelt als vermutet. Dann werden wieder einige Männer aus der Gruppe der Interessanten fallengelassen und ein paar andere dürfen nachrücken. Dann richtet sich die Aufmerksamkeit der Frauen nach den Männern, die es in hohe Führungspositionen und Ämter gebracht haben, weil bei ihnen die Wahrscheinlichkeit am höchsten ist, dass sie es einmal zu Vermögen und Absicherung bringen. Frauen wollen eben immer nur das Beste. Aber weniger für die Männer als vielmehr von ihnen. Sie können immer abwarten, sich zurücklehnen und zusehen, wer die nächsten Tabellenführer werden. Das ist bequem und komfortabel. Und ungefährlich. Das einzige Problem ist, dass man als Frau von Tag zu Tag an Fruchtbarkeit, Schönheit und Jugend verliert. Von dem also, wonach Männer sich sehnen. Passen Frauen ihre Ansprüche deshalb beim Älterwerden nach unten an? Selten. Eher kompensieren sie ihr zunehmendes Alter damit, dass sie die Zeit verkürzen, die es dauert, bis sie sich von Männern zum Sex überreden lassen. Vierzigjährige Frauen fackeln nicht so lange, sondern sind leichter ins Bett zu kriegen, als achtzehnjährige Mädchen.

Diejenigen unter den älter werdenden Frauen, die damit hadern, dass sie an Attraktivität einbüssen, haben sich selten Gedanken darüber gemacht, wie viele Männer nie attraktiv waren und nie attraktiv sein werden. Aber mit solchen Männern vergleichen sich Frauen ohnehin nicht. Die werden einfach ausgeblendet. Enorm viele Männer leben ein ausgeblendetes Leben.

Es gibt tatsächlich entschlossene Feministinnen, die der Meinung sind, Männer müssten für das büssen, was Frauen in der Geschichte angetan worden ist – und die Frauen müssten nach wie vor entschädigt werden. Doch die Männer, die Frauen einst auf Scheiterhaufen verbrannten – die aber natürlich weitaus öfter andere Männer verbrannten, denn männliche Gewalt richtete sich schon immer um ein Vielfaches häufiger gegen andere Männer, als gegen Frauen – können heute nicht mehr zur Verantwortung gezogen werden. Sie sind tot. Die geschädigten Frauen können nicht mehr entschädigt werden, denn sie sind ebenfalls tot. Heutige Männer haben nie kollektiv Frauen ausgebeutet. Und heutige Frauen haben nie Demütigung, Erniedrigung, Ausbeutung und Massenvergewaltigungen erleiden müssen, wie Frauen im Mittelalter es mussten.

Heute mit deutscher Staatsangehörigkeit geborene Babys haben nie an ethnischer »Säuberung« mitgewirkt. Heute mit russischer Staatsangehörigkeit geborene Babys haben nie Menschen in Arbeitslager gesteckt und gefoltert. Kein heutiger Deutsche oder Russe kann für das verantwortlich gemacht werden, was Hitler und Stalin verbrochen haben. Heutige Franzosen, Griechen und Mongolen sind schuldlos an der Eroberung, Enteignung, Brandschatzung und Vergewaltigung, die unter den Herrschaften von Napoleon Bonaparte, Alexander dem Grossen und Dschingis Khan geschehen sind. Ebenso hat ein heute geborenes männliches Baby nicht die geringste Schuld für die in der Geschichte von Männern gegenüber Frauen begangenen Gräueltaten. Männer haben nichts zu büssen. Es gibt keine Rechnungen zwischen den Geschlechtern, die beglichen werden müsste. Es gibt keinen noch existierenden Schaden, der ersetzt werden müsste, und keine Zeitgenossen, die dies leisten könnten. Wenn, dann müsste vielleicht auch der männliche Nachkomme einer inzwischen verstorbenen Frau, die einst von chauvinistischen Männern erniedrigt wurde, von jener Frau Schadensersatz bekommen, die Nachfahrin eines chauvinistischen Mannes ist, der einst Frauen erniedrigte.

Wer in der Geschichte rückblickend die Guten und wer die Bösen waren, ist immer nur eine Frage der Clusterung. Man kann nach Geschlecht clustern, nach familiärer Abstammung, nach Nationalität, nach naturalistischer, nach spiritueller oder nach volkswirtschaftlicher Glaubenskonzepts- oder Verwaltungseinheitszugehörigkeit und so weiter. Wer unbedingt Sippenhaft herstellen möchte, muss nur geschickt genug clustern, um aus jedem nach Belieben mal Opfer und mal Täter zu machen. Fast jeder Menschen lässt sich beinahe nach Belieben als Kämpfer des Guten oder als Raubritter des Bösen darstellen. Einmal solchen Aufrechnungen begonnen, öffnet man die Büchse der Pandora.

Nachdem ein einigermassen klar denkender Deutscher ein Geschichtsbuch über den Zweiten Weltkrieg gelesen oder Filme wie »Schindlers Liste« oder »Stalingrad« gesehen hat, wird er niemals davon sprechen, dass »wir Deutsche« den Krieg gegen die Alliierten verloren hätten. Stattdessen wird er sagen, dass »wir tolerante Demokraten« den Krieg gegen die Nazis gewonnen haben. Wer sich als aufgeklärter Humanist mit Faschismus beschäftigt, stellt sich ganz automatisch auf Seiten der Opfer, nicht der Täter. Entsprechend stehen heutige Männer, die fassungslos auf in der Geschichte an Frauen begangene menschenverachtende Verbrechen schauen, die von chauvinistischen Männern begangen wurden, auf Seiten jener Frauen, und ganz sicher nicht auf Seiten jener Männer.

In der heutigen Gegenwart ist nicht das Zeitalter für einen weiblichen Feminismus oder gar weiblichen Chauvinismus angebrochen. Frauen sollten sich ihre Vorstellungen von Fairness und Gerechtigkeit und davon, wie sie in Zukunft mit den Gefühlen von Männern und ihren Erwartungen an sie umgehen wollen, gut überlegen. Wie soll das gemeinsame Leben der Geschlechter aussehen? Sollen Männer auf gelegentliche Samenspenden reduziert werden? Oder sollen sie ein integraler Bestandteil der Spezies bleiben? Darüber werden Frauen nachdenken müssen. Nicht, wer mehr Muskelkraft besitzt und körperlich überlegen ist, besitzt das Gewaltmonopol, sondern wer politische Macht hat. Frauen werden in den kommenden Jahren hochverantwortlich exekutive Positionen erobern. Sie werden sie geradezu überschwemmen. Trotz allen sexmotivierten männlichen Ehrgeizes, der immer grösser als weiblicher Ehrgeiz sein wird, kann daran angesichts gegenwärtiger Entwicklungen kein Zweifel bestehen. In modernen Gesellschaften verlagert sich Macht auf die Schicht der Akademiker. Und die ist zu einem immer höheren Prozentsatz weiblich.

22 PRÜDE WESTFRAUEN UND FREIZÜGIGE OSTFRAUEN

Unter Männern in Westdeutschland kursierte über ostdeutsche Frauen lange Zeit der Mythos der angeblich »lockereren Mädels im Osten«. Und tatsächlich lassen sich problemlos zahlreiche westdeutsche Männer finden, die diesen Mythos aus eigener Erfahrung bestätigen. Die Frauen im Osten hätten keinerlei Probleme mit Nacktheit, wären ungezwungener, ungehemmter und lustvoller, würden selbstbewusster ihre Sexualität ausleben, wüssten genauer was sie wollen, würden mit Männern zielstrebig intim und würden in der Kennenlernphase nicht so viele albernen Stolzspielchen spielen. Es interessiert sie nicht, wer wen zuerst anzurufen hätte und wann man sich frühestens melden sollte. Gleichzeitig wären Ostfrauen nicht so sehr auf materielle Dinge ausgerichtet. Ostfrauen setzten ihre Reize weniger als Machtinstrument ein und verknappten das Sexangebot nicht künstlich. All dies hört man westdeutsche Männer über ostdeutsche Frauen berichten. Westfrauen würden dagegen mehr auf Sozialstatus und Geld achten, wären entsprechend zickiger, führten sich auf wie Diven und würden Männer länger hinhalten und mit ihren Gefühlen spielen.

Dies sind Mythen und Klischees, die von einigen sicher bestritten, von sehr vielen aber bestätigt werden. Zweifellos wählen Frauen insbesondere im russischen Sprachraum eine andere Dosierung zwischen Kleidung und nackter Haut, als Frauen in Westeuropa. Die verhaltensökologische Logik dahinter macht allemal Sinn. Wenn Westfrauen Ostfrauen für »billige Flittchen« und Ostfrauen Westfrauen für »verklemmte Tussis« halten, ist das kein Wunder. Ostfrauen machen den Westfrauen sozusagen die Preise kaputt, indem sie Nacktheit und Sex freigiebiger hergeben, anstatt auf höhere Gegenleistungen zu bestehen. Westfrauen wehren sich, indem sie gegen Ostfrauen Gerüchte und Polemik auffahren. Mit

Gerede, Geläster, Intoleranz, Stigmatisierung und Mobbing – den üblichen Aggressionsinstrumenten unter Frauen – zeigen sie, was sozial erwünscht ist. Aber die Zeiten sind nicht mehr ganz so, wie sie vielleicht einmal waren.

Wenn einige sehr wesentliche Erfolgsparameter, an denen Männer von Frauen gemessen werden, unbrauchbar sind, weil das Gesellschaftssystem Ausprägungen in diesen Parametern verhindert, gleicht sich die erkennbare Attraktivität der Männer einander an. Wo keine Differenzierungsprozesse stattfinden, können keine Unterschiede sichtbar werden. Wenn Männer weniger nach Erfolg, Macht und Geld unterscheidbar sind, werden sie sich in der Wahrnehmung der Frauen ähnlicher. Wenn es weniger Vergleichsparameter gibt, dauern Entscheidungsprozesse weniger lange; man kann dann schneller »zur Sache kommen«. Man trifft seine Entscheidungen dann zwar unter grösserer Unsicherheit, wodurch eine höhere Zufallskomponente hineinspielt, aber wenn man durch Verschleppung des Entscheidungsprozesses nicht nennenswert schlauer wird, gibt es keinen Grund, auf Zeit zu spielen. Stattdessen sollte man besser keine Zeit verlieren.

Im Kommunismus ist es schwer bis kaum möglich, sich als individueller Siegertyp zu inszenieren. Daher schauen Frauen stärker auf das Aussehen von Männern, denn woran soll man Unterschiede sonst noch festmachen? Kapitalismus sorgt dagegen dafür, dass Frauen Männer in den für sie wichtigen Parametern besser vergleichen und in Leistungskonkurrenz zueinander setzen können, was erhebliche Unterschiede offenbart. Frauen prüfen dann strenger, nehmen sich dafür mehr Zeit, und sie lassen Männer häufiger durchfallen. Sie inszenieren mehr Vorgeplänkel, bis sie zur Besamung bereit sind, und sie zeigen sich weniger nackt. Sie geben den Männern nicht so schnell von dem, was diese haben wollen. Im Kapitalismus können ehrgeizige Männer mit besonders nützlichen Fähigkeiten sehr schnell vermögend werden. Frauen achten sehr auf Wohlstand und sozioökonomischen Status. Die Aussicht auf häufigeren und besseren Sex, als ihn die Konkurrenten haben, lässt Männer sehr zielstrebig arbeiten.

Bei vielen Tierarten ist zu beobachten, dass das Sexangebot knapper wird, sobald der Qualitätsunterschied zwischen den Männchen leichter erkennbar ist. Zudem verschiebt sich dann der angebotene Sex zu den attraktiveren Männchen hin. Irgendwann geniessen einige wenige Männchen die Auswahl unter vielen für sie zugänglichen Weibchen, während sehr viele Männchen fast gar keinen Sex mehr haben. Je grösser die gesellschaftliche Kluft zwischen arm und reich, desto mehr verzweifelt nach Sex suchende Männer gibt es, desto anspruchsvoller und zickiger sind die Frauen, und desto mehr erotische Abwechslung hat eine Elite besonders erfolgreicher Männer.

Sobald die Frauen den sich in einem neu etablierten kapitalistischen Wirtschaftssystem zunächst auftuenden Wohlstands- und Karriererückstand nach einigen Jahren und Jahrzehnten wieder verkürzt haben, wird Aussehen wieder wichtiger, denn Geld haben die Frauen dann ja selbst. Gesellschaftliche Reputation uns Sozialstatus bleiben aber verführerische Elemente, mit denen erfolgreiche Männer für Frauen unwiderstehlich werden.

Sofern die Geschichten über ostdeutsche und andere osteuropäische Frauen nicht nur Legenden waren, sondern zutrafen, so haben sich diese freigiebigen Zeiten inzwischen grösstenteils verflüchtigt. An ostdeutschen Stränden und Badeseen findet man keine Heerscharen bildschöner junger Mädchen mehr, die splitternackt und unbekümmert umherlaufen und alle Männer in den optischen Genuss der gänzlich entblössten Pracht ihrer Schönheit kommen lassen. Wer als mittelmässiger Mann vom Schlaraffenland träumt, muss weite Wege auf sich nehmen. Zu Sextourismus sind immer jene Männer gezwungen, die am Heimatort gegen zu viele einheimische Konkurrenten den Kürzeren ziehen. Je mehr sich Wohlstand ausbreitet und je anspruchsvoller die Frauen sind, desto abgelegener werden die Gebiete, in die es Sexvagabunden gezwungenermassen verschlägt.

Es ist ein fundamentales Wesenselement des Kapitalismus, dass Menschen sich anstrengen dürfen, so viel sie wollen, und ihr Verdienst grundsätzlich nicht begrenzt ist. Da sich der Zugang zu

Weibchen nicht unerheblich an Ressourcenbesitz und Erfolg bemisst, strengen Männer sich im Kapitalismus zunächst richtig an. Dadurch werden Unterschiede in der Leistungsfähigkeit erkennbar. Nur weil sich alle Männer plötzlich doppelt so sehr anstrengen, brauchen Frauen noch lange nicht doppelt so viel Sex, aber sie verteilen den Sex mit ihnen nach anderen Kriterien. Im Kapitalismus bieten viele Frauen die Ressource Sex verstärkt den erfolgreichen Männern an, während sie diese Belohnung unter nichtkapitalistischen Bedingungen weitaus breiter verteilen würden. Und genau deshalb rackern Männer sich ab. Um mehr Sex zu bekommen – Sex, den andere zwangsläufig weniger haben.

In einem kapitalistischen System gibt es nicht mehr Sex als vorher, aber alle Männer strengen sich mehr an, um mehr von ihm zu bekommen. Von ihrer erhöhten Leistungserbringung profitieren die Frauen, obwohl sie ihrerseits nur die gleiche Gegenleistung wie zuvor erbringen. Es entsteht ein erschöpfender Leistungswettkampf unter den Männern, der für die meisten im Endeffekt doch nicht zu mehr Sex, sondern zu Frustration und Depression bis hin zu verzweifelten Suizidgedanken führt, weil sich das Investment angesichts relativ sinkender Rendite immer weniger lohnt. Wer hingegen hochzufrieden sein kann, sind die Frauen, die als Gegenleistung für ihre Jugend und Fruchtbarkeit nun weitaus mehr bekommen, als in nichtkapitalistischen Zeiten.

Wenn zwei Tennisspieler miteinander nicht um Punkte kämpfen, sondern sich nur nett gegenseitig den Ball zuspielen, dann lässt sich von aussen schwer beurteilen, wer der bessere von beiden ist. Sobald sich Leistung aber lohnt, weil man Punkte dafür bekommt, wird sich bald zeigen, wer der bessere ist. Im Kapitalismus kommt es zu einer immer feineren Differenzierung. Frauen erkennen unter den Männern die erfolgreichen, unter den erfolgreichen erkennen sie die noch erfolgreicheren, und unter den noch erfolgreicheren erkennen sie die erfolgreichsten. Wie das Geld wandert der Sex immer weiter in Richtung Spitze, hin zu einer Handvoll Männern, die wie die Made im Speck leben. Das Bankenparadoxon sorgt dafür, dass den Reichen jene Kredite hinterher geworfen werden, die den Armen vorenthalten bleiben. Die Reichen werden immer reicher, die Armen werden immer ärmer, bis entweder einer alles besitzt – oder das System zusammenbricht, weil die Armen nicht mehr mitspielen.

Wenn eine Frau abends ausgeht und in einem Lokal zehn Männern begegnet, richtet sich ihre Aufmerksamkeit auf den attraktivsten der zehn Männer. Wenn man zehn Männer, die an zehn verschiedenen Abenden jeweils der attraktivste für den Geschmack der Frau gewesen sind, am elften Abend alle in dasselbe Lokal stecken würde, würde sich auch dort die Aufmerksamkeit der Frau auf den attraktivsten unter ihnen richten. Wie in einem pyramidenartigen Ligasystem: In einer Kreisliga wird jemand am Saisonende umjubelter Kreisligameister, und steigt mit Meistern aus anderen Kreisligen in eine Bezirksliga auf. Eine Saison später jubeln in seiner Liga alle dem Bezirksligameister zu. Und so geht es immer weiter, bis zur Europaliga. Anfangs gab es noch keine Europaliga, aber irgendwann will jeder Sportfan wissen, wer denn unter den besten der wahrhaft allerbeste ist. Es wird immer stärker ausdifferenziert, und der Wettkampf immer erbitterter. Egal ob für Sportler im Ligasystem oder für Männer in der Liebe. Unter vergleichbarem Druck stehen Frauen nicht, denn wenn es nach der Gunst der Männer ginge, dürfte fast jede Frau mal bei ihnen ran. Und weil Männer ihre Gunst gleichmässiger verteilen, gelten sie in einer von Frauen ersonnenen Moral als »anspruchsloser«.

Wenn alle Läufer eines Marathonlaufs stehenbleiben und sich ausruhen würden, anstatt wie verrückt zu rennen, könnte man nicht erkennen, wer von ihnen der schnellste ist. Also rennen alle Marathonläufer, was das Zeug hält. Sobald man als Läufer stehenbleibt, rennen alle an einem vorbei. Also rennt jeder. Wie die Rote Königin im Märchen von »Alice im Wunderland«. Alle wollen rein, in die kleine Elite ganz vorne. Und immer weniger gehören tatsächlich noch zur Elite, weil diese Elite immer kleiner wird.

Auch Frauen investieren gelegentlich mehr, als sie an Rendite zurückerhalten. Manche Mütter sind der Ansicht, sie hätten sich jahrelang für ihre Kinder aufgeopfert, erhielten dann aber kaum

Dankbarkeitsgesten, obwohl sie sich sehnsüchtig danach verzehren. Solche Mütter leiden häufig unter Depressionen. Männer investieren eben notwendigerweise sehr viel Energie darin, Fortpflanzungsgelegenheiten zu bekommen, während Frauen erst richtig investieren, nachdem sie sich fortgepflanzt haben.

23 INTELLEKT UND IMPULSIVITÄT

Intelligente Männer waren in der Evolution durchaus gefragt. Zumindest solange sie nicht so intelligent waren, dass kaum ein anderer noch verstand, wovon sie eigentlich sprachen. Zeugnis der grundsätzlich hohen Attraktivität von Intelligenz ist die Verdreifachung des menschlichen Gehirnvolumens innerhalb weniger hunderttausend Jahre. Kluges Abschätzen von Wahrscheinlichkeiten, Durchschauen von Plausibilitäten und Kausalitäten, Erkennen von Fehlern und Trugschlüssen, gekonntes ökonomisches und ökologisches Ressourcenmanagement sowie soziale und emotionale Kompetenz waren Fähigkeiten, die in der natürlichen Selektion enorme Vorteile brachten. Auch kreative Männer mit ungewöhnlichen Gedanken und unberechenbaren Ideen, die alternative Lösungswege fanden und beschritten, waren grundsätzlich gefragt. Zumindest, solange ihr Nonkonformismus und ihr Querdenken nicht an zuviel konservativem Widerstand und simpler Besitzstandswahrung von etablierten und einflussreichen gesellschaftlichen Hierarchieebenen scheiterte.

Trotzdem ist Grips nicht alles – insbesondere innerhalb der Mechanismen der sexuellen Selektion nicht. Frauen wollen mehr als einen trockenen Wissenschaftler, der nüchtern sämtliche Aspekte eines Themas in allen Einzelteilen analysiert, ohne noch eine Spur naiver Impulsivität zu empfinden. Frauen wollen auf Dauer auch nicht nur einen Lebenskünstler ohne jegliche Solidität, der einen verrückten Einfall nach dem nächsten hat. Frauen wollen die Mitte. Wie immer. Frauen wollen keine Spezialisten, sondern Generalisten. Der Mann soll von allem etwas haben, aber von nichts zuviel. Intelligenz? Oh ja! Aber nicht zuviel, denn sonst versteht man ihn nicht mehr. Leidenschaft? Oh ja! Aber nicht zuviel, denn sonst stellt er zuviel Unsinn an. Empfindsamkeit? Oh ja! Aber nicht zuviel, denn die Gegenwart von Heulsusen und Depressiven ist auf Dauer unerträglich.

Gelegentlich sind Frauen sogar nicht im Geringsten an Intelligenz interessiert, sondern nahezu ausschliesslich an Impulsivität. Zuviel Gehirnschmalz wäre dann nur störend. Frauen wollten in der Evolution Männer, die todesmutig einem Wolf auf den Rücken sprangen, wenn der ihre Kinder bedrohte. Mit besserwisserischen Erwartungswertkalkulierern, die in sicherer Entfernung stehenblieben und erklärten, warum es unvernünftig wäre, in einem fast aussichtslosen Kampf auch noch sein eigenes Leben zu riskieren, konnten sie nichts anfangen. Im entscheidenden Moment mussten Männer Risiken eingehen, um Frauen zu beeindrucken. Frauen mochten das. Männer sind schliesslich austauschbar und es gibt viele von ihnen. Wenn einer draufgeht, nimmt man halt den nächsten. Stämme, deren Frauen in der Evolution zu behutsam mit ihrem Männermaterial umgingen, hatten einen Selektionsnachteil gegenüber anderen Stämmen, in denen die Gesundheit der Männer hintenan stand. Frauen finden jederzeit einen neuen Partner – Männer nicht. Selbst wenn es noch so unvernünftig schien, mussten Männer manchmal einem Wolf auf den Rücken springen, weil ihre Frau es nun einmal erwartete. Bevor man als Mann riskiert, dass sich die Frau aus Unzufriedenheit von einem trennt, kann man sich auch genauso gut von einem wilden Tier zerfleischen lassen. Die Erbarmungslosigkeit der sexuellen Selektion bietet für Männer nicht viel Verhandlungsspielraum. Besonders für die durchschnittlichen und unterdurchschnittlichen Exemplare nicht – also für die Mehrheit von ihnen.

Begeisterungsfähigkeit, Unternehmungslust, Impulsivität und Leidenschaft sind wichtige Jugendindikatoren, an denen man erkennen kann, wie vital sich jemand in Auseinandersetzungen und bei Wettkämpfen vermutlich verteidigen oder aggressiv um Ressourcen konkurrieren könnte. Frauen wollten unbedingt impulsive und vitale Männer. Das war ihnen wichtig. Impulsivität ist allerdings kaum ein guter Ratgeber, wenn es um langfristiges Risikomanagement geht. Risikobereitschaft ist etwas zutiefst männliches. Darauf wurden die Männer von Frauen selektiert. Zu intelligente Männer haben aber ein zu rationales und zu »vernünftiges« Risikomanagement. Das Gehirn von Intelligenzbestien funktioniert wie eine versicherungsmathematische Software. Im Grunde mögen Frauen sehr intelligente Männer ebenso wenig wie sehr sinnliche oder sehr ehrliche Männer.

Ein jeder Körper eines jeden Lebewesens spult im Laufe seines Lebens ein Programm ab. Auch diese Programme sind das Ergebnis evolutionärer Formung durch ökologische Bedingungen. Menschen, die im Alter von fünf Jahren bereits in die Pubertät kamen, hatten offenbar einen Selektionsnachteil gegenüber jenen, die dies erst mit zehn Jahren erlebten. Wer allerdings erst mit dreissig Jahren in die Pubertät kam, hatte wiederum einen erheblichen Nachteil. Wer zu jung war, hatte nicht genug Zeit gehabt, um sich Fähigkeiten, Kenntnisse und Erfahrungen fürs Leben anzueignen, mit denen er konkurrenzfähig war; wer hingegen zu alt war, verpasste die wichtigste Fortpflanzungsphase. Und entsprechend ihres evolutionär geformten biologischen Programms empfinden Menschen im Laufe ihres Lebens ganz unterschiedliche Gefühle. Und Frauen haben in ihren verschiedenen Lebensphasen höchst unterschiedliche Männergeschmäcker.

Sind sie jung, finden viele Frauen vitale Draufgänger mit viel Unternehmenslust und Begeisterung attraktiv. Sind sie älter, bevorzugen sie intellektuelle Männer, die Ruhe und Erfahrung ausstrahlen. Das Gegenteil, also Frauen, die sich als Teenagerinnen für verkopfte Nerds und als reife Frauen für ewig alberne Sunnyboys begeistern, findet man so gut wie nie. Frauen wenden sich immer genau den Männern zu, die ihnen gerade am nützlichsten sind. Für Männer sind zu jeder Zeit junge Frauen am attraktivsten, weshalb sich ihr wahrer Geschmack kaum ändert, sondern allenfalls die Scheinpriorität, die sie nach aussen gegebenenfalls inszenieren.

»Interessantsein« ist keine unabhängige, objektive oder naturgegebene Eigenschaft. Ob etwas interessant ist, hängt immer davon ab, ob es jemanden gibt, der es interessant findet. Der Geschmack anderer entscheidet also über das Attribut »Interessantsein«. Dass Männer mit steigendem Lebensalter angeblich »interessanter« werden, bedeutet lediglich, dass der Geschmack der Frauen sich ändert. Wenn ältere Männer objektiv gesehen immer interessanter als jüngere wären, würden Frauen allen Alters einhellig auf ältere Männer abfahren. Aber junge Frauen stehen keineswegs auf »alte Knacker«. Weil sie sie keineswegs »interessant« finden. Noch nicht. Ihr Geschmack ändert sich aber noch. Wenn es heisst, dass Männer vermeintlich mit steigendem Alter »interessanter« werden, dann stellt dies nichts anderes dar als eine positive Umschreibung der Tatsache, dass sich Frauengeschmäcker zu ihrer Lebenssituation passend opportunistisch verändern und Frauen im Laufe ihres Lebens eine immer stärkere Präferenz für ältere Männer entwickeln.

Menschen verändern sich permanent. Ihre Lebenssituation ändert sich ständig. Entsprechend ändern sich ihre Bedürfnisse, Emotionen und Gedanken. Die Empfindungen die man hat, beeinflussen worüber man nachdenkt. Dinge die einen gänzlich kalt lassen, an die verschwendet man keine Gedanken. Ihre eigene Veränderung bezeichnen Menschen meist als »Weiterentwicklung«. Die Richtung ihrer Entwicklung nehmen sie also als vorne wahr. Wenn es heisst, dass ein Mensch sich nicht weiterentwickelt habe, wird das meist als Beleidigung gedeutet. Eine Veränderung in der Rückschau positiv zu interpretieren, ist normal und vernünftig. Optimismus ist sehr gesund. In der Vergangenheit brachte er meist Selektionsvorteile.

Von reifen Frauen hört man gelegentlich, dass junge Mädchen angeblich weder schon wüssten, was sie wollten, noch worauf es ankäme. Wenn man junge Mädchen dabei beobachtet, welche Jungs sie anhimmeln und welchen sie Körbe geben, dann bekommt man einen anderen Eindruck. Sie scheinen genau zu wissen, welche Jungs sie wollen, und welche nicht. Reifen Frauen, die derlei behaupten, legen lediglich ein Zeugnis mangelnden Einfühlungsvermögens sowie der mangelnden Fähigkeit ab, sich Vergangenheit und Zukunft hinreichend vergegenwärtigen zu können. Solchen Frauen mangelt es an intellektuellen Fähigkeiten. Dieses

Problem haben viele Frauen. Vergangene Wünsche verändern sich in ihrer Erinnerung, und sie können zukünftige Bedürfnisse nicht adäquat antizipieren.

Intelligenz und »Intellekt« machen nicht zwingend attraktiv. Intelligenz ist eine Persönlichkeitseigenschaft von vielen. Zwar eine der relativ markantesten, absolut betrachtet aber nur eine unter vielen. Alles zu seiner Zeit! Und die Zeiten waren unterschiedlich. Vor fünfzigtausend Jahren waren Männer gefragt, die im Kampf auf Leben und Tod oder um lebenswichtige Ressourcen, in Auseinandersetzungen mit wilden Tieren oder anderen Männern nicht zimperlich waren, sondern gekonnt mit der Keule zuschlagen konnten. Intellektuelle wären als Lebenspartner kaum eine Hilfe gewesen, wenn es darum ging, die Gesundheit der eigenen Familie vor aggressiven Angreifern zu schützen, die auf Suche nach Nahrung, nach Gelegenheiten zum Plündern und nach jungen Mädchen zum Vergewaltigen brandschatzend durch die Gegend zogen. Heutzutage ist Intellekt weitaus gefragter, aber archaische Eigenschaften wie »Durchsetzungsfähigkeit« oder »Tapferkeit« sind noch immer begehrtere männliche Attraktivitätsmerkmale.

Aggression hin, Intelligenz her, im Endeffekt bekommen weder ein rüder Strassenschläger noch der Erfinder des Teilchenbeschleunigers die meisten Mädchen ins Bett, sondern der Musikstar, der mit seinen verschiedenen Liedern möglichst viele verschiedenen Emotionen in einer Frau weckt und ihrer Fantasie die Illusion gibt, alles in einem zu sein und keine extrem einseitigen Schwerpunkte zu haben.

Wer nach 1970 geboren wurde, kam in seiner Kindheit oder Jugend nicht daran vorbei, einmal das eine oder andere Videospiel zu spielen. Videospiele bieten, ähnlich wie Glücksspiele oder Wertpapierhandel, die Möglichkeit, innerhalb kürzester Zeit verschiedenste Bereiche seines Gehirnes zu aktivieren und seine Emotionen innerhalb von Minuten durch sämtliche Höhen und Tiefen zu jagen. Es findet eine extreme Ereignisverdichtung statt. Genau das, was Männer wollen und brauchen. Deshalb ist der Suchtfaktor von Videospielen für junge Männer enorm. Jungs, die zu Weihnachten ein lange ersehntes Videospiel bekommen, beschäftigen sich die folgenden drei Ferienwochen wie Besessene mit nichts anderem als dem neuen Spiel – bis sie das verdammte letzte Level endlich erreicht, den Endgegner geschlagen und den Highscore geknackt haben. Und wenn sie dafür jede Nacht bis morgens um sechs Uhr durchspielen müssen. Ab Mitternacht nehmen sie sich ständig vor, nach dem nächsten Level für heute aufzuhören. Wenn es aber schliesslich geknackt ist, spielen sie das darauffolgende Level scheinbar nur einmal kurz an, um zu sehen, was dort als nächstes kommen wird, und kaum, dass sie es sich versehen, sind sie schon wieder mitten in der Jagd um das nächste Level. Das geht so lange, bis sie mit dem Controllerpad in der Hand einschlafen. Die meisten jungen Männer kennen dieses Szenario. Nach drei Stunden verschwitzten Schlafs mit Alpträumen wachen sie auf und spielen ohne Frühstück oder Dusche nahtlos weiter. Selbst wenn sie es schaffen, mal zeitig ins Bett zu gehen, liegen sie wach, wälzen sich hin und her und fragen sich, warum sie dieses verdammte Level noch nicht geschafft haben. Also stehen sie wieder auf und schalten die Spielkonsole wieder an.

Auch Mädchen spielen inzwischen Computer. Als Zielgruppe sind sie der Wachstumsmarkt der Industrie, nachdem die Interessen der Jungs nahezu abgegrast sind. Doch Mädchen spielen eine Weile, auch schon mal ein paar Stunden, schalten dann aber wieder aus. Sie haben erst mal genug. Sie machen dann wieder etwas anderes, und die Konsole bleibt einige Tage oder Wochen aus. Das Gefühl, nicht aufhören zu können, kennen Frauen allenfalls daher, dass sie die Schokolade aufessen müssen, wenn die Packung einmal offen ist. Ansonsten haben sie mit dem Aufhören weitaus weniger Probleme als Männer. Mädchen streben Gefühle von Ausgeglichenheit an, Jungs bevorzugen extreme Emotionen. Jungs, die zu viele Videospiele gespielt haben, können sich schwer wieder für Bücher zu begeistern, bei denen man nicht innerhalb von Minuten einmal durch die komplette Gefühlsachterbahn rauscht. Prinzipiell ist es aber derselbe Mechanismus, der später aus Männern Workaholics macht. Männer, die einen Erfolg vor Augen haben, vergessen zu essen, vergessen zu schlafen und vergessen ihre Gesundheit. Dann werden sie schnell zu Besessenen. Wer in der Evolution ein wildes Tier verfolgte, durfte nicht einfach wieder stehen bleiben. Sonst hatte er zu viele Ressourcen verschwendet und für die nächste Verfolgungsjagd vielleicht nicht mehr genügend Kraft. Wer ohne Fleisch nach Hause kam, bekam weniger Sex als jemand, der grossartigen Jagderfolg gehabt hatte. Männer jagen obsessiv den Erfolg, weil sie obsessiv Sex suchen.

Der Ideale Tag eines Mannes sieht so aus, dass ihm morgens nach dem Aufwachen als allererstes seine geliebte nackte Frau, die neben ihm liegt, einen bläst. Anschliessend, wenn er sich von seinem Chauffeur zur Arbeit fahren lässt, wird er von einer jungen, hübschen, nackten Arbeitskollegin begleitet, die ihm auf dem Rücksitz einen bläst. Im Büro angekommen, lässt er sich zuerst von seiner jungen, hübschen, nackten Sekretärin einen blasen, noch bevor er seinen Terminkalender gesichtet und einen Kaffee getrunken hat. Im Verlauf des Tages verlässt er seine Meetings und Gesprächstermine jeweils im Zweistundentakt, um sich jedes Mal von einer anderen jungen, hübschen, nackten Mitarbeiterin zwischendurch einen blasen zu lassen. Nach den jeweils grossartigen opulenten Mittag- und Abendessen lässt er sich zum Nachtisch jeweils von einer anderen der jungen, hübschen, nackten Kellnerinnen einen blasen. Zuhause angekommen, lässt er sich von seiner geliebten nackten Frau ein letztes Mal einen blasen, bevor er zufrieden die Augen zur Nachtruhe schliesst. Immer vorausgesetzt, dass sein Kondition so lange durchhält.

Ihre häufigeren Herzinfarkte, Depressionen und Selbstmorde sind ein Teil der Wahrheit und des Preises, den Männer dafür zahlen, dass sie nur ein X-Chromosom haben. Die meisten wichtigen Informationen sind auf dem X-Chromosom. Wenn eine Information darauf fehlerhaft ist, besitzen Frauen ein zweites X-Chromosom, das mit seinen Informationen einspringt. Männer nicht. Bei Männern äussert sich eine Fehlinformation meist in Form von extremen Merkmalsausprägungen, auffälligem Verhalten, in häufigeren und schwereren Krankheiten, in psychischer Labilität und in weiter gestreuter Intelligenz.

Die ewig Durst nach Sex verspürenden und nach Befriedigung hechelnden Männer sind wie der Esel, vor dessen Nase die Leine einer auf seinem Rücken montierten Angel mit einem Strauss Karotten hängt, der ihn ständig zum Laufen antreibt. Frauen sind clevere Reiter, die diese Esel für ihre Zwecke einspannen. Dabei bleibt ihnen der unaufhörliche Stress erspart, den der Esel verspürt. So gerne Frauen Männer mögen und so interessant sie sie auch finden, machen sie dennoch nicht ihr ganzes Leben und ihr ganzes Glück von ihnen abhängig. Wenn sich das Glück in der Liebe nicht einstellen will, weiss eine Frau sich trotzdem auch mit anderen Dingen zu beschäftigen. Frauen sind reichlich mit physischen und psychischen Warnleuchten ausgestattet und empfinden bei einseitiger Überbeanspruchung rechtzeitig entsprechende Emotionen, die sie gegensteuern und geeignete Massnahmen ergreifen lassen, während Männer weiterhin mit Vollgas auf die Wand zufahren. Daran, dass Frauen das stärkere Geschlecht sind, kann es keinen Zweifel geben. Sie entfernen sich nicht zu weit von der Herde, sie differenzieren und profilieren sich nicht zu stark von und auf Kosten ihrer Geschlechtsgenossinnen, sondern nutzen weiterhin konsequent die Schwarmintelligenz ihrer Gemeinschaft. Männer müssen sich differenzieren und profilieren, damit sie zum Sex auserkoren werden.

Männer stehen ständig unter Strom. Sie denken an Sex, an Sex und manchmal auch an Sex. Dabei jagen sie einem Phantom hinterher. Viele Männer verlieren im Laufe der Jahre mehr Freundschaften als Frauen, weil sie nur noch an ihren Beruf denken. Männer ertragen auch dann noch das rauer werdende zwischenmenschliche Klima, die spitzen Ellenbogen, das Machtgerangel, den Egonarzissmus sowie die Schadenfreude und die Häme anderer über ihre Fehler und Misserfolge, wenn sie sich auf beruflichen Hierarchiestufen befinden, auf denen Frauen längst überwiegend freiwillig aus den erbitterten Wettläufen ausgeschieden sind. Männer ernähren sich schlechter, haben häufiger und stärker Übergewicht, erleiden mehr gesundheitliche Attacken und gehen dennoch seltener zum Arzt. Männer laufen auf Hochtouren, bis ihr Körper wegen des Kollapses eines Organs einfach stehen bleibt wie ein Auto, das mit leerem Tank auf der Autobahn ausrollt. Junkies leben eben so. Aber weil sie Sex nicht nach Belieben zu jeder Tages- und Nachtzeit und mit der unmittelbar begehrten Frau haben können, weichen sie auf andere dopaminfördernde Tätigkeiten aus. Sie konsumieren Alkohol, betreiben Risikosportarten, Glücksspiel und Aktienhandel, fiebern fanatisch mit einem Lieblingsfussballverein und suchen kompetitive Auseinandersetzungen. Wenn sie alle genug Sex hätten, würden Männer vermutlich kaum Alkohol trinken, kaum Risikosportarten betreiben, kaum mit Aktien handeln, und für Fussball hätten sie nur ein geringschätziges Lächeln übrig. Sie haben ihn aber nicht, den Sex, in der Quantität und Qualität, die sie brauchen. Wie viel Sex Männer auch immer benötigen, sie bekommen nur so viel, wie Frauen ihnen gewähren – beziehungsweise in welchem Mass Frauen ihn ihrerseits brauchen. Wenn ein Mann zehnmal Sex will, während eine Frau in der gleichen Zeit nur dreimal möchte, dann werden die beiden dreimal Sex haben. Höchstens viermal. Männliches Tempo wird durch weibliches Tempo limitiert.

Den meisten Sex bekommen Männer in festen Beziehungen. Alleinstehende Männer haben kaum welchen. Das ist völlig logisch.

Männern, mit denen sie in einer Beziehung stecken, gewähren Frauen normalerweise kontinuierlichen sexuellen Zugang. Alleinstehende Männern haben keine feste Partnerin und gehen daher leer aus. Auch alleinstehende Frauen gewähren alleinstehenden Männern nicht mehrmals pro Woche sexuellen Zugang. Jene absolute Minderheit extrem überzeugender Männer, die keine feste Beziehung brauchen, weil sie sich aufgrund offensichtlich überragender Attraktivität vor erotischen Angeboten kaum retten können, fallen hochgerechnet auf die Gesamtheit aller alleinstehender Männer statistisch kaum ins Gewicht. Alleinstehende Frauen gewähren lieber liierten Männern sexuellen Zugang, weil sie hoffen, einen vorgeprüften Mann von einer anderen Frau loseisen zu können. Wenn jemand Geschichten von Singlemännern hört, die ein fantastisches Sexualleben mit haufenweise wundervollen Frauen haben, verbirgt sich dahinter meist ein Märchen.

Ihre Sexfrequenz ist für Männer der zuverlässigste subjektive Statusindikator. Wenn sie zuwenig davon haben, fühlen sie sich minderwertig und werden stetig depressiver. Die Minderwertigkeitsgefühle schlagen sich auf ihre Belastungsfähigkeit durch. Die Mehrheit der alleinstehenden Männer ist aufgrund ihrer Unausgeglichenheit weitaus weniger leistungsfähig, als sie es unter anderen Umständen sein könnten. Alleinstehende Frauen haben dagegen mangels Kinder und Ehemann reichlich Arbeitskapazitäten frei, die sie in ihre Karriere investieren können. Der fehlende Sex wirkt sich bei ihnen nicht leistungsmindernd aus. Im Gegenteil, Karrierefrauen nutzen ihre Arbeit als Ersatzhandlung. Ihren einmal eingeschlagenen Weg beschreiten sie oft konsequent, auch weil sie ihre Glaubwürdigkeit bewahren wollen. Regelmässiger befriedigender Sex fehlt ihnen nicht so sehr, wie er Männern fehlt. Wie sehr den meisten beruflich sehr erfolgreichen Frauen aber Kind und Familie fehlen, gestehen sich manche noch nicht mal selbst ein. Diese Frauen bewältigen beruflich mitunter ein enormes Pensum, aber sie sind noch weit in der Minderheit, wie man anhand gegenwärtiger Geschlechterverhältnisse in Chefetagen sehen kann. Die Zahlenverhältnisse verschieben sich allerdings zunehmend. Nicht weil Frauen plötzlich ehrgeiziger würden als Männer, sondern weil sie viel mehr Hochschulabsolventinnen stellen.

Eine junge Geliebte ist für einen Mann die beste Lebensverlängerungsmassnahme. Sie ist eine Wohltat für seine Gesundheit. Besser kann er sich kaum vor Herzerkrankungen und Demenz schützen. Beruflich am leistungsfähigsten sind Männer in langjährigen, liebevollen und mit Kindern gesegneten Beziehungen, die ab und an eine Affäre mit einer jüngeren Geliebten haben. Sie hätten natürlich lieber jeden Abend eine andere Zwanzigjährige im Bett, anstatt die gleiche langjährige Lebensgefährtin, aber gegenüber den unbefriedigten alleinstehenden Männern geniessen sie gravierende Vorteile weit über ihr geregeltes Liebesleben hinaus. Erfolgreiche Männer bekommen in ihrer Familie Anerkennung, werden unterstützt, erfahren das Gefühl gebraucht zu werden, ihr Akku wird immer wieder aufgeladen und sie bleiben dabei stets motiviert.

Ihr Berufsleben ist für Männer bislang noch ein gewisser Schutzraum. Im gesellschaftlichen Sozialleben wird der Takt dagegen vollständig von Frauen vorgegeben. Frauen entscheiden weitestgehend darüber, welche Lebens- und Liebespartnerschaften sich zusammenfinden und mit wem Männer Sex haben dürfen. Ausserdem sorgen Frauen für den familiären Zusammenhalt und für das Funktionieren der Freundeskreise. Männer, die sich dieser weiblichen Dominanz widersetzen, werden von Isolation und Einsamkeit umhüllt. Wenn die Frauen, was eines ihrer selbstverständlichen Rechte ist, auch noch mit aller Macht in sämtliche exekutiven Ebenen des Berufslebens hineindrängen, nehmen sie den Männern die letzten Bastionen. Sie besetzen den Raum, in dem die Männchen noch archaische Kämpfe austragen können und raubeinige ungehobelte Kerle sein dürfen. Weibliche Anwesenheit beim Arbeiten kann ein ähnlich beklemmendes Gefühl sein wie die Anwesenheit von Frauen in einer verschwitzten Männerumkleidekabine. Die Schutzräume für Männer verschwinden langsam, aber vollständig. Fehlende Rückzugsmöglichkeiten könnten Männer mittelfristig ebenso aggressiv und gewaltbereit machen wie aufgezwungene Isolation.

25 GLEICHBERECHTIGUNG UND GLEICHE VERANTWORTUNG

Bis vor nicht allzu langer Zeit waren es noch »weisse Männer« und insbesondere »weisse Machos«, auf die man fast alle sozialen, ökonomischen und juristischen Unzulänglichkeiten schieben konnte. Die Rassenkarte sticht aber nicht mehr. Latinos, Schwarze und Asiaten haben es in Nordamerika inzwischen bis in alle Institutionen geschafft und sind längst zu erfolgreich, als dass sie noch eine weisse Sündenbockethnie bräuchten. Vielleicht sticht auch die Geschlechterkarte in einigen Jahren nicht mehr, und wird dann kein Sündenbockgeschlecht mehr gebraucht.

Wenn man die steigende Anzahl weiblicher und die abstürzende Anzahl männlicher Abiturienten anschaut, kann man an einer Hand abzählen, dass die aufgeklärten Gesellschaften, deren hohe und höchste Führungspositionen bislang noch immer überwiegend in männlichen Händen liegen, in nur wenigen Jahren fast vollständig von Frauen besetzt sein werden. Sie werden von schierer Masse überflutet werden. Wenn man finstersten Prognosen glauben schenkt, wird der Anteil von Jungs an den Abiturienten eines Jahrgangs bis zum Jahr 2030 auf ein Fünftel sinken. Der männliche Anteil unter Hauptschülern, Sonderschülern und Schulabbrechern bewegt sich bereits in entgegengesetzter Grössenordnung und liegt bei vier Fünfteln. Schulunterricht an Hauptschulen ist überwiegend eine reine Jungenveranstaltung. In wenigen Jahrzehnten könnten nicht nur achtzig Prozent der Führungspositionen mit Frauen besetzt sein, sondern vier junge Akademikerinnen müssten sich dann einen Akademiker als Lebens- und Liebespartner teilen, sofern sie noch auf ihr Kriterium der selbstdefinierten »Augenhöhe« Wert legen, unter der Männer freilich etwas anderes verstehen. Die Vergewaltigungsgefahr für Frauen könnte dann rapide ansteigen, denn es wird ja noch die grosse Menge der anderen

Männer geben, die keine Akademiker sind und mit denen keine ambitioniert formalgebildete Frau etwas anfangen will, die aber unausgeglichen, frustriert und nicht selten verbittert und hasserfüllt sein könnten. Männliche Arbeitsmodelle könnten bald zu Grabe getragen werden. Frauen werden das Arbeitsleben dramatisch umbauen, so dass es ihren Bedürfnissen gerechter wird. Sie werden mit anderen Qualitäten Erfolg haben. Frauen beruflich an Männern zu messen ist so falsch, wie das Verhalten von Jungs in der Schule mit dem von Mädchen zu vergleichen. Warum sollte sich ein Handballspieler an den Fähigkeiten eines Hockeyspielers messen lassen?

Was für Frauen im Berufsleben gilt, betrifft Männer umgekehrt im ausserberuflichen Privatleben, jenem Drittel, dass es neben Arbeit und Schlaf auch noch gibt. In den letzten Jahren und Jahrzehnten haben Männer immer mehr den Glauben entwickelt, sie müssten weibliche Werte und Moralvorstellungen übernehmen, ihre femininen Seiten ebenso pflegen wie ausbauen und insgesamt weiblicher werden. Dabei müssen Männer grundsätzlich gar nichts! Anderes zu glauben wäre so verkehrt wie der Glaube, dass Frauen im Job männliche Verhaltensweisen adaptieren müssten. In einer Demokratie haben Menschen ein hohes Mass an legitimer Selbstbestimmung. Männer müssen grundsätzlich nichts, müssen nichts nicht, dürfen alles und dürfen nichts nicht. So wie Frauen ebenfalls nichts müssen, nichts nicht müssen, alles dürfen, und nichts nicht dürfen. Die repressiven Zeiten des Mittelalters sind vorbei. Beide Geschlechter können jederzeit typische Verhaltensweisen des anderen imitieren und kopieren, aber sie brauchen sich dies keineswegs abverlangen, wenn sie nicht wollen. Ein Löwe wird vermutlich freiwillig keinen Jogurt essen, darf es aber jederzeit. Ein Löwe muss auch kein Fleisch essen, wird es aber höchstvermutlich tun. Löwen scheren sich nicht um Rollenbilder. Männer müssen weder lernen, sich weiblicher Fähigkeiten zu bedienen, noch müssen sie wieder lernen, sich auf Männlichkeit zu besinnen. Frauen müssen ebenfalls keine männlichen Eigenschaften extra erlernen. Zwang und Schikane sind fehl am Platz.

Männer fühlen anders als Frauen, sie träumen anders und sie haben andere Sehnsüchte. Frauen sollten Männer im sozialen und gesellschaftlichen Leben so wenig in weibliche Werteschablonen pressen und weder einen sozialen Käfig um noch eine gläserne soziale Decke über sie bauen, wie sie sich das umgekehrt im Berufsleben seitens der Männer auch nicht bieten lassen wollten. Das bedeutet, dass sie Männern selbstverständlich zugestehen müssen, eigene Vorstellungen von Liebe, Romantik, Lust und Sexualität zu haben. Männer, die Frauen im Berufsleben Steine in den Weg legen, verwirken jeden Anspruch darauf, sich ihrerseits ernsthaft beschweren zu können, wenn sie von Frauen an anderer Stelle – im ausserberuflichen Sozialleben – ausgegrenzt, stigmatisiert und verachtet werden. Und Frauen, die Männern im sozialen und gesellschaftlichen Leben etwas aufzwingen wollen, verwirken jeden Anspruch darauf, sich ihrerseits ernsthaft beschweren zu können, wenn sie von Männern im Berufsleben ausgebremst werden. Die Geschlechter sollten sich bei der Verwirklichung ihrer emotionalen Sehnsüchte gegenseitig keine Steine in den Weg legen. Stammhirn und limbisches System von Menschen sind langfristig immer stärker, als es äussere Repressionen und Konformismuszwänge sein können. Dagegen anzukämpfen, kommt dem Versuch gleich, einen einstürzenden Staudamm mit eigenen Händen abstützen zu wollen. Selbst wer es kurzfristig scheinbar schafft, bei dem bricht sich das Wasser an anderer Stelle seine Bahn – unter der Oberfläche, im Versteckten, schlimmstenfalls in Form von Vergewaltigungen, Amokläufen und Massakern.

Ein Tag hat nur vierundzwanzig Stunden. Jede Minute Urlaub, jede Minute Geselligkeit mit Freunden, jede Minute Entspannung und Sinnesfreude mit einem Glas Rotwein auf dem Balkon, jede Minute Sport oder Yoga, jede Minute mit einem Buch, jede Minute vor dem Fernseher, im Kino oder in der Oper, jede Minute Spielen mit dem eigenen Kind ist jeweils eine Minute, die bei Arbeit und Berufsausübung fehlt. Es entstehen immer zeitliche Opportunitätskosten. Seine eigene Zeitbalance muss jeder selbst finden. Je höher eine berufliche Hierarchiestufe, desto mehr zeitliche Eingebundenheit wird jedoch faktisch in der umliegenden Arbeitswelt erwartet. Wer Karriere machen will, muss bei jeder grossen Beförderung feststellen, dass er nun noch zwei Stunden länger arbeiten muss als zuvor. Die Zeit für Freunde, für Entspannung auf dem Balkon, für Yoga oder für das Beisammensein mit den Kindern wird immer knapper. Frauen sind meistens so vernünftig, ab einem gewissen Punkt zu sagen: »Bis hierher und nicht weiter!« Wenn eine Karrierestufe sie noch weiter von ihrem homöostatischen Gleichgewicht entfernt und einem Infarkt nahe bringt, verzichten sie lieber. Ehrgeiz ist schön und gut, aber beruflicher Aufstieg ist kein Selbstzweck. Wenn die Bilanz aus Geben und Nehmen nicht mehr stimmt, steigen Frauen aus der Karrierespirale aus. Sie machen sich mehr als Männer Gedanken darüber, wie viel sie ihrer Gesundheit, ihren Nerven, ihren Blutgefässen, ihrem Herzen und ihren sonstigen Organen an Beanspruchung zumuten wollen, und wie viel nicht. Sie können es sich auch leisten, denn ihre Fortpflanzungschancen beim anderen Geschlecht verringern sich nicht dadurch, dass sie den Karriere-, Hierarchie- und Statuswettlauf nicht weiter mitspielen. Auch der Respekt, den ihnen Freunde und Familie entgegen bringen, verringert sich nicht. Bei Männern ist das anders.

Es ist so und es bleibt dabei, dass Frauen die erfolgreichsten unter den Männern mit dem meisten von dem, was Männern am wichtigsten ist, beschenken – mit sexueller Abwechslung. In ihrer Sexbesessenheit haben Männer gar keine andere Wahl, als wie wahnsinnig zu arbeiten. Wer Schwäche zeigt, wer weniger leistet oder wer sich leicht frustrieren lässt, muss mit dem zufrieden sein, was er angesichts des Erreichten an geringerem Respekt und an selteneren erotischen Angeboten erhält. Männer arbeiten deshalb auch dann weiter, wenn ihr Körper rebelliert. Wenn sie einmal Blut geleckt haben und der Karrierezug nach oben unterwegs ist, arbeiten sie mehr, noch mehr, und noch viel mehr. Männer werden immer bereit sein, mehr zu leisten und mehr von ihrer Gesundheit aufs Spiel zu setzen, als dies bei Frauen der Regelfall ist. Angesichts dieser Tatsache erscheint es als Hohn, wenn Frauen sich darüber beschweren, dass zumindest bislang noch immer mehr Männer

Führungspositionen bekleiden und mehr Männer steile Karrieren hinlegen. Es ist schliesslich nicht so, dass Männer keinen Preis dafür zahlen würden. Herzinfarkte, Depressionen und Selbstmorde sind die Folgen, von denen Männer weitaus häufiger als Frauen betroffen sind. Über unausgeglichene und gereizte Männer muss sich niemand wundern. Wer sich als Mann von ein paar Stresssymptomen oder von Herzrhythmusstörungen beeindrucken liess und mit seinem Erreichten früh zufrieden war, hatte in der Evolution weniger Fortpflanzungserfolg als jener, der gnadenlos bereit war, über seine Erschöpfungsgrenzen hinaus Raubbau an seiner Gesundheit zu treiben. Entsprechend besessen arbeitende Männer hat die Evolution bis heute hervorgebracht. Und entsprechend anfällig ist das heutige Herzkreislaufsystem von Menschen. Wobei sich von zwei gleicherfolgreichen natürlich schon immer derjenige besser Fortgepflanzt hat, der das bessere Herzkreislaufsystem hatte.

Wenn sich ein Unternehmen einer Bewerberin und einem Bewerber gegenüber sieht, die gleichgut formalqualifiziert sind und gleiche Freude an ihrer Arbeit haben, besteht für den männlichen Bewerber immer noch der zusätzliche Arbeitsanreiz, dass beruflicher Erfolg für ihn auch eine erhebliche Erhöhung seiner Attraktivität auf dem Partnermarkt mit sich bringt. Dieser Anreiz besteht für Frauen nicht, weil männliche Partnerwahl weniger auf beruflich erfolgreiche, als auf schöne Frauen ausgerichtet ist. Wenn es männliche Bewerber bevorzugt, kauft sich ein Unternehmen im statistischen Mittel daher höheren Ehrgeiz ein. Wer sich ernsthaft darüber wundert, warum auf den höchsten Karrierestufen bislang ein gnadenloser Männerüberschuss herrscht, dem muss es an sämtlicher Menschenkenntnis fehlen. Insbesondere fehlt es ihm an Männerkenntnis. Und daran fehlt es Frauen sehr oft.

Noch immer gibt es unter Frauen den Glauben, Männer verdienten mehr Geld. Personalkosten sind teuer. Kein Unternehmer beschäftigt mehr Leute als nötig. Kein vernünftiger Unternehmer stellt für das, was zu erledigen ist, erheblich überqualifizierte Leute ein. Kein vernünftiger Unternehmer bezahlt einem Arbeitnehmer freiwillig mehr Geld, als es bedarf, um den Arbeitnehmer effektiv zu motivieren. Und kein vernünftiger Unternehmer stellt von zwei gleich guten und gleich leistungsbereiten Arbeitnehmern den teureren ein. Unternehmer beschäftigen Arbeitnehmer nicht aus Menschenfreundlichkeit, sondern weil sie die Arbeitsleistung benötigen. Wenn andere Arbeitnehmer bei gleicher Leistungsfähigkeit zu geringeren Kosten zu haben sind, wird ein vernünftiger Unternehmer diese einstellen. Andersdenkende Kaufleute hätten ihren Beruf verfehlt. Das Einmaleins des Wirtschaftens basiert ganz grundsätzlich darauf, eine zu erbringende oder erbrachte Leistung zum höchstmöglichen Preis zu verkaufen und eine benötigte Leistung zum niedrigsten erzielbaren Preis einzukaufen. Zumindest sollten in der Summe die Einnahmen die Ausgaben übersteigen, um als Betrieb wenigstens zu überleben. Wenn von zwei männlichen Arbeitnehmern in einem Unternehmen einer ein niedriges und einer ein hohes Gehalt bekommt, ist mit ziemlicher Sicherheit davon auszugehen, dass, gemessen an den Leistungsarten die der Arbeitgeber nachfragt, der eine weniger und der andere mehr leistet. Es liegt ausserhalb jeglichen vernünftigen ökonomischen Denkens, anzunehmen, dass diese Logik plötzlich anders funktioniert, wenn man nicht einen Mann mit hohem und einen Mann mit niedrigem Gehalt vergleicht, sondern eine hochbezahlte Frau mit einem niedrigbezahlten Mann. Man kann auch eine niedrigbezahlte Frau mit einem hochbezahlten Mann vergleichen und wird diese Logik ebenfalls bestätigt finden. In fast jedem gemischtgeschlechtlichen Unternehmen gibt es Männer, die weniger verdienen als Frauen. So wie es dort auch Frauen gibt, die weniger verdienen als Männer. Es ist keineswegs so, dass Frauen in der Gehaltspyramide geschlossen unten und Männer geschlossen oben stehen. Kein nicht völlig unvernünftiger Unternehmer würde einem Mann ein hohes Gehalt bezahlen, wenn er ihn durch eine gleich leistungsfähige, aber günstigere Frau ersetzen könnte. Hochbezahlte Männer bringen daher meist auch qualitativ herausragende Leistungen oder zumindest quantitativ umfangreichen Einsatz. Oder sie investieren überdurchschnittlich viel ihrer gesundheitlichen Ressourcen. Dafür bekommen sie ihre Entgelte.

Gesellschaftliche Topentscheider sind meist um die sechzig Jahre alt. Und bislang sind sie noch überwiegend männlich. Natürlich verdienen übersechzigjährige Männer, die sich in die höchsten Karriereebenen vorgearbeitet haben, mehr als gleichaltrige Frauen, weil als ihre Karriere vor fünfunddreissig Jahren begann, unter Hochschulabsolventen weitaus mehr Männer als Frauen waren. Deshalb ist das in Ordnung. Und natürlich verdienen unterdreissigjährige Frauen heute mehr als gleichaltrige Männer, weil unter den Hochschulabsolventen der letzten Jahre signifikant mehr Frauen als Männer waren. Deshalb ist auch das in Ordnung. Wenn man alle Altersklassen in einen Topf wirft, verdienen Männer noch immer absolut mehr als Frauen, weil hochqualifizierte Frauen erst noch nachwachsen, sechzig werden und in die höchsten Ebenen aufsteigen müssen. Natürlich verdienen Ärzte mehr als Krankenschwestern und Piloten mehr als Stewardessen. Das vollständige Nachwachsen der Frauen wird aber bald abgeschlossen sein, was dann selbstverständlich bedeuten wird, dass Ärztinnen mehr als Krankenpfleger und Pilotinnen mehr als Stewards verdienen werden.

In absoluten Gehältern gemessen erzielen Männer in Deutschland zwar tatsächlich höhere, in relativ gemessenen Gehältern aber längst Frauen die höheren Einkommensbeträge. Friseurinnen und Kosmetikerinnen einerseits, sowie Möbelpacker und Bauarbeiter andererseits, liegen einkommenstechnisch nicht durchwegs dramatisch auseinander. Wirklich markante Zahlen treten erst bei Vergleichen in hoch- und höchstbezahlten Berufen auf, wo es hohe Einkommenselastizitäten und viel Dynamik gibt.

Absolute Vergleiche stellen nur Wettbewerbs- und Gerechtigkeitsverzerrer an. Selbstverständlich muss man Zahlen gewichten und in relative Bezüge setzen, um sie halbwegs aussagefähig zu machen.

Wenn die Gehälter von Männern und Frauen miteinander verglichen werden sollen, muss korrekterweise das Alter der Vergleichspersonen, ihr Ausbildungsniveau und ihre Berufserfahrung gleich sein. Dies gilt ebenso für ihre Hierarchie-, Entscheidungs- und Verantwortungsebene. Bestenfalls sollten sie auch noch im selben Unternehmen arbeiten. Das bereitet Statistikern bereits einige Mühe. Der entscheidende Punkt aber, der von Statistikverdrehern meistens unterschlagen wird, ist die Anzahl der geleisteten Arbeitsstunden. Die erhaltenen Entgelte müssen auf die geleisteten Stunden umgelegt werden, also selbstverständlich auch auf Überstunden, damit man Zahlen über reale Stundenlöhne erhält.

Je höher berufliche Hierarchieebenen sind, desto schwieriger wird dieser Vergleich, weil dort seltener mit Stechuhren gearbeitet wird und es mit zunehmender Verantwortung schwerer wird, seinen Schreibtisch pünktlich zu verlassen und in den Feierabend zu gehen. Umfassende empirische Untersuchungen darüber gibt es nicht. Es gibt jede Menge Statistiken, die nur pauschal besagen, dass Männer absolut mehr als Frauen verdienen. Andere Daten belegen klipp und klar, dass Männer viel mehr Überstunden machen. Und diese Information ist eklatant wichtig! Wenn man nämlich beide Fakten manuell übereinander legt, verdienen Frauen pro Stunde meistens mehr. Ist das gerechtfertigt?

Natürlich ist es gerechtfertigt, wenn Frauen mehr verdienen! Eine Unternehmerin oder ein Unternehmer stellt die Personen ein, an deren Arbeitsleistung er interessiert ist. Schliesslich handelt es sich um das eigene Unternehmen mit dem entsprechend investierten Eigenkapital. Rechtfertigungen einzufordern, entspricht einer Beschädigung der persönlichen Selbstbestimmung darüber, was man mit seinem Eigentum macht. Unternehmerinnen und Unternehmer zwingen niemanden, bei ihnen zu arbeiten. Es ist selbstverständlich, wenn diese entsprechend eigenständig darüber entscheiden, wem sie wie viel bezahlen wollen. Sie tragen schliesslich auch das Risiko. Und wenn sie entscheiden, Frauen höhere reale Stundenlöhne als Männern zu bezahlen, ist das ihre Sache. Kein Mann und keine Gewerkschaft können sich in glaubwürdiger Weise darüber beschweren. Männer beschweren sich aber auch gar nicht darüber, dass Frauen mehr verdienen.

Letztendlich können Experten aus Statistiken ohnehin immer herauslesen, was sie wollen. Wer nicht glaubt, dass man Statistiken fast nach Belieben verdrehen kann, kann sich beispielsweise einmal mit dem »Simpson-Paradoxon« vertraut machen. Ein einziges Beispiel, das einem bereits die Augen darüber öffnet, wie »zuverlässig« statistische Aussagen sind.

Eine Errungenschaft des Feminismus sind Quotenregelungen in vielen Bereichen der Gesellschaft. Quoten kann man auf alle erdenklichen Merkmale erheben, aber nirgends werden sie so übertrieben wie in Geschlechterfragen. Quoten bewirken, dass unmittelbare natürliche soziale Prozesse ausgehebelt und durch bürokratische Autorität ersetzt werden. Wo bestimmte Leistungen gefragt sind, sollte man annehmen, dass jene Anbieter am meisten gefragt sind, die eben diese Leistungen am besten erbringen können. Es müssten sich demnach in Selektionsprozessen jene Arbeitskräfte durchsetzen, die die verlangten Fähigkeiten am besten beherrschen. Das Operationsteam eines Krankenhauses sollte aus jenen Ärzten bestehen, die über das wertvollste medizinische Know-how verfügen. Gleiches gilt für den Pilotenpool einer Flugzeugflotte, der sich nach Möglichkeit aus den fähigsten Piloten zusammensetzen sollte. Wenn man am offenen Körper operiert oder in einem Flugzeug durch die Luft geflogen werden soll, möchte man, dass die entsprechenden Fachkräfte nach ihrem Können und nicht nach Haarfarbe, sexueller Orientierung, dem Lieblingsfussballverein oder danach ausgewählt wurden, ob sie lieber Pepsi oder Coke trinken. Und nach Geschlecht eben auch nicht. Quotenregelungen setzen Leistungsprinzipien ausser Kraft. Es handelt sich um Willkürregelungen, weil sie auf ein beliebiges Kriterium abstellen, das mit der eigentlichen Sache nichts zu tun hat. Niemand fordert Quoten für dicke oder kleine Leute, obwohl Statistiken aussagen, dass sich schlanke und grosse Menschen als erfolgreicher und besserverdienender erweisen. Entsprechend sind auch Quotenregelungen für Geschlechter denkbar überflüssig. Wo eine bestimmte Leistung nachgefragt wird, ist nominale Geschlechterausgeglichenheit irrelevant. Ein Ministerkabinett wird schliesslich auch nicht nach Krawattenfarben zusammengesetzt, weil einer entsprechenden Farbenausgeglichenheit keine Bedeutung zukommt. Eine Farbquote wäre absurd. Wenn Quotenregelungen bestehen, müssen leistungsstarke Leute ertragen, dass ihnen leistungsschwächere vorgezogen werden. Das ist brutal diskriminierend. Niemand kann etwas dafür, dass er das falsche Geschlecht hat.

Künftig könnte es tatsächlich darauf hinauslaufen, dass man im Krankenhaus auf einen männlichen Arzt, im Flugzeug auf einen männlichen Piloten und vor Gericht auf einen männlichen Anwalt bestehen muss, sofern man sicherstellen möchte, dass derjenige nach halbwegs objektiven Leistungskriterien selektiert wurde und seinen Job nicht aufgrund willkürlicher Quotenregelungen geschenkt bekam.

Nachdem man dereinst zu dem zweifelsohne vernünftigen Entschluss gekommen war, dass Frauen im Parkhaus die hellsten und die am besten per Kamera überwachtesten Stellplätze bekommen sollen, wurden Frauenparkplätze eingeführt. Man versäumte es allerdings, gleichzeitig die finstersten Stellplätze als Männerparkplätze zu deklarieren. Wenn sie wollten, konnten Frauen weiterhin auch in den hintersten Ecken parken. Sie konkurrierten also fortan um einhundert Prozent der Stellplätze im Parkhaus, Männer allerdings nur um den um die Frauenparkplätze bereinigten Anteil – und das, obwohl es mehr männliche als weibliche Autofahrer gibt. Und genauso wird es fortan wahrscheinlich auf dem Arbeitsmarkt zugehen. Obwohl es mehr männliche Karrieristen mit Aufstiegsambitionen gibt als weibliche. Frauen werden dann um einhundert Prozent der Plätze konkurrieren, Männer aber nur um siebzig Prozent davon. Das wird das Ergebnis einer Frauenquote sein. Je länger sich Märchen über weibliche Benachteiligung am Arbeitsplatz in der Öffentlichkeit halten, desto grösser werden die Aufnahmeschleusen für weibliche Berufsanfänger und desto kleiner die für männliche.

Analog zu der Tatsache, wonach es eben keinesfalls Frauen sind, die am häufigsten Opfer männlicher Gewalt werden, sondern es zwanzig Mal so häufig Männer sind, die Opfer männlicher Gewalt werden, könnte im Job nicht nur über Quoten für Frauen nachgedacht werden, deren Karrierechancen vor bis zum Herzinfarkt ehrgeizigen Männern geschützt werden sollen, sondern auch über Quoten für weniger ehrgeizige Männer, die sorgfältiger als Karrieristen auf ihre Gesundheit achten. Gesundheitsbewusste und soziale Männer leiden mindestens so sehr unter männlichen Karrieristen, wie Frauen es tun.

Nicht nur Leistung ist für Jobvergaben entscheidend, sondern auch Formalbildung. Nicht jene, die sich selbst zu genialen Autodidakten erklären, bekommen den leichteren Zugang zu Jobs, sondern jene, die die beeindruckendere Formalbildung vorweisen. Wenn man das Leistungsprinzip lockert und durch pauschale Quoten ersetzt, sollte man vielleicht auch die Relevanz von Formalbildung lockern und durch pauschale Quoten ersetzen. Wenn man umdefiniert, was berufliche Leistung darstellt, sollte man ebenso die Kriterien umdeuten, die die Vergabe von Zeugnissen und Zertifikaten definieren. Wenn es im Berufsleben wichtiger ist, eine Vagina zu besitzen, als leistungsfähig und arbeitsbereit zu sein, sollte es im Bildungssystem auch wichtiger werden, Hoden zu haben, als Faktenwissen reproduzieren zu können. Wenn Jobs und Posten nach Geschlecht vergeben werden, sollten es Ausbildungsabschlüsse und akademische Grade auch. Wer behauptet, dass das Arbeitsleben männerfreundlich und frauenfeindlich ist, sollte zumindest zugeben, dass das Bildungssystem mädchenfreundlich und jungsfeindlich ist. Viele beanspruchte Frauen leiden unter dem hohen Stress in ihrem Beruf. Was war es in der Schule dagegen entspannt! Viele beanspruchte Männer blühen im Berufsleben hingegen auf. Was haben sie in der Schule dagegen gelitten! An der Spitze der Arbeitswelt sind noch immer und bis auf weiteres Aggressivität und Wettbewerbsorientierung vorteilhaft. Harmoniebedürftige Frauen können da schlechter mithalten. An der Spitze des schulischen Notensystems sind weiterhin Selbstdisziplinierungs- und Gedächtnisleistungen, sowie Konformismus und Geduld gefragt. Rebellische, aggressive, leidenschaftliche und vor Tatendrang strotzende Jungs können da schlechter mithalten. Wenn bei den einen eine Quote nachhelfen soll, sollte es das bei den anderen auch.

Auf einhundert neugeborene Mädchen kommen zirka einhundertfünf neugeborene Jungs. Solange keine einhundertfünf

Absolventenzeugnisse an Jungs verteilt sind, könnte daher beim hundertsten Mädchen Schluss mit Absolventenzeugnissen sein. Das wäre doch mal eine Quotenregelung! Wie wäre es damit? Das einhunderterstbeste Mädchen hat dann einfach Pech gehabt, wenn ihm bei der Zeugnisvergabe einige Jungs vorgezogen werden, die in Faktenwissensreproduktion eigentlich schlechter sind.

Männer, die sich um ihrer Attraktivitätssteigerung willen abrackern und ihre Gesundheit ruinieren, müssen schliesslich auch ertragen, dass ihnen einige Frauen vorgezogen werden, die eigentlich weniger leisten als sie, aber vom Profil her in die Quotenanforderungen passen.

Häufig gibt es die dumme Behauptung, dass männliche Seilschaften Frauen vom Aufstieg abhalten würden. Als ob es keine weiblichen Seilschaften gäbe. Die meisten Seilschaften sind allerdings geschlechterübergreifend und von ganz anderen Merkmalen als dem Geschlecht geprägt.

Kindererziehung ist ein Bereich, in dem es männliche Bewerber sehr schwer haben und kaum Chancen besitzen, sich gegen etablierte weibliche Cliquen durchzusetzen. Solange geniessen Frauen die Deutungshoheit über Erziehungsfragen. Faktenverdreher behaupten gelegentlich, dass Männer an derlei Berufen gar kein Interesse hätten, weil sie so schlecht bezahlt würden. Eigenartig nur, dass der Beruf des Möbelpackers meist an Männern hängen bleibt, obwohl man dort noch schlechter bezahlt wird. Wie schlecht muss es manchen Männern gehen, dass sie trotz miesester Bezahlung einen solch knüppelharten Job machen?

Wo bleibt eine Quotenregelung, die besagt, dass die Hälfte aller Möbelpacker Frauen sein müssen? Hubschrauberpiloten und Tiefseetaucher, die im Einsatz ihr Leben riskieren, sind praktisch alle männlich. Personenschützer und Wachleute sind ebenfalls fast alle männlich, und bei Sprengstoffexperten und Hochhausfensterputzern sieht es nicht anders aus. Wo bleibt die Quote? Wer A sagt, muss auch B sagen. Wenn es nicht um Intellekt oder Ehrgeiz geht, weil Leistungsprinzipien ausser Kraft gesetzt und durch Quoten ersetzt werden, sollten auch zierliche Frauen Zementsäcke schleppen, obwohl starke Männer das viel leichter können. Wer in den oberen sozioökonomischen Gefilden Quoten einführen will, der muss diese auch in den untersten Gefilden ertragen. Wenn Quotenregelungen Frauen zu Managerposten verhelfen, sollten sie ihnen auch Jobs als Kanalarbeiterinnen verschaffen.

Quotenregelungen braucht man überall dort, wo Opportunisten, Täuscher, Manipulateure, Intriganten, Egozentriker und Konservative sitzen. Utilitaristische, tolerante, intelligente und für jederzeitige Veränderung auf Basis neuer Erkenntnisse aufgeschlossene Menschen brauchen keine Quotenregelungen. Hartnäckiges Einfordern von Quoten sind ein bitteres Eingeständnis in tiefen Opportunismus und Strukturkonservativismus.

Frauen bemängeln gelegentlich, dass es einen grossen Nachteil für sie darstellen würde, wenn sie für Schwangerschaft und Elternzeit beruflich pausieren und daher zwangsläufig Karrierenachteile gegenüber Männern erleiden müssten. Dafür wollen sie einen Schutz, den ihnen die heutzutage bestehenden Gesetze auch tatsächlich gewähren. Frauen deuten also das Privileg, ein grossartiges Naturschauspiel am eigenen Leib erleben zu dürfen, als auch das Erlebnis exklusiver Intimität und unersetzbarer Emotionalität mit ihrem Kind, worum sie von vielen Männern zutiefst beneidet werden, in einen Nachteil um. Männer haben keine Wahl zwischen Kind und Karriere. Männer können nicht schwanger werden und keine Kinder gebären. Insofern bleibt für sie nur die Karriere. Frauen haben dagegen eine Wahl. Sie können Karriere machen und auf Kinder verzichten, oder sie können Kinder zur Welt bringen und auf eine lückenlose Karriere verzichten. Entscheiden sie sich für Karriere und gegen Kinder, so leben sie das gleiche Leben, das zahlreiche karrieremachende Männer, die keine Wahlfreiheit haben und keine Lebenspartnerinnen finden, unfreiwillig führen müssen. Entscheiden sie sich dagegen für Kinder, so bedeutet ihnen der Nachwuchs offenbar mehr als eine Karriere. Zusätzlich zu einer besseren Wahl auch noch gesetzlichen Schutz zu verlangen und zu bekommen, ist ein Hohn gegenüber jenen, die freiwillig oder unfreiwillig kinderlos bleiben und ihre ganze Energie in die Karriere stecken. Es ist bereits ein Privileg und eine grosse Bevorzugung durch die Natur, dass man als Frau keine Karriere machen muss, sondern darf, aber auch etwas schöneres wählen kann. Männer haben keine Wahl, sondern sind in jeden Fall auf Karriere statt Kind festgelegt. Sie dafür auch noch gesetzlich zu benachteiligen, ist eine schreiende Ungerechtigkeit. Jemanden auch noch gesetzlich zu bevorzugen, der bereits durch die Natur mit einem grösseren Wahlspektrum belohnt wurde, ist ungerecht. Für expliziten Mutterschutz gibt es keinerlei überzeugende Rechtfertigung.

Berufliche Nachteile, die durch Schwanger- und Mutterschaft entstehen, werden durch Gesetze reduziert, so dass sie sich im Rahmen der natürlichen Selektion nicht benachteiligend auswirken. Warum werden nicht im Gegenzug die Fortpflanzungsnachteile für Männer in der sexuellen Selektion reduziert? Wer fordert, dass die Karriere von Frauen nicht durch Schwangerschaftspausen – also durch das Ergebnis ihres aktiven Sexuallebens – gehemmt werden darf, muss auch fordern, dass das Sexualleben von Männern nicht durch ihre aktiven Karrierebemühungen beeinträchtigt sein darf. Gesetzlicher Mutterschutz bewirkt nichts anderes als eine Subvention, die den Arbeitskollegen der Mutter abverlangt wird. Männer müssen also die Karrieresubventionierung der Frauen mittragen. Gibt es im Gegenzug gesetzliche Regelungen, die gewährleisten, dass das männliche Sexualleben von Seiten der Frauen mit erotischen Gefälligkeiten subventioniert wird? Nein. Natürlich kann man keine Frau dazu zwingen, dass sie männliche Arbeitskollegen gelegentlich mit Sex versorgen muss. Dennoch werden Männer gezwungen, sowohl die Fortpflanzungs- als auch die Karriereplanung weiblicher Arbeitskollegen zu unterstützen.

Wenn Frauen in Bewerbungsgesprächen über die Frage, ob sie schwanger sind, völlig legal lügen und den Unternehmer über für ihn wichtige Umstände täuschen dürfen, so dass sie einen Vorteil in der natürlichen Selektion erhalten, dann sollte der Staat ebenfalls Männer gesetzlich schützen, die ihre Fortpflanzungspartnerinnen über für jene wichtige Umstände täuschen, damit sie einen Vorteil in der sexuellen Selektion bekommen. Das wäre fair. Frauen lügen und betrügen in Bewerbungsgesprächen, Männer lügen und betrügen in Liebes- und Lebenspartnerschaften und in erotischen Affären. Wenn beides gesetzlich geschützt wäre, wäre es gerecht. Aber wo ist der gesetzliche Schutz für männliches Lügen und Betrügen in Beziehungen?

Der grundlegende Motivationsunterschied der Geschlechter kann nicht oft genug wiederholt werden: Die weibliche Natur ist darauf ausgelegt, sich erst gegen die natürliche Selektion abzusichern, weil diese für sie bedrohlicher ist, und sich dann in aller Ruhe um die sexuelle Selektion zu kümmern. Zur natürlichen Selektion gehören in modernen Gesellschaften Formalbildungssysteme. Mädchen können sich zuerst ganz in Ruhe um ihre Ausbildung kümmern und werden später durch Mutterschutzgesetze geschützt, sobald sie ihre Fortpflanzungsinteressen verfolgen. Die männliche Natur ist darauf ausgelegt, sich erst gegen die sexuelle Selektion abzusichern, weil sie für sie bedrohlicher ist, und sich dann in aller Ruhe um die natürliche Selektion zu kümmern. Zur sexuellen Selektion gehört das Kopulieren mit jungen Frauen. Jungs können sich aber nicht zuerst ganz in Ruhe um ein befriedigtes Sexualleben kümmern, denn die Gesellschaft schützt sie nicht dabei, wenn sie ihre Fortpflanzungsinteressen verfolgen wollen. Es gibt kein Ejakulationsschutzgesetz. Ein Insemniationshilfegesetz schon gar nicht. Bürokratien und Gesetze sorgen dafür, dass Frauen sich dann um ihre Bedürfnisse kümmern können, wenn sie ihnen vom Zeitablauf her am genehmsten sind. Bürokratien und Gesetze bewirken ausserdem, dass sich Jungs immer gerade genau um das Gegenteil dessen kümmern müssen, was vom biologischen Zeitablauf her gerade erforderlich wäre. Irgendetwas stimmt da nicht!

Kinder nehmen jede Menge Ressourcen in Anspruch. Frauen investieren ihre meisten Ressourcen nach einer Geburt, Männer investieren ihre meisten Ressourcen vor der Zeugung. Aber die Ressourcen sind verschiedenartig. Frauen ernähren das Zeugungsresultat am eigenen Busen, versorgen es mit Zeit, Zärtlichkeit und Aufmerksamkeit. Männer streunen herum, um Zeugungsgelegenheiten zu Frauen herzustellen, wenden Zeit auf, gehen Risiken ein und brauchen ihren Frustrationstoleranzvorrat auf. Die Investitionen beider Geschlechter sind notwendig. Ohne das Ressourceninvestment einer Frau würde der Nachwuchs eines Mannes nicht überleben. Ohne Ressourceninvestment von Männern könnten Frauen nicht die besten Kandidaten unter ihnen herausfiltern und auswählen.

Wenn eine berufstätige Frau in Mutterschutz geht und – obwohl sie Erfahrungen im Job verpasst – später bei gleicher Bezahlung und auf derselben oder gar einer höheren Karrierestufe wieder einsteigen kann, sollten auch männliche Stundenten, wenn sie in Diskotheken rumhängen und Risikosportarten betreiben, anstatt sich Wissen für die nächsten Prüfungen anzueignen, später mit gleicher Benotung bedacht und ihnen der gleiche Ausbildungsfortschritt angerechnet werden. Auch für berufstätige Männer in Vaterschutz und für auf Partys rumhängende Studentinnen müssten dann selbstverständlich ebenfalls einander äquivalente Regelungen her. Beide sollen ihrem selbstgewählten Privatvergnügen nachgehen dürfen. Entweder beide mit oder beide ohne Subventionierung durch die Allgemeinheit. Nicht mit zweierlei, sondern mit ein und demselben Mass gemessen.

Am schwerwiegendsten für die berufliche Entwicklung – und weitaus schwerwiegender als eine vorübergehende Karrierepause aufgrund einer Schwangerschaft – ist ein minderer Bildungsabschluss. Daraus, wie weibliche Fortpflanzungsmechanismen funktionieren, mag sich für Frauen zwar möglicherweise ein zeitlicher Nachteil im Karrierewettlauf ergeben, weil die Notwendigkeit von Karrierepausen berücksichtigt werden muss. Das mag sein. Daraus, wie männliche Fortpflanzungsmechanismen funktionieren, ergibt sich für Männer aber ein zeitlicher und nervlicher Nachteil im Bildungswettlauf, wegen der Notwendigkeit von Masturbationspausen. Pubertierende Jungs, die von halbnackten Klassenkameradinnen vom Unterricht abgelenkt werden, sollten sich genauso regelmässig zum Masturbieren – und damit zum Befriedigen zutiefst natürlicher, intensiver Bedürfnisse – zurückziehen dürfen, nachteilsfrei natürlich, wie Frauen sich nachteilsfrei zum Gebären und Versorgen von Kleinkindern und damit zum Befriedigen zutiefst natürlicher, intensiver Bedürfnisse zurückziehen dürfen. Wenn es sich hinterher nicht in Gehaltsnachteilen bemerkbar machen soll, wenn Frauen wegen Elternschutzes wichtige Berufserfahrung verpassen, sollten auch Jungs, die im Ejakulationsschutz wichtige Schulbildung verpassen, hinterher nicht mit Benotungsnachteilen belegt werden.

Der männliche Sexualtrieb ist in der Jugend am stärksten ausgeprägt und wird danach kontinuierlich schwächer. Der weibliche Sexualtrieb ist in der Jugend sehr schwach ausgeprägt und nimmt in den nächsten Jahrzehnten sukzessive zu. Männer haben schlechtere Schulabschlüsse, weil sie durch ihr Fortpflanzungsinteresse davon abgelenkt wurden, in der Schule volle Leistung zu bringen. Mehr als an ihren Abschluss denken sie an Sex. Frauen machen seltener steil Karriere, weil sie durch ihre Fortpflanzungsinteresse davon abgehalten werden, am Arbeitsplatz volle Leistung zu bringen. Mehr als an ihren Job denken sie an Sicherheit für ihre Kinder. Wer Frauen zugesteht, dass sie früher Feierabend machen können, damit sie ihre Kinder von der Schule abholen und Zeit mit ihnen verbringen können, der sollte auch Jungs zugestehen, dass sie weniger Klausuren schreiben müssen, damit sie mehr Zeit für ihre erotischen Träume haben.

Jungs, die die Schule abbrechen, können so viel onanieren, wie sie wollen. Jungs, die Abitur machen wollen, sollten ihre Fortpflanzungsbestrebungen hinten anstellen. Frauen, die zugunsten ihrer Familienplanung auf Karriere verzichten, können sich voller Hingabe um ihre Kinder kümmern. Frauen, die Karriere machen wollten, sollten ihre Fortpflanzungsbestrebungen hinten anstellen. Wer nicht möchte, dass Frauen aus ihrem Kinderwunsch ein beruflicher Nachteil entsteht, sollte sich auch dafür einsetzen, dass Jungs aus ihrer sexuellen Notgeilheit kein schulischer Nachteil entsteht. Wer hingegen möchte, dass Mütter von ihren männlichen Kollegen am Arbeitsplatz mit Unterstützung subventioniert werden, sollte sich auch dafür einsetzen, dass Jungs in der Schule von ihren Mitschülerinnen mit sexuellen Dienstleistungen subventioniert werden.

Wenn Jungs in der Schule sitzen, verbringen sie die Hälfte der Zeit damit, sich vorzustellen, wie die Mädchen in ihrer Klasse nackt aussehen. Jungs lauschen seltener als Mädchen aufmerksam den Lehrern, sondern blicken stattdessen öfter fasziniert auf nackte Mädchenbeine und sich unter Kleidung abzeichnende Mädchenbrüste. Jungs träumen während des Unterrichts von Sex, Liebe und Blowjobs, anstatt sich mit dem Lehrstoff zu beschäftigen. Jungs müssen doppelt so viel Zeit zum Lernen einplanen, weil sie die Hälfte der Zeit mit obszönen Tagträume verbringen und Pausen zum Onanieren machen müssen. Nun könnte man sagen, dass das selbstgewählte Nachteile seien. Natürlich könnten Jungs auf Sex verzichten. Es sei ihr Privatvergnügen, wenn ihnen das Ausleben ihres Fortpflanzungstriebs wichtiger ist, als sich um schulisches Vorankommen zu kümmern. Es gibt keinen männlichen Lobbyismus, der sie schützt. Niemand gesteht Jungs zu, dass männliche Fortpflanzungsbedürfnisse etwas so fundamental menschliches und ihre praktische Umsetzung etwas derart elementar wichtiges sind, dass man sie Jungs zugestehen muss, und dass man ihre schulischen Nachteile durch gesetzliche Regelungen kompensieren sollte. Es gibt keine gesetzliche Schutzregelungen für von »dicken Eiern« gequälte Teenagerjungs.

Wenn berufstätige Frauen plötzlich schwanger werden und Kinder gebären, ist das selbstverständlich ein ebenso selbstgewählter Nachteil. Natürlich könnten Frauen auf Fortpflanzung verzichten. Es ist ihr Privatvergnügen, wenn ihnen das Ausleben ihres Fortpflanzungstriebs wichtiger ist, als sich um berufliches Vorankommen zu kümmern. Es gibt allerdings jede Menge weiblichen Lobbyismus, der sie über Gebühr schützt. Ihre Vertreterinnen sind der Auffassung, dass weibliche Fortpflanzungsbedürfnisse etwas so fundamental menschliches und ihre praktische Umsetzung etwas derart elementar wichtiges sind, dass man sie Frauen zugestehen und ihre beruflichen Nachteile durch gesetzliche Regelungen kompensieren muss.

Wo ist da die Gerechtigkeit? Tatsache ist, dass es sowohl unmenschlich ist gegenüber dem Kinderwunsch von Frauen ignorant und rücksichtslos zu sein, als auch es gegenüber der dramatischen Dauergeilheit von Teenagerjungs zu sein.

Der gesellschaftliche Tenor besagt, dass es Männer sind, die Frauen berufliche Aufstiegschancen verbauen. Männer sind also an weiblichem beruflichem Versagen Schuld. Der gesellschaftliche Tenor geht dabei gleichzeitig davon aus, dass Jungs ihre schulische Misere selbst zu verantworten haben, denn schliesslich verbauen ihnen Mädchen keine Lernchancen. Darüber, dass irgendwas im vermeintlichen Gerechtigkeitssystem nicht so ganz stimmen kann, wird eben immer nur dann für ein paar Tage nachgedacht, wenn mal wieder ein frustrierter Teenagerjunge mit unausgeglichenem Liebesleben ausrastet, das Gewehr seines Vaters klaut und schlimme Dinge anrichtet. Dann ist die allgemeine Verwunderung mal wieder gross und in politischen Fernsehtalkshows werden die immergleichen empathiefreien Parolen des Entsetzens, Bedauerns und der Fassungslosigkeit wiederholt.

Wenn der Gesetzgeber beschliessen würde, dass sich nach einer Geburt beide Eltern in Vollzeit um ihr Kleinkind zu kümmern hätten und derweil zwei Jahre lang komplett vom Staat versorgt würden, hätte das die Empörung aller Kinderlosen zur Folge, die keine Lust haben, die Kinder fremder Leute durchzufüttern – und deren Eltern noch dazu. Wenn der Gesetzgeber das Gegenteil beschliessen würde, dass nämlich nach einer Geburt beide Eltern in Vollzeit ihrem Beruf nachgehen und auch noch Überstunden leisten müssten, wäre das sehr zum Unwohl des Babys. Kinder brauchen nicht nur Muttermilch, sondern auch räumliche Nähe, um eine innige Beziehung und Vertrauen zu ihren Eltern aufbauen zu können. Die Wahrheit liegt also nicht in den Extremen, sondern irgendwo dazwischen. Aber wo?

Für Kinder zu sorgen, ist zunächst mal Sache ihrer Eltern. In hochentwickelten Industrieländern sind die Kernfamilien heutzutage deutlich kleiner als noch vor einigen Jahren und Jahrzehnten. Kinder wachsen immer häufiger ohne Geschwister auf. Lieber bekommen Paare wenige Kinder, denen sie ihr Studium finanzieren, Klavierunterricht bezahlen, ein ordentliches Taschengeld auszahlen und gesunde Lebensmittel bereitstellen können, als dass sie Heerscharen von Kindern in die Welt zu setzen, denen sie überhaupt nichts »bieten« und nichts »mitgeben« können. Einige wenige Leute sehen das freilich anders. Manche bekommen ein Kind nach dem anderen, ohne überhaupt ihr eigenes Leben im Griff zu haben.

Nun stelle man sich vor, der Staat würde aus solidarischen Gründen verordnen, dass zunächst alle Eltern einen gleichen Betrag in einen Topf einzahlen sollten, der anschliessend auf alle Kinder der Gesellschaft gleichmässig verteilt würde. Das könnte dann quasi bedeuten, dass jemand mit einem Kind und jemand mit fünf Kindern ihr Geld zusammenlegen müssten, bevor es durch sechs geteilt würde. Auf diesem Weg wäre allen Kindern Chancengleichheit gesichert. Nur würden die Eltern des Einzelkindes da sicher nicht mitspielen wollen. Sie hätten wohl kaum Lust, den Nachwuchs anderer Leute zu subventionieren. Wer will schon Transferzahlungen für vier fremde Kinder leisten müssen, die dem eigenen Kind dann vorenthalten blieben. Unter der Herstellung von Chancengerechtigkeit versteht man dann doch etwas anderes, als dass manche Mitglieder der Gesellschaft zügellos Kinder in die Welt setzen und anschliessen nach Belieben finanziellen Ausgleich einfordern können.

Natürlich muss jemand, der fahrlässigerweise mehr Kinder gezeugt hat als er ernähren kann und dem alles über den Kopf gewachsen ist, erstmal intern, innerhalb seiner Beziehung zum anderen Elternteil, überlegen und verhandeln, wie beide ihrer Verantwortung gerecht werden und sich die anstehenden Aufgaben fair und effizient aufteilen können, bevor sie Hilfe von aussen erwarten können. Zwar wird ein verantwortungsbewusster Staat irgendwann gegebenenfalls von aussen eingreifen, denn kein Humanist möchte in einer Gesellschaft leben, in der an ihrer misslichen Lage gänzlich unschuldige Kinder sich selbst überlassen werden und verwahrlosen. Aber eins nach dem anderen! Zunächst mal kann entsprechenden Eltern jede freie Minute abverlangt und ihnen jeder notwendige Cent aus der Tasche gezogen werden. Und es kann von ihnen verlangt werden, dass sie sich nach Effizienzkriterien richten.

Der enorme Wohlstand moderner Industriegesellschaften beruht darauf, dass Menschen irgendwann damit begannen, zu kooperieren und sich Arbeit zu teilen. Indem nicht jeder jedes Element seiner persönlichen Versorgung selbst organisieren musste, sondern sich Berufe entwickelten, in denen Spezialaufgaben im Mittelpunkt standen, wurden die Arbeits- und Produktionsabläufe immer effizienter. Wenn es einen Bäcker, einen Metzger und einen Bierbrauer gibt, wird mehr, besser und zeitsparender produziert, als wenn jeder von ihnen für sich selbst backen, schlachten und brauen müsste.

Zwanzig Minuten der eigenen Arbeitskraft lassen sich heutzutage gegen einen exquisiten südamerikanischen Rotwein eintauschen, mithilfe von Geld, das als abstraktes Tauschmedium zwischengeschaltet ist. Das ist das vorläufige Ergebnis kolossaler Effizienzsteigerungen kooperativer Zusammenarbeit, die es seit der Steinzeit gegeben hat. Kein Mitteleuropäer muss noch selbst auf den nächsten Weinberg steigen, stundenlang Trauben sammeln, sie nach Hause schleppen und sich in nächtelanger Arbeit einen unbefriedigenden Amateurwein zusammenpanschen. Effizienz ist eine feine Sache.

Wenn man sich in der Küche eine Tasse Kaffee zu holen beabsichtigt, ist es rücksichtsvoll, vorher die anderen Anwesenden zu fragen, ob sie ebenfalls einen frischen Kaffee mögen. Es ist rücksichtsvoll, weil es effizienter ist, wenn eine Person mehrere volle Tassen mitbringt, als wenn jeder einzelne sich seine eigene holen geht. Rücksichtnahmen liegen meist Effizienzaspekte zugrunde.

Hätte sich keine Arbeitsteilung entwickelt, könnte man in europäischen Städten heute keine exotischen Südfrüchte und keine asiatischen Elektronikartikel kaufen. Effizienz sorgt für mehr Lebensqualität. Und auch wenn sich zwei Erwachsene innerhalb ihrer Beziehung den Gelderwerb und die Kindererziehung so aufteilen, dass sich einer von ihnen in Vollzeit um das eine und der andere in Vollzeit um das andere kümmert, ergibt sich insgesamt eine Effizienzoptimierung. Die Qualität ist dann besser, als wenn jeder beiden Aufgaben halbtags nachgehen würde. Paare die sich als echte Einheit sehen, haben effizientere Beziehungen, als Paare die sich als Zweckgemeinschaft zweier Individualisten sehen, die beide darauf bedacht sind, vom anderen nicht übervorteilt zu werden. Natürlich müssen Menschen keine effizienten Beziehungen führen, aber sie sollten ihre Effizienzverluste nicht bei anderen einfordern dürfen. Wenn nun jemand, nachdem er sich mit ihm darauf geeinigt hat, die Kindererziehung komplett seinem Lebensgefährten überlässt und sich selbst voll auf seine Leistungserbringung am Arbeitsplatz konzentriert, dort aber mit ansehen muss, wie jemand, der sich neben der Arbeit noch um seinen Nachwuchs kümmert und daher ständig später kommt und früher geht, das gleiche Gehalt bezieht und weiterhin die gleichen Aufstiegschancen geniesst wie er – dann beschleicht ihn berechtigterweise das Gefühl, dass er für denjenigen mitarbeiten muss. Nicht nur für die eigene Familie, sondern auch für andere Familien zu arbeiten, ist kaum motivierend. Die anderen Familien, in denen beide arbeiten, zahlen es einem nämlich nicht zurück. Im Gegenteil – sie erzielen ein doppeltes Einkommen und klauen sich auch noch Erziehungszeit.

Diese realparasitäre Gestaltung wird heutzutage damit gerechtfertigt, dass es einer Frau selbstverständlich ermöglicht werden müsse, sich sowohl innerhalb der Erziehung ihrer Kinder als auch im Rahmen ihrer Karriere zu verwirklichen. Die Inanspruchnahme eines Vorteils, den sie nutzt, indem sie von einer Wahlfreiheit Gebrauch macht, die Männer gar nicht haben, wird also damit gerechtfertigt, dass auf keinen Fall »Nachteile« für sie auftreten dürften, die durch bewussten Verzicht auf das Ziehen anderer Wahlalternativen entstehen. Was für eine absurde und männerverachtende Logik! Fortpflanzungsverwirklichungsansprüche von Männern werden gar nicht erst thematisiert.

Jedes Kind hat eine Mutter und einen Vater. Und beide vereinbaren miteinander, wer von ihnen sich wann und wie viel um das gemeinsame Kind zu kümmern hat. Wenn eine Frau und ein Mann in einer Zweiergemeinschaft leben, können sie sich die Aufgaben in Beruf und Kindererziehung selbstverständlich aufteilen, wie sie beide das innerhalb ihrer Paarbeziehung für richtig erachten. Ohne äussere Einmischung. Eine Aufteilung nach dem Schema, dass der Mann das Kind bekommen und die Frau Karriere machen soll, fällt aus naturgegebenen Gründen weg. Wer möchte, kann es ja dennoch probieren. Diejenigen, deren Aufteilung vorsieht, dass die Frau das Kind gebären und primär betreuen sowie der Mann fokussiert Karriere machen soll, dürfen sich für diesen Lebensweg – wie für jeden anderen – frei entscheiden. Es klingt nach einem effizienten Konzept. Einem Hohn käme es allerdings gleich, wenn ein ineffizientes Paar fordern würde, dass es von kinderlosen Frauen und kinderlosen Männern, die sich für Karriere und damit für ein anderes Konzept entschieden haben oder mangels Alternativen darauf festgelegt sind, subventioniert werden sollte. Dieser Hohn droht aber dann Realität zu werden, wenn beide Partner berufstätig sind oder werden.

Von Frauen mit beruflichen Ambitionen kann man erwarten, dass sie ihre Partner dazu bringen, eigene Ambitionen entsprechend zu reduzieren und sie in der Kindererziehung zu entlasten. Etwaige Effizienzverluste muss sie dann gemeinsam mit ihrem Partner als Paar selbst tragen. Effizienzverluste von effizienteren Paaren oder von kinderlosen Singles tragen zu lassen, verstösst bitter gegen jedes Fairnessverständnis.

Es gibt kein Gesetz, das Eltern vorschreibt, wer von ihnen sich um Kinder und wer um Karriere zu kümmern hat. Frauen sind also nicht benachteiligt. Wenn sich alle Frauen für Karriere und gegen Nachwuchs entscheiden würden, wären auch alle Männer kinderlos. Männer sind daher keineswegs in einer besseren Verhandlungssituation. Ein Kind das nicht geboren wurde, wird nicht nur von einer Frau vermisst die gerne Mutter geworden wäre, sondern fehlt auch in der Kinderstatistik von Männern. Jedes glückliche Elternpaar beschliesst also seine eigene Aufgabenteilung. Wenn Paare sich nicht einigen können, wer sich von ihnen um was zu kümmern hat, ist das ein ernstes beziehungsinternes Problem. Aber keines der Arbeitskollegen oder der Allgemeinheit. Wenn eine Frau den Eindruck bekommt, dass ihr Kind ein Karrierehemmnis für sie, aber nicht für den Vater des Kindes ist, dann verfügen möglicherweise nicht beide über das Fairnessverständnis und die Kooperationskompetenz, die für angemessene beziehungsinterne Vereinbarungen notwendig wären. Wenn sich eine Frau ausgebeutet fühlt und den Eindruck hat, dass jegliche Verantwortung für das Kind an ihr hängen bleibt, dann hat sie sich offenbar zuvor auf einen egoistischen Mann eingelassen. Frauen die sich Zeit für die Prüfung eines Mannes nehmen, nicht auf oberflächliche Persönlichkeitseigenschaften, sondern auf nachhaltige Charaktermerkmale achten, fallen weniger auf Egomanen rein, sondern erwählen zutiefst kooperative Partner. Wenn jene Frauen, die auf Egomanen hereingefallen sind, nun Quotenregelungen oder sonstige Subventionen einfordern und damit die Ressourcen der Allgemeinheit anzapfen, zapfen sie auch jene kooperativen Männer an, denen sie einst einen Korb gaben. Fairer wäre es, von ihrem egomanischen Partner das einzufordern, was ihr und dem gemeinsamen Kind zusteht. Der soll halt weniger Arbeiten. Wenn Frauen ihre beziehungsinternen Probleme nicht geregelt bekommen und stattdessen Schutzgesetze einfordern, sollten sie sich daran erinnern, dass es auch kein Gesetz gab, das ihnen vorschrieb, mit welchem Mann sie sich auf eine Beziehung einzulassen hätten. Die Avancen kooperativer Männer erst abzulehnen und später auf perfiden Umwegen den Wohlstand eben dieser Männer anzuzapfen und in die eigene Tasche umzuleiten, setzt eine Empathielosigkeit und Egozentrik voraus, die das ethische Gewissen jedes gerechten Menschen erschaudern lässt. Tatsächlich wollen die wenigsten Frauen beruflich erfolgreicher Männer aber, dass diese ihre Karriere zurückstellen. Auf Subventionen sollten sie dann auch verzichten.

Wenn zwei Leute zusammen essen gehen und sich einer von beiden zu unverschämt am gemeinsamen Vorspeisenteller bedient, dann ist es Sache des anderen, Gerechtigkeit einzufordern. Sich zum Ausgleich allerdings am Vorspeisenteller vom Nebentisch zu bedienen, wäre infam.

Wer sich nicht ausschließlich um seinen Job kümmert, sondern jeden Tag ein paar Stunden von seiner Arbeitszeit abknapst, um sich häufiger mit engen Freunden zu treffen, um regelmässig ins Fitnessstudio zu gehen, um nebenbei noch eine Doktorarbeit zu schreiben oder eben um Kinder aufzuziehen, mag sehr menschlich und sympathisch erscheinen, kann aber keinesfalls ernsthaft das gleiche Gehalt und die gleichen Aufstiegschancen erwarten wie jemand, der von morgens bis abends nur für seine Firma lebt. Wer diese Vorzüge dennoch einfordert, formuliert damit die Erwartung, dass seine Kollegen ihm das private Sozialleben, die Fitnessstudio-besuche, die Doktorarbeit und eben die Kindererziehung subventionieren. Gerecht ist das nicht.

Aber Gerechtigkeit spielt in der Politik keine Rolle. Politik und Ethik vertragen sich kaum. Realpolitik ist Interessenvertretung. Politikidealisten haben sich an der Ignoranz gerechtigkeitsdesinteressierter Konservativer schon immer die Zähne ausgebissen. Und gutausgebildete, beruflich erfolgreiche und in Liebes- und Sexualdingen gleichermassen verwöhnte Frauen mittleren Alters sind es, die im einundzwanzigsten Jahrhundert das mächtigste gesellschaftliche Segment und somit eine enorme politische Macht verkörpern. Für die Empfindungen von Männern bleibt da nicht mehr viel Platz.

Wer Frauenquoten einfordert, meint zumeist erkannt zu haben, dass weitaus mehr Männer als Frauen berufstätig sind, und zieht daraus den Schluss, dass es zu viele ihrer Verantwortung für ihre Kinder nicht bewusste Männer einerseits, sowie zu viele nachgiebige Frauen – an denen immer alles hängen bleibt und die am Ende immer die immer die Dummen sind – andererseits gäbe. Weniger als eine allgemeine Quotenregelung einzufordern, sollte er stattdessen allerdings besser überlegen, wie man Frauen kurzfristig gegebenenfalls dabei helfen kann, innerhalb ihrer Beziehung eine gerechtere Aufteilung von Kindererziehung und Karriere zu erreichen, sowie nachwachsende junge Frauen langfristig dazu zwingen kann, bei ihrer Partnerwahl gefälligst genauer darauf zu achten, welche Charaktereigenschaften die um ihre Gunst werbenden Männer tatsächlich haben. Alles andere ist nichts anderes als der Versuch, Frauen erotischen Spass mit verantwortungslosen

Charakterschweinen zu ermöglichen, und gleichzeitig schamlos die Ressourcen verantwortungsbereiter Männer anzuzapfen, die dafür die Zeche zahlen sollen. Erst wird Menschen das Herz gebrochen und ihr sexuelles Begehren frustriert, dann werden ihre Ressourcen von den Herzensbrechern und Frustrierern angezapft, und es wird das Abgezapfte jenem Fortpflanzungsresultat zugeführt, das aus den Liebes- und Sexualfreuden der Herzensbrecher und Frustrierer hervorgegangen ist.

Wenn man Frauen in einer Opferrolle sieht, muss man ihnen natürlich helfen. Wenn man Frauen dagegen ernst nimmt und sie an dem, was sie entscheiden und tun, auch später noch misst, anstatt an dem, was sie jeweils zuletzt grossmäulig gesprochen haben, dann kann man zu einer anderen Auffassung gelangen.

Wenn eine Frau zunächst einen egoistischen Mann mit sexuellen Zuwendungen belohnte, ohne soziale Zuwendungen seinerseits wirksam einzufordern, und sich anschliessend zu den kooperativen Männern hinwendet, die sozialen Zuwendungen bei ihnen einstreicht, ohne sexuelle Gegenleistungen abzuliefern, dann sorgt sie für eine ausgeglichene persönliche Bilanz aus Geben und Nehmen bei sich, gleichzeitig aber für eine Umverteilung innerhalb der Männer, von den kooperativen zu den egoistischen.

Wenn sich kooperative Männer künftig auf den Standpunkt stellen, dass sich eine hilfsbedürftige Frau doch bitte an den Mann wenden möge, dem sie erotische Gefälligkeiten hat zuteil werden lassen, und ihr derweil Leistungen aus den Gemeinschaftstöpfen der Sozialkassen, des Steuerhaushalts oder den Ressourcen des Arbeitsgebers verwehrt bleiben sollten, ist das hart, aber gerecht, konsequent und mehr als verständlich. Dann wäre über kurz oder lang Schluss damit, dass Frauen über die Verwerflichkeit von Männer schimpfen, um sich bei den kooperativen Kerlen mittels emotionaler Erpressung und Empörungsgehabe das zurück zu holen, worum sie sich von den egoistischen Kerlen betrogen fühlen.

Wenn zwei Frauen einen Kuchen geschenkt bekämen, wäre es sinnbildlich für typisch weibliches Verhalten, wenn sie ein Messer nehmen und ihn in der Mitte durchschneiden würden, so dass jede von ihnen einen halben Kuchen bekommt. Wenn dagegen zwei Männer einen Kuchen geschenkt bekämen, wäre es sinnbildlich für typisch männliches Verhalten, darum zu zocken, wer von beiden den ganzen Kuchen bekommt. Der Gewinner bekommt alles, der Verlierer nichts. So ähnlich sieht die Lebensrealität tatsächlich allzuoft aus. Mehr Männer als Frauen werden Nobelpreisträger, Wirtschaftsbosse oder kreative Superstars, während gleichzeitig ebenfalls mehr Männer den Beruf des Dachdeckers, Soldaten oder Türstehers übernehmen. Die einen haben fast den ganzen Kuchen, die anderen erhalten höchstens Krümel. Was Frauen nun machen, wenn sie sich über die über die Unvereinbarkeit von Kind und Karriere beklagen, ist, sich darüber zu beschweren, dass sie nur ein halbes Stück Kuchen haben, während einer von zwei Männern aber einen ganzen Kuchen besitzt. Jede der beiden Frauen vergleicht sich mit dem Gewinner, keine von ihnen hingegen mit dem Verlierer. Der Gewinner macht Karriere und findet noch dazu Frauen, die ihm Kinder gebären wollen. Er bekommt also beides, und nicht selten beides sogar doppelt. Der Verlierer macht keine Karriere – oder schlimmstenfalls eine als Krimineller oder Alkoholiker, und daraus folgend findet er auch kaum eine Frau, die ihm ein Kind gebären will. Männer, die Frauen in wie auch immer gearteter Weise in der natürlichen Selektion nützlich sind, werden von Frauen auch eher beim Bestehen der sexuellen Selektion unterstützt. Wer Frauen in der natürlichen Selektion dagegen nicht im Geringsten helfen kann, dem helfen sie auch nicht durch die sexuelle Selektion. Wenn Frauen nun ernsthaft einen gesetzlichen Ausgleich für die Karrierenachteile von Müttern einfordern, verlangen sie damit, dass der Staat allen Frauen die gleichen Möglichkeiten verschafft, die nur die Männer mit ganzem Kuchen haben. Wenn der Gesetzgeber dem nachkommt, gibt es also zwei Frauen mit ganzem Kuchen, obwohl ursprünglich nur einer davon für beide vorgesehen war – wie bei den Männern auch. Desweiteren gibt es einen Mann mit ganzem Kuchen, den er sich erst durch riskantes Zocken oder gesundheitsverschleissende Arbeit verdienen musste, und letztlich verbleibt noch der Mann ohne Kuchen. Fairerweise sollte auch er einen ganzen Kuchen geschenkt bekommen. Oder nicht? Staatliche Regelungen machen dann aus zwei Kuchen einfach vier. Wovon das bezahlt werden soll, bleibt offen.

Vielleicht sollte man weniger über das unauflösbare Rätsel nachdenken, wer das bezahlen soll, als dass Frauen lieber einsehen sollten, dass sie nicht alles haben können. Entweder geht es zwei Frauen besser als einem männlichen Verlierer, aber schlechter als einem männlichen Gewinner, oder sie müssen ähnlich riskante oder energieverheizende Alles-oder-Nichts-Wettkämpfe ausfechten, wie die Männer das miteinander tun. Dann bekommt eine von ihnen den Wunsch von Kind und Karriere optimal erfüllt, während die andere gänzlich leer ausgeht. Jede andere Regelung wäre ungerecht gegenüber den Verlierern unter den Männern. Frauen ist das nicht klar, denn mit männlichen Verlierern befassen sie sich nicht weiter. Für sie ist es selbstverständlich, dass sie sich nur mit dem Sieger paaren wollen. Mit ihm allein vergleichen sich berufstätige Frauen mit Kinderwunsch. Bezahlen lassen sie ihre Zeche von den angezapften Ressourcen der Verlierern dennoch gerne.

Gegen Mutterschutz und Ausgleich mütterlicher Karrierechancen zu sein, kann in den Ohren betroffener Frauen nach Hartherzigkeit, Egoismus und Kinderfeindlichkeit klingen. Darum muss man ihnen Verständnisanalogien schaffen. Aus vielschichtigen Gründen erwerben Frauen gegenwärtig weitaus höhere Formalbildungsabschlüsse. Aus ebenso vielschichtigen Gründen haben Hochgebildete weniger Kinder und sind auch öfter gänzlich kinderlos. Es entspricht somit einem realistischen Szenario, davon auszugehen, dass mittelfristig ebenso hochgebildete wie kinderlose Frauen die absolute Mehrheit der besserverdienenden und steuerzahlenden Leistungselite darstellen könnten. Solche Frauen haben ihren Kinderwunsch oftmals ihrer Karriere geopfert. Sie könnten es sein, die mit Steuern und Abgaben über eine sozialstaatliche Umverteilung den Kinderreichtum von Unterschichtenfrauen finanzieren werden, die gänzlich auf Erwerbstätigkeit verzichtet haben und ausschließlich Mütter sind. Unterbreitet man dieses Szenario ehrgeizigen jungen Frauen, so kann man nicht selten eine plötzliche Änderung in ihren Einstellungen vernehmen. So haben sie das noch gar nicht betrachtet. Aber genau dieser Logik unterliegt es aus Sicht aller kinderlosen Männer, wenn sie Mutterschutzpraktiken in ihrem Unternehmen mittragen müssen. Denn es gibt weitaus mehr kinderlose Männer als kinderlose Frauen, weil besonders attraktive Männer meist mehrere Kinder von mehreren Frauen haben.

Es ist ein Hauptwesensmerkmal von Egozentrikern, dass sie eigenständig nicht zu Empathie fähig sind, sondern dass man ihnen – wenn man sich ihr Empörungsgeschrei ersparen möchte – immer mit plausiblen Verständnisanalogien und Engelsgeduld vor Augen führen muss, wie schnell und unter welchen Bedingungen sie selbst von gleichartiger Ungerechtigkeit betroffen sein könnten. Dann ändert ein gesunder Egozentriker seine Meinung sehr schnell. Dazu allerdings, die Leistung eines intellektuellen und emotionalen Perspektivwechsels von sich aus zu vollziehen, sind nachhaltige Egozentriker weder willens noch fähig. Abstraktion ist eine höhere Intelligenzleistung, zu der sie selten in der Lage sind – beziehungsweise ist, wer zu höheren Intelligenzleistungen in der Lage ist, seltener egozentrisch. Die empirische Verteilung von Intelligenz ist allerdings eine von vielen Tatsachen, die von Frauen schlichtweg ignoriert wird.

26 MÄNNLICHER CHAUVINISMUS

An männlichem Chauvinismus gibt es nichts zu beschönigen. Es ist entsetzlich, was Frauen von Männern im Lauf der Geschichte alles angetan wurde. Auf viele Beispiele von arroganten und überheblichen Männern, die sich über Gefühle und Würde von Frauen eiskalt hinwegsetzten, kann man nur mit ähnlich grossem Entsetzen und Ekel reagieren, wie auf die Verbrechen von Despoten, Faschisten und Religionen. Frauen sind Menschen. Also tritt Menschenrechte mit Füssen, wer Frauenrechte mit Füssen tritt. Wer Menschenrechte mit Füssen tritt, verwirkt jeden weiteren Anspruch darauf, sich eines Tages selbst auf sie zu berufen.

Man kann allerdings bezweifeln, ob es Sinn macht, von unter Männern grassierender »Frauenfeindlichkeit« zu sprechen. Es gibt verdammt viele dumme Männer. Es gibt weitaus mehr dumme Männer, als es dumme Frauen gibt, so wie es deutlich mehr intelligente Männer als intelligente Frauen gibt. Männer, die in Frauen etwas minderwertiges sehen, sind wahrhaft dumm. Männer befinden sich schliesslich in einer absoluten Abhängigkeit von Frauen. Heterosexuelle Männer können gar nicht ohne Frauen leben. Wer sich in Abhängigkeit von etwas minderwertigem befindet und ohne dessen Gunst nicht leben kann, erweist sich selbst als noch minderwertiger. Das ist einfach und logisch. Es sind ja nicht nur Sex, Zärtlichkeit und Fürsorge, die den Männern helfen, ihre Akkus immer wieder aufzufüllen. Wenn Frauen nicht für den Zusammenhalt von Familien- und Freundeskreisen sorgen würden, wären viele Männer ohne funktionierendes privates soziales Netzwerk hilflos aufgeschmissen. Jeder Mann hat zudem vierzig Wochen im Bauch einer Frau verbracht und wäre ohne ihren schützenden Mutterleib nicht überlebensfähig gewesen. Urteilsfähigkeit, Reife und Intellekt von Männern, die einem chauvinistischem Frauenbild nachhängen, können kaum ernstgenommen werden. Sie sind allenfalls politisch ernst zu nehmen – als leider einflussreiche Minderheit, als allerdings eine schrumpfende Minderheit. Männer sind zum allergrössten Teil keineswegs frauenfeindlich. Eine Minderheit mit wachsendem Einfluss ist dagegen die der weiblichen Chauvinistinnen.

Warum gab und gibt es überhaupt männlichen Chauvinismus? Frauen zu entrechten, ist menschenverachtend. Für Männer ist es allerdings auch eine intrageschlechtliche Friedensmassnahme. Frauen haben einen Vorteil davon, wenn unter Männern starker Wettbewerb herrscht, weil sich dadurch die leistungsfähigsten Exemplare besser von den Weichlingen differenzieren lassen und somit erkennbar werden. Frauen lösen mit ihren Wahlmechanismen, wie und wem sie sexuellen Zugang einräumen, unter Männern bittere Konkurrenz aus. Frauen lieben es, mit kleinen Nadelstichen unmerklich Rivalität unter Männern anzuheizen. Sobald Männer Frauen patriarchalisch entrechten, setzen sie diese weibliche Manipulation ausser Kraft. Die soziale und emotionale Schläue von Frauen kann dann keine Wirkung mehr entfalten. Auf Jungfräulichkeit Wert zu legen, Frauen »Schlampen« zu nennen und sie zu stigmatisieren, hat etwas mit Spermienkonkurrenz zu tun. So konnten und können Männer Frauen dazu bringen, eben keine kräfteaufreibende Konkurrenz unter ihnen auszulösen, sondern sich frühzeitig auf einen Mann festzulegen. So wurde und wird weibliches Pokern auf männlichen Kosten unterbunden.

Wenn Männer sich Gewalt oder Unterdrückung bedienen, um Frauen im Zaum zu halten, steckt dahinter Hilflosigkeit. Viele Männer wissen sich gegenüber Frauen nicht anders zu helfen. Sie haben der destruktiven, sozialen und emotionalen Schläue sonst kaum wirksame Argumente entgegenzusetzen. Frauen haben die langfristig erfolgreicheren körpergewaltfreien Interaktionsmechanismen entwickelt und übernehmen in einer freien Gesellschaft früher oder später automatisch das Ruder. In der Evolution war dies vermutlich die meiste Zeit der Fall. Männliche Herrschaft hingegen ist in der Menschheitsgeschichte ein junges Phänomen, das es erst seit wenigen Jahrtausenden gibt. In den modernen Demokratien sind Frauen gerade wieder dabei, das Ruder zu übernehmen. Ihre Interaktions- und Manipulationsmechanismen sind dabei keineswegs ethisch einwandfreier als die von Männern, nur weil sie sich als erfolgreicher erweisen. Eine solche Sicht der Dinge wäre wahrhaft nichts anderes als weiblicher Chauvinismus. Und der ist auf dem Vormarsch.

Zwei junge Evolutionspsychologinnen aus Grossbritannien haben 2009 mit der interessanten These für Aufsehen gesorgt, dass Machos und männliche Chauvinisten tatsächlich am Aussterben sind. Seit Einführung der Antibabypille orientieren sich Frauen nämlich sehr stark zu femininen Männern hin. Machos haben es mit ihren Pheromonen und ihren Major-Histokompatibily-Complexes – einer Gruppe von Genen bei Wirbeltieren, die Proteine codieren – gegen die Mechanismen, die hinter Antibabypille und weiblichem Menstruationszyklus stecken, schwer. Die Erfinder der Pille haben sicherlich nicht damit gerechnet, dass ihre Erfindung langfristig den Machos den Garaus machen könnte. Mal sehen, wann der letzte Macho ausgestorben ist. Mal sehen, ob auch weiblicher Chauvinismus irgendwann ausstirbt.

27 WEIBLICHE DOPPELMORAL UND MÄNNLICHE SÜNDENBÖCKE

Die Toten Hosen haben in ihrem Lied »Lesbische schwarze Behinderte« schon im Jahre 1999 gesungen, dass auch lesbische schwarze Behinderte »ätzend« sein können. Warum auch nicht. Rücksichtslose und egozentrische Menschen sind weder an ihrer Herkunft, noch an ihrer Haarfarbe, noch an ihrer sexuellen Orientierung, noch an sonst einem äusserlichen Merkmal unmissverständlich erkennbar. Natürlich können sie auch körperlich gehandicapt, homosexuell oder weiblich sein. Die Toten Hosen singen aber auch, dass für die schlimmsten Verwerfungen dennoch noch immer Männer zuständig sind: »Machos, meistens weisse«. Egal ob Kriege oder Wirtschaftskrisen, vordergründig sind immer wieder überwiegend Männer die treibenden Kräfte, die in verantwortlichen Positionen fungieren. An den wesentlichen Schaltstellen der politischen und kapitalistischen Welt sassen und sitzen überwiegend raffgierige männliche Egoisten mit weisser Hautfarbe. Das ist eine historische Erfahrung. Man kann von Verwerfungen daher zwar mit hoher Wahrscheinlichkeit auf dafür verantwortliche weisse Männer schliessen, keinesfalls allerdings umgekehrt von weissen Männern auf Verwerfungen. So wie alle Japaner Asiaten, aber nicht alle Asiaten Japaner sind. Es gibt jede Menge ganz wundervolle weisse Männer. Im Übrigen hat menschliches Handeln, auch das von weissen Männern, immer Ursachen. Weisse Männer sind nicht etwas, das sich der Teufel ausgedacht hat, um die übrigen Menschen zu drangsalieren. Weisse Männer sind nicht alle schwere Verbrecher, die sich ausschliesslich mittels brutaler Vergewaltigungen durch Millionen Jahre Evolution gehangelt haben. Auch weisse Männer haben regelmässig Sexualpartnerinnen gefunden, die genau sie attraktiv fanden. Sonst wären weisse Männer sehr früh ausgestorben.

Frauen haben die unmittelbare Ausübung von Schandtaten schon immer Männern überlassen, und sich darauf beschränkt, lediglich mittelbar davon zu profitieren. Dafür waren es auch immer die Köpfe der Männer, die rollen mussten, wenn Schandtaten gerächt wurden. Männer begehen weitaus mehr unmittelbare Morde. Frauen haben derweil an zehn verschiedenen Intrigen, Rufmorden und Mobbingattacken, an deren Ende zehn verzweifelte Selbstmorde stehen, jeweils einen zehnprozentigen Anteil. Man kann sie schwerer zur Rechenschaft ziehen. Sie haben ein verdammt cleveres Sozialverhalten evolviert.

Wer Männer als Geschlecht für globale gesellschaftliche und moralische Unzulänglichkeiten in Sippenhaft nimmt, übersieht, dass sich die Geschlechter durch sexuelle Selektion im Laufe der Evolution gegenseitig geformt haben. Wenn es also raffgierige männliche Egoisten gibt, dann deshalb, weil diese von Frauen über Jahrhunderttausende mit privilegiertem sexuellem Zugang verwöhnt worden sind. Selbst wenn Männer grundsätzlich Bösewichte wären, wären Frauen für ihre Bösartigkeit mittelbar mitverantwortlich. Mit der Art und Weise, in der sie darüber entscheiden, wie und wem sie sexuellen Zugang gewähren, haben Frauen einerseits Verhaltensanreize für Männer geschaffen, deren Auswüchse sie andererseits regelmässig kritisieren. Etwas Alberneres, als Verhalten zu kritisieren, zu dem man selbst über viele Generationen angestiftet hat und weiter anstiftet, gibt es kaum. Etwas vordergründig anzuprangern, wovon man hintenrum profitiert, entspricht einer Reindefinition von Doppelmoral. Solange Frauen mit bösen Jungs ins Bett gehen, werden böse Jungs ihre Gene weiterhin erfolgreich streuen und jede Menge Spass dabei haben. Solange sich schöne Frauen gerne auf mondänen Yachten aufhalten und schicke Designerkleidchen tragen, werden sich immer genug Männer finden, die den dazu erforderlichen Reichtum anstreben, selbst dann, wenn es knallhart egoistisches Verhalten erfordert. Reich werden, um viel abwechslungsreichen Sex zu bekommen, ist nichts anderes, als die Beschaffungskriminalität eines Junkies. Dass der Ehrliche meistens der Dumme ist, zeigt sich nirgendwo so eindeutig wie in der Liebe und beim Sex. Frauen belohnen keine bedingungslose Ehrlichkeit. Würden sie es tun, hätte die Evolution hochgradig ehrliche Männer geformt.

Wenn es die Männer wären, die bei ihrer Zustimmung zu Geschlechtsverkehr strenger auswählen würden, und wenn es die Frauen wären, die einen vielfach stärkeren Sexualtrieb hätten, dann wären es Frauen, die stärker miteinander konkurrieren und beträchtliche Risiken eingehen würden. Wenn Männer Frauen toll fänden, die viele Ressourcen besitzen und diese erfolgreich aggressiv verteidigen könnten, hätte die sexuelle Evolution unverhohlen gierig und skrupellos auftretende Frauen mit effektivem Killerinstinkt hervorgebracht. Vor dem Hintergrund muss man männliches und weibliches Verhalten immer bewerten. Wenn Frauen reiche und protzende Männer unattraktiv fänden und ihnen konsequent die kalte Schulter zeigen würden, hätte es nie eine Finanzkrise gegeben.

Es heisst, dass junge Frauen das studieren, was ihnen Spass macht, und Männer das, was später hoffentlich das meiste Geld einbringt. Das mag sein. Aber deshalb sind Männer trotzdem nicht geld- oder statusgeil. Nein, Männer sind sexgeil. Könnte man direkt etwas studieren, was viel Sex einbringt, ohne den Umweg über Geld machen zu müssen, würden Männer genau das studieren. Männer können ihr Geld schliesslich weder essen noch ficken. Geld ist tote Materie. Wert bekommt es erst durch das, wogegen man es unmittelbar oder mittelbar eintauschen kann. Allem voran durch Sex. Männer brauchen Sex wie Luft zum Amen. Und weil reiche Kerle mit am meisten Sex bekommen, tun Männer alles mögliche, um Geld anzuhäufen. Wenn plötzlich Männer mit violetten Haaren den meisten Sex bekämen, könnten Frauen mal darüber staunen, wie viele Kerle sich in kürzester Zeit die Haare violett färben würden. Umgekehrt ist es nicht anders. Junge Mädchen bekommen mehr Aufmerksamkeit, mehr Zuwendung, mehr Liebe, mehr Sex und mehr Ressourceninvestitionen von Männern als reife Frauen. Darum tun Frauen weltweit alles erdenklich mögliche, um jugendlich auszusehen. So wie Männer die dem Geld hinterher jagen, sind auch Frauen, die sich dem Schönheitswahn verschrieben haben, häufig gestresst und unglücklich, weil sie viel Frustration erleben. Und so leiden beide Geschlechter vor sich hin. Dabei erhalten reife Frauen noch wesentlich leichter Ressourcenzuwendungen als arme Männer Sexzuwendungen. Männer sind daher dem weitaus grösseren Stress ausgesetzt. Die weibliche Gunst ist wesentlich stärker von leistungsschwachen und erfolglosen zu leistungsstarken und erfolgreichen Männern hin verschoben, als sich männliche Gunst von reifen zu jugendlichen Frauen hin entwickelt hat. Dennoch beschweren sich Frauen viel lautstarker über den Schönheits- und Schlankheitswahn, an dem nur die oberflächlichen Männer Schuld seien, als sich Männer darüber beklagen, dass Frauen die Ursache dafür sind, wenn Männer enorme ökonomische Risiken eingehen und sich bis zum Herzinfarkt abrackern müssen.

Männer jagen nur deshalb dem Geld hinterher, weil sie Frauen das bieten wollen, was Frauen nachfragen, um Sex mit ihnen und Zärtlichkeit von ihnen bekommen zu können. Frauen sind nämlich nicht sex-, sondern statusgeil. Und weil Männer nicht statusgeil sind, sondern sexgeil, versuchen Frauen den Männern das zu bieten, was diese nachfragen. Darum manipulieren alternde Frauen umso stärker an ihrem Äusseren, je gnadenloser sich ihre jugendliche Schönheit verabschiedet. Auf männliche Aufmerksamkeit verzichten sie nicht kampflos.

Wenn bulimische Frauen abgemagert auf der Intensivstation landen, dann sind indirekt die Männer schuld. Wenn überarbeitete Männer mit Herzinfarkt auf der Intensivstation landen, sind sie selbst schuld. Wenn Frauen männliches Risikoverhalten und Profitstreben sexuell belohnen, moralisch aber verurteilen, ist das so, als wenn Männer weibliches Diätverhalten sexuell gutheissen, moralisch aber verwerfen würden. Männer kritisieren besagtes Essverhalten aber nicht. Im Gegenteil – die meisten Männer respektieren Frauen und nehmen sie und ihre Entscheidungen ernst. Sie reden Frauen weniger in ihren Ernährungsplan und ihren Umgang mit Gurkenmasken und Antiagingcremes hinein, als Frauen umgekehrt Männer in ihrem Umgang mit Geld und in ihrem Risikoverhalten zu beeinflussen versuchen. Könnten Frauen etwas fairer hinschauen, müssten sie neben vermeintlich so egoistischen Investmentbankern auch Misswahlgewinnerinnen als egoistisch bezeichnen. Aufmerksamkeits- und Zuneigungsgier ist nicht weniger armselig und selbstgerecht als Geldgier. Narzissmus und Bulimie sind gefährliche Persönlichkeitsstörungen und Krankheiten, die viel Leid verursachen. Spielsucht, Sexsucht, Adrenalinsucht und die Sucht nach allen erdenklichen Genussmitteln, die oft die Motivationsbasis für männertypische Umtriebigkeiten sind, sind ebenfalls gefährlich und oft als Krankheiten zu diagnostizieren, die sehr viel Leid verursachen. Von Männern als den Verursachern einer Finanzkrise zu sprechen, ist so, als wenn Frauen die Schuld für den Arbeitsplatzmangel in der Süsswarenindustrie zukäme, weil zu viele von ihnen auf Diät sind.

Wenn man einem Mann anböte, er könnte den Rest seines Lebens im Elysium verbringen, in einem erotischen Schlaraffenland voller fruchtbarer Jungfrauen, ganz für ihn alleine, ganz ohne Anwesenheit anderer Männer, wird er mit hoher Wahrscheinlichkeit unverzüglich jegliches Vermögen und jeglichen Status, den er sich auf Erden erarbeitet hat, sofort hergeben. Frauen würden staunen, wie schnell sich vermeintliche männliche Geltungssucht und männliches Ego dann plötzlich in Luft auflösen würden. Die Frauen sind es allenfalls selbst, die ein Problem mit ihrer Status- und Geltungssucht und ihrem Ego haben, da sie zeitlebens auf der Suche nach einem Mann mit besonderem Status und besonderer Geltung sind. Keine Akademikerin kann sich vorstellen, dass der Mann ihrer Träume Möbelpacker ist. An der Seite eines Möbelpackers wollen sie nicht gesehen werden, denn der zieht ihren Status extrem nach unten. Natürlich wollen auch Männer keine Putzfrau an ihrer Seite, aber weniger aus Statusgründen als vielmehr deshalb, weil die Art der körperliche Arbeit die sinnlichen Qualitäten einer Putzfrau in Mitleidenschaft zieht.

Kaum etwas fühlt sich für das natürliche Ego einer Frau genussvoller an, als auf Schritt und Tritt neidische und eifersüchtige Blicke anderer Frauen auf sich zu spüren, weil sie an der Seite des weit und breit begehrenswertesten Mannes daherkommt. Männer versuchen Frauen zu beeindrucken, während Frauen versuchen, andere Frauen zu beeindrucken. Männer tun es für Sex und Zärtlichkeit, also weil sie selbst gute Gefühle empfinden wollen, unabhängig davon, was andere empfinden. Frauen tun es für den Neid, den andere empfinden.

Männer schauen Frauen hinterher. Anderen Männern schauen sie nicht hinterher. Das klingt einleuchtend. Aber warum schauen Frauen so oft anderen Frauen hinterher, Männern hingegen nur so selten?

Sicherlich haben die meisten Frauen irgendwann in letzter Zeit einem oder zwei schönen Männern hinterher geschaut. Aber von den anderen zehntausend, die in der Zwischenzeit ihren Weg kreuzten, haben sie nicht mal Notiz genommen. Die meisten Männer leben ein unbeachtetes Leben, während Frauen andauernd angeschaut werden. Wildfremde Männer sind Frauen völlig egal. Über bekannte und bereits als interessant identifizierte Männer können Frauen hingegen den ganzen Tag quatschen und grübeln. Wer noch nicht als solcher erkannt ist, der wird meist noch nicht einmal wahrgenommen. Wildfremde Frauen sind ihren Geschlechtsgenossinnen hingegen keineswegs egal. Auch über völlig unbekannte Frauen und darüber, was diese anhaben, wie tief ihr Dekolletee ist, was sie alles tun und wie sie sich dabei verhalten, können Frauen stundenlang lästern.

Die Erklärung dafür ist einfach: Wenn neunzig Prozent der Männer für eine Frau erfahrungsgemäss ohnehin nicht als Fortpflanzungspartner infrage kommen, aber neunzig Prozent der anderen Frauen Konkurrentinnen um die Gunst eines attraktiven Fortpflanzungspartners sind, dann haben langfristig solche Frauen Selektionsvorteile, die sich lieber mit anderen Frauen vergleichen, als damit, ihre Zeit für das Abchecken x-beliebiger Männer zu verschwenden. Welche Männer attraktive Fortpflanzungspartner sind, zeigt sich früher oder später von selbst. Nach ihnen muss man nicht suchen. Bevor zehn Männer einen Wettlauf machen, braucht man sich nicht die Frage zu stellen, ob es wohl einer von ihnen schaffen wird, Erster zu werden. Es wird ganz sicher einer Erster, egal welche absolute Leistung er erbringt. Man braucht nur zuschauen und abwarten. Es ist immer die relative Leistung, die für Frauen zählt.

Frauen tun sich schwer damit, einzusehen, dass sich die Geschlechter gegenseitig formen. Etwas, das so wundervoll ist wie sie selbst, wie eine liebreizende Prinzessin eben, soll durch die sexuelle Wahl von Männern geschaffen worden sein? Und etwas, dass so entsetzlich ist, wie unersättliche, risikobereite und skrupellose weisse Männer, soll von Frauen geschaffen worden sein? Das kann nicht sein! Weil nicht sein kann, was nicht sein darf.

Chronisch fremdattribuierende und egozentrische Frauen finden für sich immer wieder Wege, authentisch daran zu glauben, dass an allen Schlammasseln und Unzulänglichkeiten Männer schuldig seien. Auch wenn sie selbst immer noch nicht von einem Märchenprinzen als Prinzessin entdeckt wurde, liegt das in den Augen einer Frau nur daran, dass Männer eben blind für ihre umwerfenden Qualitäten sind, aber keineswegs daran, dass sie schlichtweg nicht attraktiv genug ist. Und wenn Männer weibliches Interesse an ihnen nicht erkennen und nicht auf weibliches Flirtverhalten eingehen, liegt es daran, dass Männer eben plump sind, aber keinesfalls daran, dass Frauen sich nicht vernünftig artikulieren können. Eine andere Wahrheit zu akzeptieren, würde Frauen das Herz brechen.

In Medien und Öffentlichkeit werden meist nur die Sieger grosser Transaktionen vorgezeigt. Von all den grossen und kleinen Verlierern, die aufgrund ihres Risikos unterwegs auf der Strecke blieben, spricht kaum jemand. Eine Wirtschafts- und Finanzkrise ist keine schöne Sache. Man kann natürlich die Frage stellen, ob es nicht besser wäre, wenn mehrheitlich Frauen die Verantwortung für grosse Geldsummen übernähmen. Aber vermutlich lassen sich ähnlich wenige Frauen finden, die Spass am Entwickeln mathematisch extrem komplizierter, aber ökonomisch wichtiger Wertpapier- und Termingeschäftskonstruktionen haben, wie sich wenige Männer finden lassen, die sich mit Begeisterung schlank hungern. Beides existiert natürlich, nur gibt es diese Konstellationen nicht sonderlich häufig. Die wenigsten Frauen finden kalorienzählende Männer sexy. Und die wenigsten Männer finden vereidigte Wirtschaftsprüferinnen sexy. Man würde bei Männern schlimme Depressionen verursachen, wenn man ihnen die Möglichkeit nähme, von schnellem Geld zu träumen. Männern ihr Geld zum Investieren und zum Zocken wegzunehmen und es in die Hände von Frauen zu legen, wäre so, wie Frauen die höchstpersönliche Hoheit darüber zu nehmen, welche Kleidung sie anziehen, welche Kosmetikartikel sie benutzen und welche Frisuren sie tragen sollten. Frauen, die solche Vergleiche unpassend finden, sind hoffentlich die ersten, die dieses Recht auf Selbstbestimmung eintauschen würden.

Männer setzen regelmässig ihre Gesundheit und ihre finanzielle Zukunftssicherheit aufs Spiel, um zu jenen wenigen Siegern zu gehören, für die die meisten Frauen bereitwillig und unverzüglich ihr Höschen ausziehen. Im Gegenzug müssen sie sich abenteuerliche Vorwürfe anhören. Warum lassen Männer sich das gefallen? Weil jammernde Männer nicht angesagt sind! Gewinner überlassen das Klagen den Verlierern. Gewinner sehen keinen Grund zur Beschwerde. Männliches Gejammer ist für Frauen der eindeutigste Indikator darauf, dass sie es mit einem Verlierer zu tun haben. Kein Mann ist so dumm und beschwert sich freiwillig. Männer lassen sich in ihrem ungerechten Leid hervorragend gegeneinander ausspielen. Ein jeder Mann profitiert ausgezeichnet davon, wenn ein anderer jammert.

Männer haben kein Interesse an risikobereiten Frauen. Die wenigsten Männer wollen Frauen, deren Motivationssystem durch Zockerei belohnt wird. Männer hetzen Frauen mit ihrer Partnerwahl nicht dazu, immer mehr und mehr Geld, Eigentum, Bildung, Titel, Posten, Ämter, Ruhm und Erfolg anzuhäufen. Männer treiben Frauen nicht zu einem Leben, das frühen Herzinfarkt und stressbedingten Haarausfall nach sich zieht. Männer sind lediglich sinnlich. Sie wollen in hübsche Frauengesichter schauen und wohlgeformte Beine und Busen streicheln. Viel mehr verlangen sie gar nicht. Genau das wird ihnen vorgeworfen. Männer bekommen seit jeher erzählt, sie seien oberflächlich. Ganz anders als Frauen.

Was eine Frau meint, wenn sie sagt, dass sie anspruchsvolle Männer mag, ist, dass sie Männer mag, gesellschaftlich erfolgreiche natürlich, die sich für sie begeistern können. Menschen sind narzisstisch und voller positiver Selbstillusionen. Wenn man jemanden trifft, von dem man gemocht wird, unterstellt man demjenigen eine gute Urteilsfähigkeit. Und im Zuge dieser Logik hat derjenige eben besonders hohe Ansprüche. Eitelkeit lädt zu verlockenden Zirkelschlussüberlegungen ein. Die Wahrheit ist meistens eine ganz andere. Die meisten Menschen sind völlig durchschnittlich – und sehr viele sogar unterdurchschnittlich; Männer wie Frauen. Logisch. Entsprechend sollten die meisten Frauen hoffen, dass ein Mann nicht besonders anspruchsvoll ist, denn sonst würden sie ihm wohl kaum auffallen. Schmerzhaften Wahrheiten wird selten in die Augen geblickt. Wer einen höheren Wahrheitsanspruch hat, hat weniger zu lachen. Und Frauen lachen nun mal sehr gern.

28 SPÄTENTWICKELNDE MÄDCHEN UND FRÜHREIFE JUNGS

Nachdem Jungs ihre erste Erektion hatten, hören sie kaum noch damit auf, an ihrem Penis herumzuspielen. Nachdem sie gemerkt haben, welch hervorragende Gefühle sie damit auslösen können, probieren sie solange herum, bis sie wissen, wie sie ihren Penis optimal stimulieren können. Wenn sie einmal richtig auf den Trichter gekommen sind, hören sie damit nicht mehr auf. Spätestens dann, wenn sie endlich ihre Samenergüsse haben und alles funktioniert wie es soll, onanieren sie bei jeder Gelegenheit. Es gibt für sie dann auch nicht mehr den geringsten Grund, länger mit dem zu warten, wofür Geschlechtsteile vorgesehen sind. Jungs würden am liebsten sofort mit dem ersten Koitus loslegen, nachdem sie erfahren haben, wie die Sache funktioniert. Aber leider geht das nicht so einfach, denn dabei haben Mädchen ein gehöriges Wörtchen mitzureden. Ohne Konsens kein Sex.

Mädchen bekommen ihre erste Regelblutung etwa im gleichen Alter wie Jungs ihren ersten Samenerguss. Technische Geschlechtsreife stellt sich somit fast gleichzeitig ein. Das ist für Mädchen aber keineswegs ein Grund, bei nächster Gelegenheit sofort mit Sex loszulegen. Sie denken noch nicht einmal dran. Mädchen brauchen üblicherweise noch sehr lange, bis sie »Es« wollen, während Jungs notgedrungenerweise darauf warten, dass die Mädchen sie endlich ranlassen. Wenn Mädchen ihren ersten Freund haben, tasten sie sich Stück für Stück an Intimitäten ran. Mit dem ersten Freund wird meistens noch nicht geschlafen. Vermutlich ziehen sich die beiden noch nicht mal zusammen nackt aus. Das dauert alles seine Zeit, wobei Jungs aufs Gas und Mädchen auf die Bremse treten. Das Tempo der Mädchen limitiert das Tempo der Jungs. So wie ein Ferrari auf einspuriger Landstrasse auf die Geschwindigkeit des vor ihm fahrenden LKW limitiert wird. Der Ferrarifahrer kann den Motor aufheulen lassen und mit Kupplung wie Gas spielen, so viel er will, aber er ist nicht schneller als der LKW vor ihm. Jungs müssen sich von Mädchen monatelang anhören, sie wären noch nicht so weit, sie bräuchten noch Zeit, und sie sollten doch Verständnis haben. Die meisten Jungs sind natürlich rücksichtsvoll und versuchen ihre Freundin nicht zu bedrängen, während sie innerlich vor Sehnsucht nach Sex kurz vorm Platzen sind. Weniger rücksichtsvolle Jungs drohen – wenn sie es sich leisten können – damit, Schluss zu machen und sich eine andere zu suchen. Wenn Mädchen dann endlich einwilligen, tun sie es meist entweder weil sie ihrem Freund, den sie so lieb haben, einen Gefallen tun wollen oder weil sie sich erwachsener fühlen möchten oder aus reiner Neugier. Die wenigsten Mädchen werden von ihrer eigenen Geilheit zum ersten Sex getrieben. Aber Mädchen hoffen selbstverständlich, dass ihr »Erstes Mal« schön für sie wird, während Jungs hoffen, dass ihr »Erstes Mal« schön für das Mädchen wird.

Es heisst häufig, Teenagermädchen seien meist deshalb mit zwei Jahre älteren Jungs zusammen, weil ihnen gleichaltrige Jungs noch zu kindisch seien. Die Jungs würden dagegen auf zwei Jahre jüngere Freundinnen ausweichen, weil sie den gleichaltrigen Mädchen an Reife nicht gewachsen seien. Das ist oft zu hören, und es ist grundfalsch. Es hat nichts mit Reifefragen zu tun, dass Männer auf jüngere Frauen stehen, sondern mit biologischer Evolution. Auch sechzigjährige Männer finden fünfundzwanzigjährige Frauen attraktiver als gleichaltrige Frauen. Dass Frauen mit fünfundzwanzig bereits so reif sind, wie Männer es erst mit sechzig sind, würde deshalb trotzdem niemand behaupten. Mädchen diktieren die Spielregeln, weil sie das Spiel nicht so dringend spielen müssen. Sie können es auch bleiben lassen. Die Jungs nicht. Darum bestimmen die Mädchen auch darüber, welches Alter die Jungs an ihrer Seite haben.

Jungs seien länger verspielt, während sich die Mädchen bereits früher viel vernünftiger benehmen, heisst es häufig. Eine erstaunliche Auffassung. Wer das behauptet, hat noch nie das Gesicht eines Grossvaters gesehen, der eines Tages seine Modelleisenbahn vom

242

Speicher holt, um sie für seine Enkelkinder aufzubauen. Wer nach dem Aufbau dann als erster stundenlang damit spielt, ist der Grossvater selbst – natürlich. Ist er darum weniger reif als ein zehnjähriges Mädchen? Nein. Art und Ausprägung des Spieltriebs haben weniger mit Alter und Reife zu tun, als mit dem Geschlecht. Der durchschnittliche Käufer einer Videospielekonsole ist männlich und über dreissig Jahre alt. Dreissigjährige Männer können in einer Weise nächtelang fanatisch Videospiele spielen, wie Frauen es niemals vermögen. Männer spielen auch häufiger Skat und Poker. Auch Schach wird weitaus öfter von Männern gespielt. Männer spielen generell lieber und vor allem länger, beinahe egal was. Männer lieben Wettbewerb.

Die meisten männlichen Tiere müssen häufiger und erbitterter kämpfen, weswegen sie sich zu Trainingszwecken regelmässig spielerische Scharmützel mit Artgenossen liefern. Der menschliche Spieltrieb ist ein Relikt davon. Wer im Ernstfall nicht trainiert war, starb eher aus. Weibliche Tiere müssen dagegen seltener kämpfen, aber für sie ist es wichtiger, Sozialzusammenhänge zu verstehen und herrschende Machtstrukturen zu manipulieren. Mädchen spielen daher auch selten wettkampforientierte Spiele mit klaren Gewinnern und Verlierern, sondern bevorzugen gemeinschaftliche Spiele ohne klares Ziel. Wenn sie ins Teenageralter kommen, hören Mädchen keineswegs auf zu spielen. Sie verlagern ihre Aktivitäten lediglich. Sie betreiben dann sozialmanipulative Spiele und üben sich darin, wie sie in ihrer Gemeinschaft herrschende Meinungen zu ihren Gunsten beeinflussen, Stimmungen schüren und ihre Interessen durchsetzen können. Sie probieren aus, was man mit Empörung und Entrüstung, mit Wehklagen, mit Heulen, mit dem Heucheln von Bedürftigkeit, mit Ignorieren, mit Liebesentzug, mit Schuldzuweisungen, mit Charme und mit all den anderen sozialen Werkzeugen erreichen kann. Jungs suchen die Nähe zu Mädchen, weil sie sich zum einen romantisch in sie verlieben und zum anderen süchtig nach Sex sind. Mädchen suchen die Nähe zu Jungs, weil sie ihre Wirkung ausprobieren, flirten und weil sie mit der Macht weiblicher Reize experimentieren wollen. Die Gefühle der Jungs, die in diesem Alter so intensiv und sensibel sind wie später niemals wieder, werden dabei zum Gegenstand weiblicher Experimentierfreude. Mädchen behalten ihren Spieltrieb genauso bei wie Jungs den ihrigen. Es ist nur ihr Spielgegenstand, der ein anderer wird. Das neue Spielzeug von Teenagermädchen sind die Gefühle der Jungs.

Was bedeutet überhaupt »vernünftiger«? Von der Bedeutung ausgehend, die Kindern von ihren Grosseltern beigebracht wird, ist alles vernünftig, was sicherheitserhöhend beziehungsweise mindestens sicherheitserhaltend für die eigene Gesundheit oder das eigene Geldvermögen ist. Demnach erstaunt es kaum, wenn nicht nur Mädchen vernünftiger sind als Jungs, sondern auch Frauen ein Leben lang vernünftiger bleiben als Männer. Männer haben nachvollziehbar eine andere Risikologik. Sich so risikoavers zu verhalten, wie Frauen es tun, wäre für Männer höchst unvernünftig. Männliche Vernunft unterliegt einer ganz anderen Definition.

Mädchen mögen körperlich früher als Jungs einen entwickelten Erwachsenenkörper haben, weil der Weg vom zarten Kind zur zierlichen Frau mit femininer Figur nicht so weit ist wie der zum behaarten, bärtigen, muskulösen Mann mit kantigem Gesicht. Darüber hinaus macht es keinen Sinn, ein Geschlecht als das sich früher und eines als das sich später entwickelnde zu bezeichnen. So wenig, wie eine Eintagsfliege früher reif als eine Schildkröte ist. Jungs müssen eine grosse Belastung dabei ertragen, gezwungenermassen zirka zwei bis drei Jahre länger auf ihren ersten Sex zu warten, obwohl sie ihn bereits erheblich länger und vielfach dringender als Mädchen herbeisehnen. Ihnen auch noch zu sagen, dass sie Spätentwickler seien, kann kaum sinnvoll sein.

Als Teenager sind Jungs in einem enorm empfindsamen Alter. Und sie sind grenzenlos romantisch. Manche schreiben stapelweise Liebesbriefe an Mädchen, manche verschenken Blumen oder Pralinen, weil sie in Filmen gesehen haben, dass Mädchen das angeblich mögen. Manche gehen erhebliche Risiken ein oder verbraten ihr komplettes Erspartes, um Mädchen zu beeindrucken. Manche surfen tagelang pausenlos im Internet, auf der Suche nach einem

Chat mit einem wundervollen Mädchen. Haben sie dann mal eines gefunden, bieten sie ihm sofort ein Treffen an. Egal, ob das Mädchen in Hamburg lebt und sie selbst in München wohnen. Kein Problem. Der Junge fährt lieber gestern als morgen zu dem Mädchen nach Hamburg. Mädchen sind davon meist überfordert. Sie wollen nicht im selben Masse wie die Jungs verbindlich investieren und sich nicht zu Gegenleistungen verpflichtet fühlen. Sie bekommen kalte Füsse, wenn die Jungs Nägel mit Köpfen machen wollen. Sie brauchen Sex und Liebe eben noch weniger, als die Jungs beides bereits brauchen. Männliche Begierde trifft auf relatives weibliches Desinteresse. Aber das dreht sich in den nächsten zwei Jahrzehnten um. Wenn aus den Mädchen erwachsene Frauen geworden sind, wundern sie sich häufig, warum attraktive Männer ihrerseits nichts investieren, keine Verpflichtungen eingehen wollen und schnell kalte Füsse bekommen, während Frauen Verbindlichkeit einfordern. Den Männern bedeuten Sex und Liebe eben nicht mehr so viel, wie den Frauen beides nun bedeutet. Weibliche Sehnsucht trifft dann auf männliche Gleichgültigkeit. Die Männer haben jene Desillusionierungen schon seit Jahrzehnten hinter sich, die gleichaltrige Frauen nun erst durchlaufen. Mädchen bezeichnen aufdringliche Jungs, an denen sie kein sonderliches Interesse haben, schon mal als »durchgeknallt« und »notgeil«. Später dann, als verzweifelte Frauen, diagnostizieren sie bei Männern, die kein nachhaltiges Interesse an ihnen haben, »Bindungsangst« und keine Bereitschaft für die Übernahme von »Verantwortung«.

Im Alter von vierzig Jahren sind die meisten Frauen in der Lage, sich jederzeit auf unverbindliche Affären einzulassen, wenn ihnen spontan der Sinn danach steht. So selbstverständlich, wie sie sich in einem guten Restaurant von einem kreativen Koch kulinarische Freuden bereiten lassen, ihn deshalb aber nicht gleich zu ihrem besten Freund erklären, so selbstverständlich lassen sie sich, sofern sich die Gelegenheit ergibt, auch mal von einer attraktiven Spontanbekanntschaft erotische Freuden bereiten, ohne dass sie darauf sofort eine vertrauliche Liebesbeziehung begründen müssen. Sie sind in einem Alter, in dem sie nicht nach jeder intimen

Begegnung gefühlsduselig werden müssen, sondern zwischen Sex und Liebe trennen können. Damit hat das Sexualverhalten vierzigjähriger Frauen eine Reife erreicht, die das Sexualverhalten von Männern bereits im Alter von vierzehn Jahren aufweist.

29 MÄNNLICHE NACHGIEBIGKEIT UND WEIBLICHE DICKKÖPFIGKEIT

Partnerschaften funktionieren dann am besten, wenn die Frau leicht dominant und wenn der Mann nachgiebig ist. Das sagen zumindest David Vogel und Megan Murphy, zwei mit dieser Behauptung bekannt gewordene Psychologen. Die Aussage ist äusserst interessant, sofern man sie ernst nimmt. Sie bedeutet, dass Partnerschaften weniger gut funktionieren, wenn beide dominant oder beide nachgiebig sind oder wenn er dominant und sie nachgiebig ist. Wenn beide das gleiche Verhalten zeigen, kann es zumindest keine brauchbaren Schuldzuweisungen geben, wenn die Beziehung nicht funktioniert. Die anderen beiden Varianten haben es aber in sich. Was heisst das nämlich genau? Nachfragen wird ja wohl erlaubt sein!

Bedeutet die Behauptung etwa, dass Frauen nur dann Harmonie entstehen lassen, wenn alles nach ihrer Pfeife tanzt? Bedeutet die Behauptung etwa, dass Männer keine grosse Sache daraus machen, wenn sie eine forsche und fordernde Frau haben, sondern gerne zu deren Gunsten einen Schritt in den Hintergrund treten, während Frauen umgekehrt nicht in den Hintergrund treten können, weil sie ein Problem damit haben, wenn nicht sie, sondern die Männer ihre Beziehungsvorstellungen durchsetzen? Dann hinge eine erfolgreiche Partnerschaft also in der Tat davon ab, ob Männer kompromissbereit und emotional kompetent sind, weil Frauen überwiegend nicht kompromissbereit und emotional kompetent sein können. Wenn Frauen es könnten, wären schliesslich auch andere Konstellationen ebenso erfolgreich, wie die, in der sie ihren Willen durchsetzen.

Solange etwas gut funktioniert, fällt es nicht auf. Von Multimillionen nachgiebigen Männern liest man natürlich nicht in der Zeitung, weil deren Partnerschaft gut läuft. In der Zeitung liesst man von den gewalttätigen Feiglingen, die ihre körperliche Über-legenheit dazu missbrauchen, Frauen physische Gewalt anzutun. Empirisch gesehen sind die aber glücklicherweise nicht mehr als eine Handvoll. Dennoch gelten eher Männer als der problemaus-lösende Faktor in Beziehungen. Skandaljournalisten scheren sich nicht sonderlich um Empirie. Boulevardmagazine werden eher von Frauen als von Männern gelesen.

Wenn man die beiden Psychologen ernst nimmt, haben Frau-en offenbar die Vorstellung, dass eine Beziehungen entweder klipp und klar nach ihren Vorstellungen oder eben schlecht läuft. Zwei interessante Alternativen: Friss oder stirb. Eine Frau lässt sich offen-bar kein fremdes Konzept überstülpen. Ein Mann schon. Damit er-scheint »Beziehungsfähigkeit« in einem ganz anderen Licht. Wer von beiden ist denn nun wirklich partnerschaftlicher, kompromiss-bereiter und damit beziehungsfähiger?

»Beziehungsfähigkeit« ist insofern eine interessante Begriff-lichkeit, weil diese Vokabel immer dann ins Spiel gebracht wird, wenn Männer eine Frau nicht attraktiv genug finden, um sich auf so viel Nähe zu ihr einzulassen und so viel Zeit gemeinsam mit ihr zu verbringen, wie diese es gern hätte. Wenn Frauen Männer für nicht attraktiv genug befinden, ist von »Beziehungsunfähigkeit« auf Seiten der Frau hingegen keine Rede.

Das besondere Geheimnis gut funktionierender Partnerschaf-ten ist den beiden Psychologen zufolge, dass es gerade die kritischen Beziehungsgespräche sind, in denen sich die Frauen durchsetzen. Das ist kein Wunder. Wenn ein Mann versucht, eine Entscheidung durchzusetzen, handelt es sich in den Augen der Frauen nur um sein »männliches Ego«, das sich aufspielt. Das männliche Ego ist eine interessante Erfindung von Frauen. Es impliziert, dass der Cha-rakter- oder Persönlichkeitsnarzissmus bei Männern stärker aus-geprägt ist. In der weiblichen Logik werden Männer durch ihr Ego »stur«, »dickköpfig«, »starrsinnig«, »gefühllos«, »egoistisch« oder »cholerisch«. Mit diesem Schwarzen Peter, den sie einem Mann zustecken, ersparen Frauen es sich, sachliche, intelligente und ausgewogene Antworten auf seine Argumente finden zu müssen.

Es kann nicht ernsthaft überraschen, wenn ein angenehmeres Klima entsteht, sobald ein Mann in einer Partnerschaft der Frau ihren Willen lässt. Frauen müssen ihre moralischen Vorstellungen in der Partnerschaft wiedergespiegelt finden. Sonst bekommt der Mann im Zweifel den Laufpass. Männer müssen dagegen vor allem ihre Vorstellungen von Sinnlichkeit in ihrer Partnerschaft wiederfinden; dann haben sie auch kein Problem damit, dem Willen der Frau häufiger den Vortritt zu lassen. Statt davon zu sprechen, dass Beziehungen besser funktionieren, wenn Frauen dominant sind, könnte man es durchaus auch so ausdrücken, dass Beziehungen dann besser funktionieren, wenn die Männer ihre Frauen einfach nicht so ernst nehmen. Wenn er im Zweifel zu allem »Ja« und »Amen« sagt, hat er eher seine Ruhe, als wenn er es jedes Mal auf einen Streit ankommen lässt. Beim Streiten ziehen Männer zwangsläufig den Kürzeren, weil ihnen die weibliche Streitausdauer fehlt und weil sie den schrillen Klang in den Stimmen empörter Frauen nicht lange aushalten. Männliche Nachgiebigkeit rettet die Erhaltung der Art. Eine simple, aber korrekte Formel.

Die allerbesten Partnerschaften führen freilich Paare, bei denen beide eine hohe emotionale Kompetenz haben. Dominanz wird dort nicht benötigt. Logische Intelligenz hingegen umso mehr. Und die ist bei Frauen nicht ganz so oft vorhanden.

30 EHE

Ein bereits bekanntes Zitat von Abraham Lincoln liesse sich auch durchaus sinnvoll modifizieren:»Willst Du den Charakter eines Menschen erkennen, so gib ihm *Freiheit*«.

Freiheit ist nichts anderes, als uneingeschränkte Macht über das eigene Verhalten.

Freiheit ist eine unbedingte Voraussetzung, um ethisch relevantes Verhalten von Menschen ernst nehmen zu können. Nur die Taten und die Äusserungen von Menschen, die weitestgehend ausserhalb finanzökonomischer, juristischer, bürokratischer, militärischer oder sozialrestriktiv-moralischer Abhängigkeit stehen, können als Ausdruck ihrer wahrhaftigen Absichten und Weltanschauungen verstanden werden. Wer in einem wie auch immer gearteten engen sozialen Abhängigkeitsverhältnis steht, dessen Handlungen müssen hinsichtlich der Qualität ihrer Aufrichtigkeit sehr vorsichtig gedeutet werden. Erst Freiheit von den Urteilen und Entscheidungen anderer lässt die wahre Persönlichkeit eines Menschen zum Ausdruck kommen. Und erst Macht über andere lässt den wahren Charakter eines Menschen sich entfalten. Wer in einem hierarchischen System Führungsverantwortung trägt und weisungsbefugt ist, sollte sich darüber im Klaren sein, dass je weniger er seine Verrichtungsgehilfen eigenverantwortlich entscheiden lässt, er sie desto mehr davon entlastet, eigene ethische Reflektionen anzustellen und ihr wahres charakterliches Gesicht zu zeigen. Je weniger liberal und je mehr autoritärer ein System ist, desto besser werden Schmarotzer, Parasiten und Opportunisten versteckt und geschützt.

Eine Ehe ist ein in enge moralische und juristische Verhaltenserwartungen eingebettetes Korsett. Eine offene Beziehung ist ein liberales Konzept, bei dem jede Handlung und jedes Unterlassen grundsätzlich Freiwilligkeit und Aufrichtigkeit entspringen.

Liebe, Sex und Beziehungen, die ein Mensch lebt und praktiziert, sollten in aufgeklärten Gesellschaften Ausdruck ureigener Wahlfreiheit, Handlungsfreiheit und persönlicher Selbstbestimmung sein. Wenn Liebe keinen freiheitlichen Boden hat, sind Liebesschwüre nicht die Atemluft wert, mit der sie artikuliert werden, und Liebesbriefe nicht das Papier wert, das für ihre Niederschrift Verwendung findet. Sobald Liebe in eine formale Schablone gegossen wird, wie die Ehe eine ist, sind Abhängigkeitsverhältnisse zementiert. Wenn ein Mensch nicht die tägliche Möglichkeit hat, seinen Partner zu verlassen, ist seine fortwährende Anwesenheit kein überzeugender Beweis seiner andauernden Liebe. Mit einem Menschen ohne Formalbindung zusammen zu bleiben, ist dagegen jeden Tag eine erneute Entscheidung für ihn – und eine Entscheidung gegen alle anderen Optionen. Wer ohne Trauschein und bürokratische Knebeln und Fesseln Jahre und Jahrzehnte mit einem Lebenspartner zusammenlebt, dessen Liebesbeteuerungen haben höchste Glaubwürdigkeit. Wer um seinen Partner herum dagegen eine wie auch immer geartete Kulisse aus Erwartungsdruck, emotionaler Erpressung oder bürokratischer Hemmnisse aufbaut oder entstehen lässt, setzt die Axt an die Wurzel sämtlicher romantischer Ideale an. Wer sich sogar von steuerrechtlichen Argumenten zur Heirat überreden lässt, beugt sich von politische Eliten geschaffenen Anreizen und folgt damit fremdkonzipierten Lebensentwürfen. Er frisst genau den Brocken, den ihm ein Gesetzgeber hinwirft, um Kollektivlebensentwürfe nach von ihm geschaffenen Konventionen durchzusetzen. Wer aus finanziellen Gründen heiratet, macht sein Lebenskonzept zur Manövriermasse externer Interessen und extrinsischer Motivationen und verkauft damit einen grossen Teil seiner höchstpersönlichen Würde. Er veräussert ihn an die Diktatur einer repressiven Mehrheitsgesellschaft und deren zweifelhaften Vorlieben. Sobald Liebe käuflich geworden ist, hat sie aufgehört, wahrhaftig zu sein.

Politische Anreizgestaltung ist für einen liberalen Menschen nur zu oft eine ungeheuerliche Anmassung und Einmischung in seine höchstpersönliche Lebensgestaltung. Es ist befremdlich, wenn der Gesetzgeber eines vermeintlich aufgeklärten Landes indirekte Zwänge schafft, die seine Bürger in überflüssige Konflikte mit ihren eigenen ethischen Werten und ihrer freiheitlichen Selbstbestimmung bringen. Es ist ungeheuerlich, wenn ein Staat mit zweierlei Mass misst und jene Menschen massiv finanziell benachteiligt beziehungsweise Ressourcen zu ihren Ungunsten umverteilt, die sich in die höchstpersönliche Gestaltung ihres Liebes- und Beziehungslebens nicht reinreden lassen wollen. Wie eine Liebesbeziehung zwischen zwei Menschen aufgebaut ist und welche Rechte und Pflichten beide in und um ihre Liebesbeziehung herum vereinbaren, sollte von jeglicher staatlichen Einmischung und Bevormundung frei bleiben. Bürokratie hat sich aus der Liebe herauszuhalten.

Früher sammelten Mädchen in ihrer Kindheit Pfennigstücke, um davon eines Tages ihre Brautschuhe kaufen zu können. Junge Mädchen träumten und träumen grosse Träume von ihrer späteren Hochzeit. Sie träumen vom Prinzen, der sie entdeckt, und von einem grossen Fest, auf dem der Prinz das ganze Land wissen lässt, dass er seine Traumfrau gefunden hat, dass andere Frauen für ihn nicht mehr infrage kommen und dass er alle Ergebnisse seiner Arbeit und seiner Schaffenskraft seiner Traumfrau und ihren gemeinsamen Kindern zur Verfügung stellen wird. Hochzeit ist für die meisten Frauen eine ganz wichtige Sache. Sie gehört selbstverständlich zu ihrem Lebensentwurf dazu. Auch wenn jede Lebenserfahrung zeigt, dass Ehen heutzutage reihenweise geschieden und von teils bitteren Trennungsschlachten gefolgt werden. Eigentlich gilt es als Zeichen von Reife, wenn man sich vorausschauend verhält und beim Treffen von Entscheidungen die Kenntnisse von Erfahreneren nutzt, indem man ihren Rat einholt. Scheidungsraten sind ein Ausdruck geballter menschlicher Lebenserfahrung. Sie sprechen eine deutliche Sprache. Trotzdem werden sie von Heiratswilligen ignoriert. Wenn es ums Heiraten geht, gilt es als verantwortungsvoll zu glauben, dass man geballte Lebenserfahrung gewiss widerlegen könne. Jeder Heiratende glaubt, dass bei ihm alles anders sei als bei jenen Multimillionen und Milliarden

Menschen zuvor, deren Liebe im Laufe der Zeit auf der Strecke geblieben ist. Wenn Kinder Ratschläge von Erwachsenen nicht befolgen, sondern etwas anderes machen und damit auf die Nase fallen, wird ihnen hinterher vorgehalten, sie hätten mal lieber auf die Erwachsenen hören sollen, denn schliesslich wären die schon älter, hätten mehr Erfahrung, und wüssten, was vernünftig ist. Wer angesichts der Lebensrealitäten um ihn herum und angesichts der vielfachen Erfahrungen anderer Menschen dennoch heiratet, verhält sich wie ein trotziges Kind, das sich weigert, von den Kenntnissen der Erwachsenen zu profitieren. Natürlich müssen Kinder auch eigene Erfahrungen machen, zu denen Fehler dazugehören. Denn alleine schon die Erfahrung, wie wichtig Erfahrung ist, ist eine wichtige Erfahrung. Wer im heiratsfähigen Alter ist, sollte über diesen Erkenntnispunkt allerdings bereits hinaus sein. Er sollte dazu befähigt sein, auch aus dem Lehren ziehen zu können, was er nicht höchstpersönlich erlebt hat, sondern was sich bei anderen beobachten lässt. Die Ehe hat geradezu etwas kindisches. Wenn es ums Heiraten geht, wird Verachtung von Lebenserfahrung in Übernahme von Verantwortung umgedeutet. Eheillusionen gehören nun mal zum romantischen Tafelsilber von Kleinmädchenträumen. Und Bedürfnisse von Frauen formen die sozialakzeptierte Moral.

Träumen Jungs auch von ihrer Hochzeit? Für unattraktive Männer, die sonst keine Chance auf regelmässige sexuelle Versorgung haben und die bereit sind, dafür mit absolut exklusiver Versorgung zu bezahlen, ist die Ehe eine sehr willkommene Einrichtung. Sehr attraktive Männer zeigen weniger Interesse an einer Heirat. Während Frauen nicht nach vielen Sexpartnern suchen, sondern nach dem besten, den sie bekommen können, haben Männer dagegen das Bedürfnis nach vielen Sexpartnerinnen. Daher ist ein pathetisches Eheversprechen mit den damit verbundenen Exklusivitätszusicherungen, von denen viele Leute erfahren, das beste, was eine Frau einem Mann abringen kann. Ihre Interessen werden dadurch gestärkt, während seine in weite Ferne treten. Mittelmässig attraktive Männer gehen oft den opportunistischen Kompromiss eines inkonsequenten Mittelwegs. Sie heiraten aus pragmatischen

Gründen. Wenn die Frau unbedingt will, machen sie die Ehe halt mit. Immer noch besser, als alleine zu sein. Wenn die Ehe sich ausgelebt hat, dann nehmen sie eben den Bürokratieaufwand auf sich und lassen sich wieder scheiden. Selbstverständlich wollen die allermeisten Männer Kinder zeugen, aber das müsste nicht unbedingt innerhalb einer Ehe geschehen.

Durch die Ehe erhöht sich für eine Frau schlagartig die Wahrscheinlichkeit, erfolgreich die natürliche Selektion zu überstehen. Eine Heirat ist ein offenes gesellschaftliches Bekenntnis eines Mannes, eine bestimmte Frau exklusiv zu unterstützen. Er geht damit Verpflichtungen ein, aus denen ihn die Öffentlichkeit so schnell nicht einfach entlässt. Wer seine Ehefrau im Stich liess, den liessen Gesellschaften immer spüren, dass sie sein Verhalten nicht tolerierten. Wenn Männer die Gesellschaft, in der sie lebten, nicht verlassen und nicht in Einsamkeit leben wollten, waren sie daher gezwungen, ihrer angeheirateten Frau dauerhaft von dem Wohlstand abzugeben, den sie erwirtschafteten. Wenn ein Ehemann seinen Pflichten nicht nachkam, war das von aussen zu erkennen. Mangelnde Unterstützung für ihre Frau ist etwas, das Männer schlecht verheimlichen können. Zumal Frauen ihrerseits wenig Hemmungen haben, allseits vernehmlich über ihren Ehegatten herzuziehen, wenn der sie vermeintlich im Stich lässt. Sich empört beschwerende Frauen überstanden die natürliche Selektion besser als solche, die es sich widerstandslos gefallen liessen, wenn ihre Männer ihnen Unterstützung entzogen. Weibchen müssen sich gegen den Opportunismus der Männchen, nach einer Kopulation einfach weiter zu ziehen, obwohl sie vorher Treue geschworen hatten, schützen. Die Ehe ist ein wunderbares Instrument dazu.

Bevorzugte Versorgung und Unterstützung durch den Mann gegen die Gewährung bevorzugten sexuellen Zugangs durch die Frau, lautet der historische Deal der Ehe. Dennoch ist die Ehe nur auf den ersten Blick ein Win-Win-Geschäft. Auf bevorzugten sexuellen Zugang gibt es auch nach der Hochzeit keine Garantie. Moderne Gesellschaften kennen sogar Tatbestände wie den der »Vergewaltigung in der Ehe«. Auf bevorzugten Ressourcenzugang gibt es dagegen sehr wohl eine Garantie, denn das staatliche Gewaltmonopol kann jederzeit Zahlungen von Alimenten durchsetzen. Man stelle sich mal das Gegenteil vor. Wenn ein Mann den Entwurf eines Tatbestands der finanziellen Ausbeutung in der Ehe einerseits und die Möglichkeit der Durchsetzung sexueller Interessen andererseits vorschlagen würde, wäre der weibliche Aufschrei laut. Für Weibchen lässt es sich nach aussen sehr wohl verheimlichen, wenn sie sich sexuell nicht im Geringsten exklusiv verhalten, sondern während ihrer Eisprünge gelegentlich doch gesundes Sperma von leistungsfähigeren Männchen einsammeln. Sich über ihre fremdgehende Frau lautstark verbal zu beschweren, machte für Männer aber nie sonderlich viel Sinn, denn damit gaben sie sich der Lächerlichkeit preis, und andere Frauen erfuhren über Wahlimitationseffekte, dass der Mann offenbar nicht weiter attraktiv war. Sich beschwerende, schwache und mittelmässige Männer verschlechtern ihre Chancen in der sexuellen Selektion noch weiter, wenn sie über Seitensprünge ihrer Frauen klagen. Ehen sind daher weniger Symbol aufrichtiger Liebe als Ausdruck erfolgreicher weiblicher Erpressungsmechanismen und männlicher Machtlosigkeit im Rahmen ihres Sozialverbunds.

Zahlreiche Männer heiraten nur, weil sie von der Frau an ihrer Seite unter Druck gesetzt werden. Frauen begründen ihre Hochzeitssehnsüchte dabei allen Ernstes mit Romantik. Sie finden es romantischer, einen Mann in einem Netz aus Verpflichtungen, Erwartungen und Repressionen zu fesseln, die aus den mittelbaren oder unmittelbaren Begleiterscheinungen der Eheschliessung resultieren, als täglich neben einem selbstbestimmten Mann aufzuwachen, der ein freies Individuum ist, aber gar nicht daran denken würde sie zu verlassen, weil er sie über alles liebt.

Was viel endgültiger und viel romantischer als jede Ehe ist, sind gemeinsame Kinder. Kinder schmieden zwei Menschen für alle Zeiten aneinander. Selbst falls die Liebe eines Tages verflogen sein sollte und zwei Menschen nicht mehr zusammen leben, sondern jeweils andere Partner haben, werden gemeinsame Kinder noch da sein. Kinder verfliegen nicht einfach. Kinder sind nicht durch Scheidung oder bürokratische Verwaltungsakte auflösbar. Wer miteinander Kinder hat, verliert sich nie wieder gänzlich aus den Augen. Wer miteinander Kinder hat, teilt die schönste Sache miteinander, die er hat, und zwar für den Rest seines Lebens. Wer miteinander Kinder hat, sollte nie den gegenseitigen Respekt voreinander verlieren. Schliesslich würde man sonst eingestehen, dass man den Partner zum Zeugungszeitpunkt offenbar völlig falsch eingeschätzt hatte und sollte somit konsequenterweise auch den Respekt vor der eigenen Urteilsfähigkeit verlieren. Vor dem anderen Elternteil die Achtung zu verlieren, würde ausserdem bedeuten, den Respekt vor dem eigenen Kind zu verlieren, denn in ihm steckt die Hälfte der Gene des anderen Elternteils.

Der Zeugungspartner bleibt ein wiedererkennbarer Teil des eigenen Kindes, auch dann, wenn er eines Tages zum Expartner geworden sein sollte. Sein Kind liebt man normalerweise. Meistens liebt auch ein Kind seine Eltern. Wer ein Kind hat, muss sich darüber im Klaren sein, dass das Kind vermutlich auch immer sein anderes Elternteil lieben wird. Kein Kind, das seine Eltern liebt, ist glücklich, wenn es einem der beiden Elternteile schlecht geht. Vernünftige Mütter und Väter werden daher immer ein Interesse daran haben, dass es auch dem anderen Elternteil gut geht. Wer will schon unglückliche Kinder? Auch wenn die Liebe zwischen ihnen verflogen sein mag, werden charaktervolle Menschen daher immer um das Wohlergehen des Expartners besorgt sein und ihn nach Möglichkeiten unterstützen, wenn er Hilfe braucht. Dahinter sollte eine intrinsische Motivation bestehen, die stärker als jede gesetzlich auferlegte Unterhaltszahlungspflicht ist. Wenn der Expartner diese jedoch nicht besitzt, hat man sich in seinem Charakter wahrlich getäuscht. Im Gegensatz zur Persönlichkeit wird der Charakter vor Kopulationen und Hochzeiten meist ungleich weniger nachhaltig geprüft. Vorsorgliche Eheschliessung ist ein romantikfreier Versicherungsvertrag gegen die Fehlbarkeit der eigenen Urteilsfähigkeit und der eigenen Menschenkenntnis. Die Existenz von Ehe und Heirat sind ein unromantisches Zeugnis stetiger menschlicher Sicherheitskalkulation.

Je weniger man sich von Institutionen, Behörden und Gesetzen den Rahmen vorgeben lässt, desto exklusiver, persönlicher und individueller bleibt ein Liebesprojekt. Menschen sind die einzigen Tiere, die die Institution Ehe kennen. Kinderkriegen hat mit Ehe grundsätzlich nichts zu tun. Zwischen beidem gibt es keine naturgegebene Verknüpfung. Kinder sind das grosse romantische, ultimative, gemeinsame Lebensprojekt zweier Menschen. Kinder sind so viel mehr wert als jeder Trauschein und jedes Treuepathos. Eigentlich sollte man annehmen, dass zwei Menschen, die sich gegenseitig tief vertrauen, keine Gelübde, keine Schwüre und keine bürokratischen Dokumente bräuchten. Dass jemand über explizite, von Angesicht zu Angesicht gegebene Liebesbeteuerungen hinaus noch heiraten möchte, kann nur als Vertrauenslücke betrachtet werden. Frauen, die darauf bestanden, dass ein Mann vor versammeltem Stamm in aufwändiger Zeremonie beschwor, dass er langfristige Versorgungsverantwortung für sie und ihre Kinder tragen wolle, und der offiziell anerkannte, dass ihre Kinder von ihm seien, hatten nun mal einen evolutionären Vorteil gegenüber jenen Frauen, die sich lediglich auf ein in intimer Zweisamkeit gegebenes Versprechen verliessen, ohne dass der Mann seine Glaubwürdigkeit vor der gesamten Sozialgemeinschaft in die Waagschale warf. Frauen taten gut daran, die gesellschaftliche Glaubwürdigkeit des Mannes als Faustpfand zu nehmen, denn Vertrauen war in der Evolution zwar gut, Vorsorge allerdings besser. Wenn Frauen auf die Heirat bestanden, bescherte ihnen das eine höhere Sicherheit, ihren Nachwuchs durchzubringen, als wenn sie zu vertrauensselig waren. So wie Männer eine höhere Wahrscheinlichkeit hatten, tatsächlich Vater der geborenen Kindern zu sein und nicht nur ausgenutzt zu werden, wenn sie mit mehreren Frauen nebeneinander kopulierten, anstatt nur einer einzigen Frau naiv und exklusiv Ressourcen zukommen zu lassen. Darum träumen heute junge Mädchen von der Heirat – und Jungs von der Vielweiberei. Die einzige gerechte Gegenleistung für exklusive Versorgungsversprechen eines Mannes wäre deshalb absolute Seitensprungtoleranz seitens der Frau. Dann hätten beide ihre Sehnsüchte erfüllt. Dass Männer durch die Ehe zu exklusiven Versorgern werden und gleichzeitig dennoch auf Vielweiberei verzichten, lässt sich als ein Ausdruck geballter weiblicher Moraldeutungshoheit interpretieren.

Für viele Frauen ist es eine enorm schockierende Erfahrung, wenn ein Mann auf einen Vaterschaftstest besteht. Es ist immer enttäuschend, wenn einem von einer anderen Person misstraut wird, insbesondere wenn man sie liebt. Dass es für einen Mann als ebenso enttäuschender Ausdruck von Misstrauen empfunden werden kann, wenn eine Frau von ihm die Heirat verlangt und vor einer Hochzeit keine Kinder mit ihm bekommen möchte, lassen die wenigsten Frauen gelten. Die Emotionen von Frauen sorgen sehr effektiv dafür, dass Frauen knallhart ihre evolutionären Interessen wahren, auch wenn sie es selbst als Romantik wahrnehmen. Männer sind romantischer als Frauen. Wenn ein Mann Liebe für eine Frau oder Lust auf Sex mit ihr empfindet, ist das ein ungefilterter Ausdruck von Leidenschaft. Männer verlieben sich Hals über Kopf – auf den ersten Blick, authentisch und ohne jegliche Berechnung. Frauen verlieben sich manchmal erst nach Wochen und Monaten, nachdem sie an einem Mann durchgeprüft haben, was sie unter anderem mit Begriffen wie »Beziehungs- und Partnerschaftsfähigkeit«, »Verlässlichkeit« und »Vertrauenswürdigkeit« deklarieren. Frauen taktieren cleverer und unterziehen Männer mehreren Prüfungen. Ob sie angesichts ihrer expliziten Wünsche überhaupt das Richtige prüfen, ist eine ganz andere Frage. Viele Frauen verteilen zuerst mehrere Zurückweisungen, bevor sie einen hartnäckigen Mann doch ranlassen. Sie testen kontinuierlich seine Frustrationstoleranz. Der Prozess, sich in einen Mann zu verlieben, bedeutet für viele Frauen, ihn zunächst heftig zu frustrieren und dabei abzuwarten, ob seine Schwärmereien eliminierbar sind. Das finden sie romantisch. Wenn er sich trotz immenser Frustration nicht entnerven und entkräften lässt, ist er der Richtige. Männliche Sensibilität ist nicht gefragt. Wenn ein Mann seine Umwerbungen bei geringstem Widerstand schon einstellt, weil er den Willen und die geäusserten Bedürfnisse einer Frau respektiert, wird er niemals zum Zug kommen.

Frauen vergleichen verschiedene Kandidaten, wie es die Jury bei einem Assessmentcenter tut. Aus männlicher Sicht mutet das sehr bitter und unromantisch an. Männliche Liebe funktioniert eben anders als weibliche. Liebe sollte der Grund sein, warum man in der Nähe von jemandem sein möchte. So sollte man meinen. Liebe sollte der Grund sein, warum man Lust und Leidenschaft mit jemandem erleben möchte. So meinen Männer. Liebe sollte der Grund sein, warum man möchte, dass ein bestimmter Mensch das andere Elternteil der eigenen Kinder wird. Liebe sollte der Grund sein, warum man mit jemandem sein Leben gemeinsam planen und gestalten möchte. Das ist Romantik. Nachdem ein Mann romantische Gefühle für eine Frau entdeckt hat, sucht er rational nach Möglichkeiten, sie zu einem Teil seines Lebens zu machen. Frauen funktionieren umgekehrt. Nachdem eine Frau einen Mann kritisch zahlreichen rationalen Einschätzungen unterzogen hat, entdeckt sie das romantische Bedürfnis, ihn zu einem Teil ihres Lebens zu machen.

Wenn eine unverheiratete Frau mit einem Mann zusammenlebt, kann sie jederzeit ins Schlafzimmer marschieren, einen aufgeklappten Koffer aufs Bett werfen, ihre Klamotten reinpacken und abhauen, ohne irgendwelchen juristischen, bürokratischen oder steuerlichen Knatsch damit auszulösen. Wenn die Frau mit dem Mann verheiratet ist, wären mit einer Beziehungsauflösung jede Menge Scherereien verbunden. Behördenkram, Bankunterlagen, juristisches Geschacher und dazu noch das Versagenseingeständnis vor der Gesellschaft. Was sollen bloss die Leute denken? Scherereien sind eine Hemmschwelle. An einer Stelle, an der eine verheiratete Frau womöglich noch mit einer Hemmschwelle hadert, hätte sich eine unverheiratete Frau bereits getrennt. Als verheirateter Mann muss man daher damit leben, dass man nie mehr die Garantie hat, dass Liebe der alleinige Grund ist, warum eine Frau noch bei ihm bleibt. Die Ehe zerstört nicht nur Liebe und Romantik an sich, sondern insbesondere auch Vertrauen in die Aufrichtigkeit von Gefühlen.

Wenn man jemanden aus ganzem Herzen liebt, dann gibt es darüber keinen weiteren Superlativ. Gäbe es einen, käme die

Liebe nicht von ganzem Herzen. Wenn man von ganzem Herzen liebt, kann Liebe durch eine Heirat demnach nicht mehr gesteigert werden. Es offenbart bedauernswerte Unvollkommenheitsempfindungen, wenn Paare glauben, sie könnten ein noch höheres Stadium an Liebe und Nähe erreichen, indem sie auf ein Standesamt gehen und Unterschriften unter ein bürokratisches Schriftstück leisten, das unmittelbare öffentlichrechtliche, steuerrechtliche und privatrechtliche Konsequenzen entfaltet. Wahre Liebe kann nun mal nichts mit Verwaltungsakten zu tun haben. Es wird auch keine höhere Dimension von Liebe erreicht, wenn Paare das Grundstück eines religiösen Vereins betreten, sich vor einen Klerusvertreter stellen – sei es ein Schamane, ein Rabbi, ein Pfarrer oder ein Mullah – und einen rituellen Eid ableisten. Schwüre sind ein rechtspsychologisches Instrument, um höhere Sanktionen bei Falschaussagen anzudrohen, also die Kosten für eventuelle Lügen zu erhöhen. Aber sonst haben Schwüre keinen Wert. Auch wer ohne Schwur die Unwahrheit sagt, ist ein Lügner. Und auch wer einen endgültigen Schwur leistet, sollte damit rechnen, dass sich seine Lebensumstände innerhalb einiger Jahre und Jahrzehnte drastisch ändern und andere Entscheidungen erfordern könnten, als einst geschworen. Unwiderrufliche Willenserklärungen die Dauerschuldverhältnisse oder Generalvollmachten begründen, werden von ordentlichen Gerichten fast immer für sittenwidrig erklärt. Aus gutem Grund. Es soll verhindert werden, dass Menschen ihre Würde veräussern und sich lebenslang versklaven. Eine unwiderrufliche Willenserklärung als Schwur zu deklarieren, ist eine legale Möglichkeit, den eigentlichen Schutz von Gesetz und Rechtsprechung zu umgehen. Wer unwiderrufliche Versprechen abgibt, legt ein Zeugnis entsetzlicher Unreife ab und sollte auf seine Zurechnungsfähigkeit untersucht werden. Alle Heiratswilligen müssten dann vor der Hochzeit zum »Idiotentest«.

Oftmals stehen ganze Familienverbände hinter Heiratserwartungen. Wer sich von aussen in innere Beziehungsangelegenheiten einmischt und unverheirateten Paaren ernsthaft weismachen will, ihre Liebesbeziehungen seien weniger wert, bloss weil sie sich Ehekonventionen ersparen, verhält sich in einer erschreckenden Weise repressiv, konservativ und selbstgefällig. Emotionale Erpressung, egal ob von innen oder aussen, ist ein denkbar schlechtes Fundament für eine langfristige, vertrauensvolle und partnerschaftliche Beziehung. Ein guter Ratgeber drängt sich niemals auf, sondern bleibt passiv, bis er ausdrücklich hinzugezogen wird. Jedes Liebespaar muss sich seine eigene Urteilsbasis bilden und selbst entscheiden können. Zukünftigen jungen Paaren kann man nur wünschen, dass pathetische und theatralische Grossmütter bald ausgestorben sein werden.

Natürlich ist es romantisch, wenn ein Liebespaar ein grosses Fest feiert. Aber das muss doch kein Hochzeitsfest, sondern kann eine reine »True-Love-Celebration-Party« sein. Ein schicksalhaftes Kennenlerndatum ist zudem ein viel authentischerer Feieranlass als ein mit Standesamt und Kirche ausgehandelter Termin. Regelmässiges Spontanfeiern der eigenen Liebe ist allemal wahrhaftiger als jährliches Begehen eines Kennenlerndatums. Natürlich sind auch ein schönes Kleid und ein schöner Anzug romantisch, aber die müssen auf einem Liebesfest ja nicht fehlen. Es ist auch durchaus beeindruckend, wenn beide Liebespartner aus jeweils freien Stücken nach aussen dokumentieren, dass sie exklusiv vergeben sind. Das kann man mit einem Ring tun, man kann aber auch ein anderes Schmuckstück wählen oder sich sogar tätowieren lassen, je nachdem, welche Vorlieben man hat, aber heiraten muss man dazu nicht. Natürlich ist es auch romantisch, wenn ein Liebespaar alle Welt wissen lassen möchte, dass es seine Zukunft und seine Reproduktion gemeinsam plant. Man kann eine grosse überregionale Tageszeitung anrufen und eine ganzseitige Anzeige mit einem verliebten Text schalten, und schon hat man eine fantastische Liebesbeteuerung, die jeder lesen kann. All das braucht keinen institutionellen Rahmen. Tatsächlich ist es ohne ihn sogar weitaus glaubwürdiger.

In Deutschland gibt es ein Ehegattensplitting, das auch im einundzwanzigsten Jahrhundert noch nicht für sittenwidrig erklärt worden ist. Ohne demokratisch verantwortbaren Grund bekommt ein verheiratetes Paar Steuererleichterungen, die unverheirateten Bürgern vorenthalten bleiben. Ein Staat wie Deutschland profitiert von Nachwuchs, weswegen er keinen Respekt vor der höchstpersönlichen Fortpflanzungsentscheidung eines Einzelnen zeigt, sondern ohne Hemmungen steuerrechtliche Benachteiligungen schafft, Finanzzwickmühlen erzeugt und die Daumenschrauben so lange fester zieht, bis sich eine ausreichende Anzahl an Bürgern seinen Anreizsetzungen beugt. Zeugungsanreize über den Umweg von Heiratsanreizen zu setzen, ist dabei längst zum Relikt überkommener Vorstellungen geworden. Es ginge auch anders – über eine Art »Kindersplitting«. Das bislang durch Ehegattensplitting entstandenen Steuervorteile könnte man aufkommensneutral so umwandeln, dass die relevanten Beträge vollständig nach Anzahl und Alter zu versorgender Kinder umverteilt würden. Wie kann es sein, dass kinderlose Eheleute in einem vermeintlich an Gerechtigkeit interessierten Staat noch heute Steuererleichterungen erhalten, anstatt unverheiratete Eltern in deren Genuss kommen zu lassen? Wenn man sich den opportunistischen konservativen Lobbyismus anschaut, der hier, wie so oft üblich, gravierend notwendige Gerechtigkeitsanpassungen verhindert, möchte man als liberaler Mensch sofort auswandern. Aber wo soll man hin? Opportunismus und Ausbeutung gibt es weltweit.

Was bleibt von der Ehe noch übrig, wenn man jegliche Romantik herausrechnet, die bei näherem Hinsehen ohnehin gar nicht vorhanden ist? Unter dem Schlussstrich steht nicht viel mehr als Bürokratie, Steuererleichterungen und gesicherte formaljuristische Ansprüche. Und gerade weil letztere entstehen, sollte man keinesfalls heiraten. Nur so können Liebende jeden Verdacht weiträumig ausschliessen, dass es einer von beiden genau darauf abgesehen haben könnte. Liebende sollten niemals zulassen, dass von aussen ein Keil zwischen sie und ihr gegenseitiges Vertrauen gegraben wird. Liebe und Vertrauen können auf einen administrativen Mantel verzichten.

Eine Beziehung ohne Freiheit ist ein Gefängnis. Wenn man dennoch darauf beharrt, dass Lebensgemeinschaften auf formaljuristischen Ansprüchen fussen sollten, sollte man besser nicht erst im Trennungsfall gegenseitige Forderungen aufrechnen, sondern bereits so frühzeitig wie möglich für Rechtssicherheit sorgen. Ein dispositiver Ehevertrag sollte daher obligatorisch sein. Wer zwecks Ableisten einer Unterschrift zum Standesamt fährt, kann gleich auch noch kurz beim Notar anhalten. Individuell ausgehandelte Eheverträge sind aufrichtiger und vorausschauender als die scheinbare Naivität, sich auf familienrechtlich kodifizierte Rechtsfolgen zu verlassen. Im Ehevertrag könnte man sehr detailliert regeln, wer wem wann was und unter welchen Bedingungen an Versorgungsansprüchen zu zahlen hat. Je detaillierter die Regelungen, desto weniger muss man im Trennungsfall prozessieren, sondern kann alle relevanten Daten ganz einfach aus den Heiratsdokumenten ablesen. Die schonungslose Aushandlung von Versorgungsregelungen wäre ein Ausdruck von Ehrlichkeit und Einigkeit darüber, dass derartige Aspekte nicht hinter den Heiratsmotivationen stehen, sondern separat zu fixieren sind. Für schmutzige Wäsche, die in Gerichtssälen dieser Welt zwischen Menschen, die einst Nähe, Intimität, Zärtlichkeit und wunderschönen Sex miteinander erlebt haben, auf hässliche Weise gewaschen wird, gäbe es dann keine Grundlage mehr. Je ausgefeilter die juristischen Regelungen eines privatrechtlichen Ehevertrags wären, desto exklusiver, persönlicher und individueller würde dessen Charakter ausfallen. Der Romantik wäre das förderlich.

Es gibt allen Ernstes die verbreitete Auffassung, dass um kriselnde Beziehungen gekämpft werden müsse. Dank der Ehe würden viele Paare noch nicht so schnell aufgeben, während sich Unverheiratete bereits längst getrennt hätten. Dahinter steckt ein bitterer Realismus. Wer so denkt, bei dem sind Romantikgefühle bereits umfassend erloschen. Beziehungen, in denen die Liebe abhanden gekommen ist, müssen schleunigst beendet werden, bevor sich die Gefühle in Abneigung wandeln können. Insbesondere dann, wenn ein Paar Kinder hat. Ein Paar sollte sich keinesfalls aus pragmatischen Gründen »zusammenraufen«. Welche Beziehungsfähigkeit sollen sonst Kinder entwickeln, wenn sie vorgelebt bekommen, dass nicht Liebe die Grundlage für intime und vertrauensvolle Beziehungen ist, sondern Pragmatismus? Ohnehin brauchen Kinder keine Vorbilder, sondern Urteilsfähigkeit. Sie sollten aus nächster Nähe beobachten können, welchen Wert Vertrauen und partnerschaftliche Kooperation haben. Kinder brauchen keine Eltern, die ihre Beziehung nur noch verwalten. Im Zweifel ist es immer besser, wenn ein Kind alleinerziehend aufwächst, als in von Misstrauen getränkten und feindseligen Familienverhältnissen. Wenn Menschen sich nicht mehr lieben, muss ihnen das Trennen so leicht wie möglich gemacht werden. Sonst ist eine Lebensgemeinschaft ein echtes Gefängnis. Wer früh merkt, dass er sich im anderen getäuscht hat, muss so schnell wie möglich Schaden begrenzen können, bevor alles noch schlimmer werden und zu bösen Kränkungen und Verletzungen kommen kann, die hätten vermieden werden können. Menschen müssen sich unverzüglich lösen können, bevor sie zu gehässigen Feinden werden. Menschen, die eine lange Strecke ihres Lebenswegs gemeinsam beschritten haben, sollten keine Steine dabei in den Weg gelegt bekommen, harmonisch und freundschaftlich auseinander zu gehen und ihre gemeinsame Vergangenheit in guter und würdevoller Erinnerung zu bewahren.

Es gibt auch Leute, die die Ehe äusserst technisch sehen. Sie nehmen die albernen Schwüre und Ewigkeitsversprechen nicht weiter ernst, sondern wissen von vornherein um die drohende Gefahr eines Liebesverlusts und versuchen trotzdem, so lange wie möglich verheiratet zu bleiben. Sie geben sich jede Menge Mühe, aber wenn die Ehe dennoch scheitern sollte, dann hat es halt nicht sollen sein. Ein Grund, die Ehe nicht auszuprobieren, ist das für sie nicht. Warum wird für derartige Realisten nicht tatsächlich die Idee einer klugen Politikerin umgesetzt, wonach Ehen bei ihrer Schliessung ein automatisches Ablaufdatum bekommen sollten, das regelmässig verlängert werden müsste, wie ein geliehenes Buch in einer Bücherei? Alle paar Jahre könnte dann erneut eine kleine bestätigende Minihochzeit gefeiert werden. Das hätte eine gewisse Romantik.

Manche Leute verhalten ich häufig äusserst spendabel, reagieren aber sehr sensibel wenn sie merken, dass ihre Grosszügigkeit von anderen nach einer gewissen Zeit als Selbstverständlich angesehen wird. Dann entziehen sie ihnen ihre freiwilligen Zuwendungen manchmal sehr scharf und plötzlich. Das ist bei institutionellen Sozialsystemen nicht viel anders. Liberale Menschen werden häufig kritisiert. Denn Liberale wollen angeblich möglichst wenig Steuern bezahlen und nicht in gemeinsame Renten- und Gesundheitskassen einzahlen. Liberale bekommen nicht selten an den Kopf geworfen, dass sie ziemliche Egoisten seien. Dafür gibt es keinerlei Grund. Wer durch enge Regelungen und Gesetze zu regelmässigen Geldleistungen verpflichtet ist, der hat nie die Möglichkeit zu zeigen, dass er auch ohne explizite Verpflichtungen zu Zahlungen bereit wäre. Wer durch enge Regelungen und Gesetze zu regelmässigen Geldleistungen verpflichtet ist, über den könnten andere es aber auch niemals erfahren, falls er bei Wegfall besagter Verpflichtungen der erste wäre, der sämtliche Zahlungen einstellen würde. Bürokratische Systeme nehmen kooperativen Menschen die Möglichkeit zu zeigen, wie gemeinschaftsorientiert, uneigennützig und grosszügig sie sein können. Bürokratische Systeme bieten gleichzeitig Egoisten die besten Möglichkeiten, ihre wahren Absichten zu verbergen. Ohne Liberalität bleibt der wahre Charakter von Menschen verborgen. Egoisten bleiben genauso unerkannt wie Edelmenschen. Wer liberal ist, hat ein gutgläubiges Menschenbild. Wer auf Bürokratie, gesetzlichen Zwang und Kontrolle setzt, geht von einem böswilligen Menschenbild aus. Wer an Beständigkeit interessiert ist, gestattet Menschen, sich voneinander zu differenzieren, damit man ihre dem langfristigen Verhalten zugrundeliegenden ethischen Werte erkennen kann. Wer an opportunistischer Chancenausnutzung interessiert ist, steckt Menschen in gleichartige bürokratische Korsette, damit sich kurzfristig ihre Ressourcen ausbeuten lassen. Liberale nehmen Menschen ernst, respektieren ihre Entscheidungen und wollen, dass sie ihrem ethischen Wertesystem durch Handlungsfreiheit und Selbstbestimmung Ausdruck verleihen. Bürokraten, Kontrolleure und Autoritäre bevormunden Menschen, verachten ihre persönlichen Beweggründe und wollen ihnen fremde moralische Vorstellungen aufzwingen. Nicht der Liberale, sondern der Autokrat ist der generelle Egoist.

Die gleichen Prinzipien gelten für die Ehe. Die Ehe macht Liebe zu einer Farce. Erst durch den Verzicht auf andere Gelegenheiten, obwohl jederzeit die Möglichkeit besteht, sie wahrzunehmen, kommt Liebe zu Ausdruck. Liebe, die nicht in Freiheit stattfindet, hat keinerlei Glaubwürdigkeit. Heirat ist kein Ausdruck von Liebe, sondern von Misstrauen. Wer nicht ohne Netz und doppelten Boden liebt, der weiss vielleicht gar nicht, was wahre Liebe ist und welche Dimension sie annehmen kann. Nicht der Verheiratete ist der vorbehaltslos und wahrhaftig Liebende, sondern derjenige, der Ressourcen investiert, ohne jegliche Sicherheit auf Gegenleistungen zu haben – und ohne jemals eigene Ansprüche geltend zu machen.

Schimpansen bekommen ebenfalls Nachwuchs, aber sie heiraten nicht. Das käme ihnen niemals in den Sinn. Sie würden Menschen auslachen, wenn sie wüssten, wie viele Formulare auf Standesämtern ausgefüllt und welche Riten in Kirchen praktiziert werden. Es hält sich für die Krone der Evolution, wer sich dergleichen ausgedacht hat? Das soll das Ergebnis von Zivilisation sein? Alberne Zeremonien und zertifizierte Urkunden mit Stempel und Sigel? Sämtliche anderen Tiere scheinen hier vernünftiger zu sein als Menschen. Oder sie haben einfach nicht so schlitzohrige Weibchen wie Menschen.

31 HOMOSEXUALITÄT

Es ist wundervoll, welche öffentliche Meinungs- und Moralveränderung sich in den letzten Jahrzehnten zum Thema Homosexualität vollzogen hat. Daran sieht man sehr schön, wie Evolution funktioniert. Ältere Generationen sterben aus, nehmen ihr abgeschmacktes Gedankengut mit ins Grab und machen jüngeren Generationen Platz. So geschieht es nicht nur mit physiologischen Veränderungen, sondern auch mit Dogmen, Paradigmen und Meinungsführertum. In der Wissenschaft ist das nicht anders. Auch dort sterben Dogmen und Paradigmen aus, indem die entsprechenden Meinungsträger abtreten. Das Sterben von Altem und die Entstehung von Neuem sind es, die für echte Veränderung sorgen. Bestehendes verändert sich ungern. Ohne den Tod der einen gäbe es keinen Platz für eine neugeborene Generation. Jeder stirbt irgendwann. Tod ist gerecht. In diesem Licht muss man ihn sehen. Ohne Tod keine evolutionäre Entwicklung. Tod kann bei subjektiver Betroffenheit etwas äusserst bitteres sein, aber aus unbeteiligter und abstrakter Sicht ist er absolut wichtig und notwendig. Und wenn die Auswechslung von Menschen durch Sterben der einen und dem Heranwachsen einer anderen Generation zu mehr Menschlichkeit führt, ist Tod aus ethischen Gründen sogar sehr zu begrüssen. Wenn man an die Hasstriaden denkt, die den Mündern vieler älterer Menschen, Grosseltern, Urgrosseltern und ihrer Generationsgenossen in den vergangenen Jahrzehnten noch regelmässig entfuhren, wenn es um Homosexualität ging, kann man nicht anders, als zu konstatieren, wie wunderbar es ist, dass diese Generationen inzwischen weitestgehend den Löffel abgegeben und ihr menschenverachtendes und faschistisches Gedankengut mit ins Grab genommen haben. Jede evolutionäre Auswechselung von intoleranten, konservativen und religiösen Alten gegen weltoffene, liberale und humanistische Junge ist ein Fortschritt in

Sachen Menschlichkeit. Wenn man heutzutage mitten in einer europäischen Innenstadt selbstverständlich an einer Schwulenkneipe oder einer Gaysauna vorbeiläuft, sollte einem über diese Entwicklung jedes Mal vor Freude das Herz aufgehen. Leider vergisst man nach einer gewissen Zeit, sich über solche Errungenschaften zu freuen. Den Anblick eines in aller Öffentlichkeit Zärtlichkeiten austauschenden homosexuellen Pärchens auf den Strassen Münchens oder Stuttgarts sollte man gelegentlich zum Anlass nehmen, sich daran zu erinnern, dass das schmusende Paar an selber Stelle noch vor einem Vierteljahrhundert fast geteert, gefedert und beinahe gelyncht worden wäre.

Homosexuelle unterscheiden sich von Heterosexuellen weniger, als gemeinhin angenommen wird. Homosexuelle Männer frequentieren Fitnessstudios stärker als heterosexuelle, denn wer für Männer interessant sein will, muss mehr für sein Aussehen tun. Wer dagegen für Frauen interessant sein will, sollte seine Zeit weniger im Fitnessstudio totschlagen als in seinem Job Karriere machen, sich Status erkämpfen, Geld verdienen und sich Formalbildung aneignen. Die wenigsten heterosexuellen Männer schaffen es, für eine breite Schicht von Frauen attraktiv zu sein und viel Sex zu bekommen, weil die Frauen nur die besten von ihnen nehmen, aber die meisten versuchen es zumindest. Homosexuelle Männer sind für andere homosexuelle Männer dagegen relativ attraktiver und bekommen einigen Sex, weil sie auf eine höhere Breitennachfrage stossen.

Bei homosexuellen Frauen ist übrigens eher als bei heterosexuellen zu beobachten, dass sie auf weibliche Schönheitsinszenierung – mittels Schminke, Kleidung oder vergleichbaren Täuschungsversuchen – verzichten. Unter Lesben lässt sich ausserdem beobachten, dass femininere Typen mehr Wert auf Status und Ressourcen ihrer Partnerinnen legen, während maskulinere Typen mehr erotische Abwechslung suchen, aggressiver und konkurrenzorientierter sind.

In Vorinternetzeiten benutzten Schwule sogenannte »Hanky Codes«, um ihre sexuellen Vorlieben unausgesprochen sichtbar nach aussen zu kommunizieren, damit sie von Gleichgesinnten gut erkannt und angesprochen werden konnten. Die einzelnen sexuellen Vorlieben werden dabei durch das Tragen von Tüchern in entsprechenden Farben dargestellt. Es gibt Farbtöne für fast alles, was man sich im Zusammenhang mit Sexualität vorstellen kann. Von Oralsex, Analsex über verschiedene abgefahrene Fetische bis hin zu Spielchen mit allen erdenklichen Körperflüssigkeiten und Ausscheidungen. Sogar »Achselhöhlenlecken« ist farblich im Programm. Links getragen aktiv, rechts getragen passiv. Es klingt verrückt. Nein, klingt es nicht! Wer findet, dass es verrückt klingt, der hat noch immer grosse und nicht mehr zeitgemässe Verklemmungen. Sexualität ist nicht nur die selbstverständlichste Sache der Welt, sondern auch die wichtigste. Wenn es zu einem beliebigen Zeitpunkt in der menschlichen Evolution fünfzig Jahre konsequenten Sexstreik oder ein effektives Sexverbot gegeben hätte, wären die Menschen ausgestorben. Schwule haben einen derart entspannten Umgang mit allen Elementen, aus denen lustvolle Sexualität bestehen kann, dass sie sich ihr Erlebnisportfolio nach freiem Belieben wie ein Menü von einer Speisekarte zusammenstellen. Im Internet gibt es Kontaktbörsen, in denen man als Schwuler auf ausführlichen Suchschablonen alle seine Vorlieben ankreuzen und eintragen kann, um anschliessend haufenweise übereinstimmende Profile ausgespuckt zu bekommen. Schwule sind unverklemmt und machen vom sich bietenden Angebot regen Gebrauch, sofern sie attraktiv genug sind. Es gibt Schwule, die treffen sich morgens auf einen schnellen Blowjob mit einem Gleichgesinnten, mittags zum Analsex mit dem nächsten und abends zum gemeinsamen Onanieren noch mit einem dritten. Schwule haben genau das hochaktive Sexualleben, von dem heterosexuelle Männer träumen. So wie andere in eine Zigaretten- oder Kaffeepause gehen, kann ein Schwuler mal schnell auf eine Viertelstunde zum »Cruisen« die nächste Schwulensauna betreten und sich anschliessend ausgeglichen, entspannt, motiviert und gutgelaunt wieder an die Arbeit machen. Es ist kein Zufall, dass man gerade in kreativen Berufen viele Schwule findet, die auch noch auffällig erfolgreich sind. Ihr neuroendokrines System ist besser geschmiert.

Auch Homosexuelle lungern hin und wieder notgeil in Bars herum, aber nicht in dem Ausmass, in dem es heterosexuelle Männer tun – und vor allem nicht so erfolglos. Schwule verplempern nicht einen Grossteil ihrer Lebenszeit auf der Suche nach Sex, um sich in der wenigen daneben verbleibenden Zeit umso gestresster und mit zwangsläufig minderem Erfolg um den ganzen Rest kümmern zu müssen. Schwule machen es umgekehrt. Sexuelle Befriedigung ist so selbstverständlich wie Frühstück und Abendessen als Teil ihres Tagesablaufs organisiert. Sie besorgen sich dabei so viel Stressbefreiung und frische Energie, dass sie die meiste Zeit des Tages hochkonzentriert und hochkreativ arbeiten können. Man könnte auch sagen, dass derjenige, der weiss, dass er abends einen gefüllten Kühlschrank vorfindet, sich tagsüber mit einem weitaus grösseren Krafteinsatz seiner Arbeit widmen kann als derjenige, dem unklar ist, ob er am Ende des Tages für sein Schaffen eine Belohnung erfährt. So wird Arbeit produktiver und effizienter. Man kann sogar absolut weniger Zeit mit Arbeit verbringen und dabei trotzdem absolut mehr leisten. Das ist das umgekehrte Scarfaceprinzip. Im Film »Scarface« erläutert ein Ganove dem anderen, dass man es in dieser Gesellschaft erst zu Macht und Geld bringen müsse, bevor man dann die Frauen bekäme. Natürlich ist die Aussicht auf Sex für Männer ein enormer Motivationsmotor, aber wenn der Sex dann ausbleibt, werden sie umso antriebsärmer. An ihrer Lethargie erkennt man Männer, die ohne Sex leben müssen. Die nach Abraham Maslow (1908–1970) benannte Maslowschen Bedürfnispyramide geht davon aus, dass sich menschliche Bedürfnisse aus mehreren Schichten zusammensetzen. Ganz unten sind die Grund- und ganz oben die Selbstverwirklichungsbedürfnisse. Bei homosexuellen Männern – und auch bei Frauen – werden die unteren Schichten weitaus kontinuierlicher und zuverlässiger befriedigt als bei heterosexuellen Männern. Diese bleiben eher in archaischen Bedürfnisebenen gefangen und können sich seltener selbst verwirklichen.

Zahlreiche Frauen halten extrem attraktive Männer für entweder verheiratet oder schwul. Das ist Unsinn. Es sind nicht die attraktivsten Männer, die verheiratet oder schwul sind, sondern es ist die Tatsache, dass sie verheiratet oder schwul sind, die Männer für Frauen attraktiver erscheinen lässt. Frauen sollten die Mechanismen hinterfragen, nach denen ihre Gefühle funktionieren, nicht die sexuelle Orientierung vermeintlich hübscher Männer.

In den allermeisten heterosexuellen Beziehungen sind es die Männer, die neue Sexpraktiken vorschlagen, und es sind die Frauen, die sich überlegen, ob diese für sie infrage kommen. Frauen erleben im Laufe ihres Lebens so einige Überraschungen damit, was für erstaunliche Gedanken und Fantasien in Männergehirnen entstehen können. An Schwulen kann man beobachten, wohin sich der Riesenspass am Sex steigern kann, wenn Männer unter sich sind, sich gegenseitig begehren und nicht auf weibliche Lustdimensionen limitiert werden. Homosexuelle mögen sich von heterosexuellen Männern darin unterscheiden, welches Geschlecht das Objekt ihrer Begierde hat, aber sie sind und bleiben Männer. Und Männer sind nun mal anders als Frauen. Selbst die tuntigste Tucke ist und bleibt noch immer ein Mann, was man an ihrem Sexhunger und der Kreativität ihrer Sexfantasien merkt. Lesbische Frauen, die sich erst vor fünf Minuten in der Strassenbahn kennengelernt haben, verschwinden nicht mal schnell zusammen im nächsten Darkroom, um sich gegenseitig an Körperöffnungen herumzulutschen oder Schweiss vom Körper zu lecken. Homosexuelle Männer tun es einfach. Heterosexuelle Männer können nur davon träumen, in vergleichbarer Weise ehrlich, natürlich und unkompliziert auf interessante fremde Frauen zugehen, ihnen ihre Gefühle mitteilen und ihnen Spontansex vorschlagen zu können, ohne mit Entrüstung, Empörungsgeschrei oder mit Verachtung rechnen zu müssen. Entsprechend gross ist das verborgene Leid heterosexueller Männer, die mehrheitlich chronisch sexuell unterversorgt sind.

Für Heterosexuelle gibt es kaum funktionierende Sexbörsen. Alle scheitern an gigantischem Männerüberschuss. Und wenn doch mal ein paar Frauen zu finden sind, erweisen sich diese als eher unattraktiv. Schöne Frauen flirten nicht im Internet. Ihr Bedarf ist auch so bereits mehr als gedeckt. Frauen in Internetflirtbörsen sind überwiegend bereits fortgeschrittenen Alters oder keine sonderlich femininen Typen. In manchen Verkupplungsbörsen können Frauen Männer sogar nach finanziellen Aspekten ausfiltern, was Männer umgekehrt praktisch nie tun würden. Klar, dass da die Asymmetrien gewaltig werden. Auch heterosexuelle Männer versprachen sich durch das Internet einst effektiveren Zugang zu Sex. Stattdessen verplempern die meisten aber nur ihre Zeit. Sie reiben sich dort in einem katastrophalen Geschlechterverhältnis auf, während Frauen sich köstlich amüsieren und von randvollen Mailboxen ihren Narzissmus befriedigen lassen. Horden heterosexueller Männer ziehen weiterhin allabendlich planlos durch Kneipen, Bars und Clubs, mit dem Blick immer auf der Suche nach Frauen, von Sex in der Menge und Qualität träumend, wie Schwule ihn haben. Die durchschnittlichen Zahlen über die Anzahl der Sexualpartner im bisherigen Leben unterscheiden sich entsprechend. Während dreistellige Zahlen unter Schwulen nicht selten sind, bleiben sie bei Frauen im Durchschnitt einstellig. Heterosexuelle Männer werden natürlich entsprechend auf die Zahlen der Frauen limitiert, von denen ihr Sexleben nun mal abhängig ist. Wenn man bedenkt, dass einige wenige besonders attraktive Männer den grössten Teil des Sex auf sich ziehen, kann man sich vorstellen, wie viel – oder besser gesagt: wie wenig – Sex der grösste Teil der Männer hat. Anspruch und Wirklichkeit könnten nicht weiter auseinander klaffen. Angesichts dessen kann es kaum verwundern, wie hoch die Selbstmordrate bei Männern ausfällt. Angesichts der Misere ist sie eher überraschend niedrig.

Es gab mal eine Zeit, in der es unter Frauen sehr angesagt war, einen homosexuellen Mann als guten oder besten Freund zu haben. Viele Frauen hatten enormen Spass an schwuler Gesellschaft. Gelegentlich konnte man von Frauen sogar die Ansicht hören, dass Schwule so seien, wie heterosexuelle Männer eigentlich sein sollten. Jede Mode schwappt aber auch wieder ab. Der dritte Frühling des »metrosexuellen« Mannes ist längst vorbei. Aber warum gab es diese Modeerscheinung überhaupt? Was Frauen an Schwulen neben ihrem Körper- und ihrem Kleidungsbewusstsein vor allem gefiel, war, dass sie so redselig, so kreativ und humorvoll – und dass sie so entspannt waren. Endlich mal keine Männer, die ständig versuchten, sie zu beeindrucken und mit ihnen Sex zu haben, dachten sich die Frauen. Endlich mal Männer, die emotional ganz und gar ausgeglichen waren. Evolutionspsychologisch ist es leicht nachzuvollziehen, dass Frauen die Ausstrahlung von Schwulen mögen. Männer, die nicht versuchen, Frauen zu beeindrucken, haben offenbar bereits ein Überangebot an Frauen und sind sexuell bereits bestens versorgt. Ausgeglichene Männer, mit viel Serotonin im Körper, haben regelmässigen Sex. Nur wessen Sinne befriedigt sind, der ist als Mann ausgeglichen und entspannt. Männer, die viel Sex haben, sind vermutlich von mehreren Frauen für tauglich befunden worden. Es ist wieder die weibliche Wahlimitation, die hier zum Zug kommt. Da Frauen sich zu den besten Männern hingezogen fühlen, gilt für sie, die Nähe zu jenen zu suchen, die ausgeglichen und entspannt sind. Notgeilheit ist das Gegenteil davon. Wenn ein fremder Mann zu schnell zu fordernd wird und erkennen lässt, dass er starke erotische Sehnsucht nach ihr hat, lässt eine Frau ihn am langen Arm verhungern. Nervöse und getriebene Männer sind genau die, die keine abkriegen. Von denen sollte man sich als Frau aus Nutzenmaximierungsgründen fernhalten. Und Frauen sind gute Nutzenmaximierer. Schwule haben natürlich keinen Grund, angesichts einer Frau nervös zu werden. Sie haben auch keinen Grund, sich einer Frau anzubiedern. Dies führt dazu, dass sich Frauen zu schwulem Charisma hingezogen fühlen. Auch, weil es eine hohe Übereinstimmung mit dem Charisma der attraktivsten heterosexuellen Männer hat. Dem Charisma von Männern, deren fundamentale Bedürfnisse komplett versorgt sind. Schwule kann man als Frau gelassen und unbefangen kennenlernen, ohne Erwartungshaltungen von männlicher Seite befürchten zu müssen. Auf diese Weise fühlen sich Frauen ungezwungen und sicher. Das kommt der Vorstellung, die Frauen vom optimalen Kennenlernen eines Mannes haben, ziemlich nahe. Von einem Mann, der sie aus tiefstem Herzen begehrt, könnte eine Frau niemals Entspanntheit beim Kennenlernen erwarten. Aber den wollen sie ohnehin nur in ihrer Fantasie. Wirklich zu Ehrgeiz angestachelt werden Frauen nur von Männern, denen sie scheinbar egal sind.

Natürlich gibt es auch unter Homosexuellen schrecklichen Liebeskummer und Eifersuchtsdramen. Warum sollten sie auch weniger zu Liebesempfindung imstande sein? Zumindest sexuelle Eifersucht ist unter Schwulen aber geringer, da sie sich anders als heterosexuelle Männer nicht grundsätzlich vor Männern ekeln, also denjenigen, die als Fremdgehpartner ihres Liebespartners in Frage kommen und möglicherweise unappetitliche Spuren an ihm hinterlassen. Der Gedanke, dass sich in den köstlichen Körperöffnungen ihres Sexualpartners noch von einem Konkurrenten frisch eingesprühtes Sperma befindet, ist für heterosexuelle Männer natürlich um ein Vielfaches schlimmer als für Schwule. Heterosexuelle Männer stört der Gedanke eines Seitensprungs ihrer Partnerin entsprechend auch weniger, wenn es ein bisexueller Kontakt mit einer Frau war. Seitensprünge der eigenen Liebespartnerin mit Frauen sind für heterosexuelle Männer weitaus hinnehmbarer. Liebeskranke Schwule brauchen bei aller Verletzbarkeit in Liebesdingen keineswegs sexuell unausgeglichen zu sein. Heterosexuelle Männer haben ausserhalb von Beziehungen kaum Sex. Schwule können sich mit weitaus geringerem Aufwand akzeptable Ersatzbefriedigung organisieren.

Homosexualität ist ganz natürlich. So wie komplizierte Essgewohnheiten, mit ihren teils albern affektierten Tischmanieren, längst nicht mehr nur der ausschliesslichen Nährstoffversorgung dienen, muss auch nicht jede erotische Sexualspielart unmittelbar der Fortpflanzung dienen. Wenn sich zwei Aussenminister zu einem Arbeitsessen treffen, geht es nicht primär um das Stillen ihres Hungers, sondern um Geschäfte, Politik und Diplomatie. Wenn sich zwei Menschen, egal welchen Geschlechts, gegenseitig sexuell befriedigen, dient das auch nicht primär der Zeugung von Nachwuchs, sondern dem Lustgewinn. Auch die wenigsten heterosexuellen Sexualkontakte erfolgen mit konkreter Fortpflanzungsabsicht. Entsprechend brauchen Homosexuelle ebenfalls keine Fortpflanzungsabsichten. Bis sich zwei Aussenminister nicht zu einem »Arbeitsessen«, sondern zu einem »Arbeitsfick« treffen, wird allerdings noch Zeit vergehen. Schade eigentlich.

Bei Bonobos dient gegenseitige sexuelle Befriedigung der Stiftung und Erhaltung von Frieden. Sie tun es, um sich gegenseitig zu beschwichtigen oder zu trösten. Eine beiderseitige Erektion zweier Männchen zeigt gegenseitig friedliche Absichten und Freude an, wie es bei Hunden das Schwanzwedeln tut. Es gibt sehr viel homosexuelles Verhalten im Tierreich. Egal ob Wale, Huftiere oder Dickhäuter, viele Tierarten veranstalten gelegentlich regelrechte homosexuelle Sexorgien. Daran, wer wem wie lange seinen Penis oder seine Vagina reibt, kann man bei Tieren recht zuverlässig den Hierarchiestatus ablesen. Meistens werden Aggressionsvermeidungs- und Besänftigungszwecke damit verfolgt. Vielleicht wäre das auch für die höhere Politik ein verfolgenswertes Konzept.

Traumatisierende Kindheitserfahrungen können möglicherweise die erotische Lust am anderen Geschlecht beschädigen, aber kaum dafür sorgen, dass diese Lust vollumfänglich auf das eigene Geschlecht transferiert wird. Darin liegt bestimmt nicht die Ursache für Homosexualität. Es wird kein Junge schwul, nur weil er durch einen Türspalt zum Badezimmer seine fette, behaarte und hässliche Mutter nackt sieht. Dass ein Junge deshalb jedes Interesse an allen hübschen, zierlichen Mädchen seines Alters verliert, von denen er in Kindergarten oder Schule umgeben ist und die ganz anders als seine Mutter aussehen, ist eher abwegig. Es gibt auch genug fette, hässliche und von Haaren überwucherte Väter. Homosexuelle kommen bereits mit ihrer Neigung zur Welt. Wenn jemand diese Präferenz erst im Laufe seines Lebens an sich entdeckt, dann war sie vermutlich nur aufgrund von Fehlerziehung und Moralindoktrination verschüttet.

Die evolutionsbiologischen Theorien zur Entstehung und zum Sinn und Zweck von Homosexualität muten etwas verwegen an, müssen vorerst aber so lange herhalten, bis es bessere Erklärungen gibt. Die Evolutionsbiologie geht davon aus, dass die das Gehirnwachstum beeinflussenden Hormonbäder, denen ein Fötus während der Schwangerschaft ausgesetzt ist, durch den Mutterleib so manipuliert werden können, dass die sexuelle Orientierung zielgerichtet verändert wird. Ein kurzes Zeitfenster während einer relevanten Gehirnwachstumsphase, in der die Hormonbäder geringfügig verändert sind, kann bereits ausreichen, um im Gehirn den Schalter umzulegen, der Homosexualität auslöst. Insbesondere Hypothalamus und Innenohr sind bei Homosexuellen verändert. Im Hypothalamus wird der Grundstein dafür gelegt, dass Schwule später auf Pheromone und auf den Geruch von Männerschweiss ähnlich reagieren wie Frauen. Der Sinn dahinter scheint nach gegenwärtigem Erklärungsstand zu sein, dass der homosexuelle Nachwuchs später seine Ressourcen nicht in eigenen Nachwuchs, sondern in den seiner heterosexuellen Geschwister investiert. Ein mütterlicher Organismus, der sich für eine entsprechende Schwangerschaftsmanipulation entscheidet, investiert damit nicht quantitativ, aber qualitativ in seine Genweitergabe. Wenn sich um einen Enkel mehrere Familienangehörige kümmern, kommen ihm mehr Ressourcen zugute, als wenn eine Aufteilung stattfindet. Ungeklärt ist, warum Frauen weitaus seltener homosexuell sind als Männer. Eine Theorie besagt, dass männliche Embryonen stärkeren selbstschützenden Abwehrreaktionen des Mutterleibs ausgesetzt sind, die sich als Ergebnis konkurrierender Vorgänge auf die Gehirnentwicklung des Embryos auswirken könnten. Eine mit einem Jungen schwangere Frau muss nämlich mehr männliche Hormone in ihrem Körper ertragen als eine, die ein Mädchen erwartet. Klingt einleuchtend, ist jedoch nicht restlos überzeugend. Aber ganz unabhängig von biologischen Erklärungsversuchen ist es wunderschön, dass es Homosexualität gibt, denn sie bereitet vielen Menschen immense Freude.

Bei Schwulsein handelt es sich um eine wertfreie Eigenschaft, die Männer aufweisen oder nicht aufweisen. Es für ein wirksames Beschimpfungsinstrument zu halten, jemand als »schwul« zu bezeichnen, ist so absurd wie zu glauben, man könne einen Italiener mit »Spagettifresser!«, einen Deutschen mit »Mercedesfahrer!« und einen Australier mit »Windsurfer!« ernsthaft beleidigen.

32 MÄNNLICHKEIT

Woher weiss man eigentlich, was das typische Verhalten eines Löwen ist? Was also genau »löwisch« ist? Man weiss immerhin eine ganze Menge über Löwen. Zum Beispiel, dass sie aggressiv sind, dass sie jagen und gerne Fleisch fressen, dass sie bevorzugt im Rudel leben und dass sie viel schlafen. Spezialisierte Biologen wissen natürlich noch eine ganze Menge mehr über sie. Aber verhalten sich Löwen, wie sie sich verhalten, weil irgendwann mal ein Mensch angestrengt darüber nachgedacht hatte, was löwisch sein sollte, und anschliessend einen Verhaltensentwurf für Löwen erarbeitet hat, eine Art Stellenbeschreibung, nach dem sich seither sämtliche Löwen richten? Nein, ganz sicher nicht. Wenn man sich mit einem Löwen zusammensetzen und ihm erklären würde, wie er sich zu benehmen und welchen gesellschaftlichen Erwartungen er zu entsprechen hätte, würde er einen noch nicht mal auslachen, so wenig ernst würde er einen nehmen. Er würde sich einfach abwenden und tun, was seine Emotionen ihm gebieten. Ob das der Stellenbeschreibung zufällig entspricht oder nicht entspricht, wäre ihm völlig egal. Was typisch löwisch ist, hat man herausgefunden, indem man sich das Verhalten von Löwen anschaute. Man schaute zu, dokumentierte und schlussfolgerte. Nicht umgekehrt.

In den letzten Jahren waren die Medien randvoll mit Debatten über die Frage, was heutzutage eigentlich »männlich« ist. Die »Männlichkeit« sei in einer Krise, hört man vielerorts. Junge Männer wüssten nicht mehr, welche Rolle sie eigentlich auszufüllen hätten. Männer, die sich ernsthaft auf derartige Debatten einlassen, lassen sich entwürdigen.

Wenn sich »Löwischkeit« aus dem ergibt, was Löwen tun, dann ergibt sich auch Männlichkeit aus dem, was Männer tun. Nicht umgekehrt. Es gibt natürlich Dinge, die der eine Löwe tut, der andere aber nicht. Beides ist dennoch löwisch. Manches ist arttypischer, weil es häufig vorkommt, anderes ist untypischer, weil es selten vorkommt. Daraus lassen sich wie üblich Verteilungskurven erstellen. Das typischste löwische Verhalten ist in etwa dort, wo Durchschnitt und Median liegen, wo der Bauch der Normalverteilung also am dicksten ist. Je weiter ein Löwe mit seinem Verhalten davon abweicht, desto weniger typisch löwisch ist er. Aber löwisch bleibt er, nur eben nicht typisch, sondern exzentrisch und individuell interpretiert. Auch jene Löwen, die ein sehr normabweichendes Verhalten zeigen, fliessen selbstverständlich in die Durchschnittsberechnung des Verhaltens mit ein und bestimmen mit darüber, wo Durchschnitt und Norm letztlich liegen. Alles, was jemals von einem Löwen getan wurde, fliesst in die Ermittlung typisch löwischen Verhaltens mit ein. Entsprechend ist alles, was jemals ein Mann getan hat, im weitesten Sinne männlich. Und es gibt kaum eine denkbare Handlung, die nicht irgendwann in der Geschichte schon mal von einem der Multimilliarden Männer, die bislang existiert haben, ausgeführt wurde. Männlichkeit ist also kein absoluter Begriff, sondern nur ein relativer. Absolute Unmännlichkeit gibt es praktisch nicht, sondern nur relative. Es gibt nur mehr oder weniger typische Männlichkeit, je nachdem, wie tief das Verhalten eines Mannes im Bauch der Normalverteilung des Verhaltens aller Männer ist oder nicht. Absolut typisch männliches Verhalten ist demnach nichts anderes, als ein absolut durchschnittliches Verhalten von Männern. Und es gibt nicht den geringsten Grund, warum ein Mann sich zwingendermassen durchschnittlich verhalten sollte. Jeder kann selbstverständlich grundsätzlich tun und lassen, was er möchte. Auch durch nichtdurchschnittliches Verhalten bewirken Männer, dass der Durchschnitt permanent in die eine oder andere Richtung verändert wird. Sogar gerade dann, wenn sie Verhaltensausreisser darstellen, beeinflussen sie den Durchschnitt mathematisch am stärksten, solange sie noch nicht als »krank« angesehen werden.

Wenn von Männlichkeit die Rede ist, das sollte jedem klugen Menschen klar sein, ist das lediglich eine Umschreibung für typisches, an Männern zu beobachtendes Verhalten. Zu wissen, wie eine Mehrheit sich verhält und wo innerhalb einer Streuung Mehrheiten und Clusterungen liegen, sowie was die Standardabweichung vom Durchschnitt ist und bedeutet, ist in Demokratien und für ethische Erwägungen natürlich durchaus wichtig. Aber wer sich als Mann ganz anders als die Mehrheit verhalten will, sollte das jederzeit machen. Er wird dadurch nicht weniger männlich, sondern lediglich weniger typisch männlich, weil weniger durchschnittlich männlich. Stattdessen ist er auf seine höchstpersönliche Art und Weise männlich. Jeder soll nach seiner Fasson glücklich werden. Männern eine Schablone überzustülpen und sie explizit oder subtil manipulativ zu zwingen, anders zu ein, als sie es selbst wollen, wäre männer- und damit menschenverachtend.

Wer wissen will, was typisch männlich ist, sollte einfach beobachten, was Männer tun und wie sie handeln, und sie fragen, was sie denken und fühlen. Ähnlich wie ein Biologe es tut, der typisch löwisches Verhalten ermitteln will. Wenn ein junger Mann orientierungslos fragt, was er tun muss, um männlich zu sein, denkt er genau in die falsche Richtung. Er hat nicht das zu tun, was männlich ist, sondern männlich ist automatisch das, was er tut. Männlichkeitsentwürfe, die sich jemand zurecht konstruiert hat, mögen für den Mikrokosmos seiner Gedanken gelten, aber für andere haben sie keine Bedeutung. Kein Mann muss sich an eine wie auch immer geartete Stellenbeschreibung halten. Jeder Mensch hat, bevor er Handlungen ausführt, allenfalls darüber nachzudenken, wie ethisch vertretbar oder nicht vertretbar sie sind. Wem Ethik egal ist und wer sich mit seinen Handlungen über sie hinweg setzt, muss mit Selbstschutzreaktionen der Gemeinschaft rechnen, die für ihn hinter Gefängnismauern enden können. Wer sich unethisch verhält, verwirkt jeglichen Anspruch darauf, sich selbst jemals auf Unterlassung unethischer Umgangsformen ihm gegenüber zu berufen. Aber es gibt grundsätzlich kein fremdkonzipiertes Verhaltensparadigma, das ernsthaft irgendeinen absoluten Anspruch darauf erheben könnte, dass man sich ihm unterwirft. Egal ob als Mann – oder als Mensch.

Aus tiefstem Herzen sein Kind zu lieben, ist weder besonders männlich noch besonders unmännlich. Es ist einfach menschlich. Mütter tun es und Väter tun es. Menschen sind nicht die einzige Tierart, bei der sich Elternliebe beobachten lässt. Ein Vater kann kaum eine derart enge und intuitive körperliche Bindung zu seinem Kind herstellen, wie eine Mutter es kann, in deren eigenem Körper es entstanden ist. Sein Kind aber dennoch über alles zu lieben, ist nicht erwähnenswert spezifisch männlich, sondern völlig natürlich und normal. Auch ein halbes Jahr Vaterschaftsurlaub zu nehmen, ist weder sonderlich männlich noch sonderlich unmännlich. Wenn ein Mann das Bedürfnis danach hat, dann ist es völlig legitim, wenn er sich in Absprache mit der Mutter hauptverantwortlich um sein Kind kümmert. Für Männlichkeitsfragen ist das irrelevant. Auch bei Trauer oder emotionaler Erschütterung Rotz und Wasser zu heulen und damit dem, was man schliesslich ohnehin fühlt, lediglich einen physischen Ausdruck zu verleihen, ist weder männlich noch unmännlich. Männer weinen aus physiologischen Gründen viel seltener als Frauen, aber sie weinen selbstverständlich gelegentlich. Sich reichlich kosmetische Pflegeprodukte zuzulegen, um damit Hauttrockenheit vorzubeugen und Hautalterung zu verlangsamen, ist ebenfalls weder männlich noch unmännlich. Aussehen mag bei Frauen eine grössere Bedeutung haben, aber es gibt keinen Grund, warum Männer ihren Körper verkommen lassen sollten, wenn man diesem Prozess mit einigen wenigen Handgriffen bereits effektiv entgegenwirken kann. Sämtliche Debatten über eine neue Männlichkeit oder über den modernen oder metrosexuellen Mann sind vollkommener Humbug. Männlichkeit lässt sich nicht erschaffen, sondern sie ist einfach da.

33 FRAUEN SCHAFFEN IHRE MÄNNER AB

Ökologische Gleichgewichte sind nicht fix, sondern stets am Umherwandern. In der Natur gibt es keinen Stillstand. Gesellschaftliche Macht, Fortpflanzungserfolg und Geschlechterverhältnisse in Populationen stellen sich ununterbrochen neu aufeinander ein. Die Quantität und Qualität der Rückkopplungseffekte übersteigt jede Zahl, die ein menschlicher Verstand zu begreifen in der Lage ist. Niemand kann die Zukunft voraussagen.

Wenn im Jahre 1900 die weisesten Menschen der Welt zusammengekommen wären und Zukunftsszenarien entworfen hätten, wäre sicher keines darunter gewesen, dass in korrekter Chronologie und Relevanz zwei vernichtende Weltkriege, einen Kalten Krieg, religiösen Terrorismus und das Internet vorausgesehen hätte. Wenn Mark Zuckerberg in den streng selektierenden Aufnahmeverfahren von Harvard hängengeblieben wäre, gäbe es heute kein Facebook. Ob ein achtzehnjähriger Chinese, Inder oder Araber heute knapp durch sein Abitur fällt oder es knapp besteht, kann darüber entscheiden, ob er entweder Handwerker wird, und mit zwanzig einen tödlichen Arbeitsunfall erleidet oder ob er in vierzig Jahren Herrscher über die Welt sein wird.

Wer Zukunftsszenarien entwirft, begibt sich auf extrem dünnes Eis. Ob sich ein Matriarchat durchsetzen kann, ob es wieder männlichen Chauvinismus geben wird oder ob Menschen beginnen werden, die Grenzen zwischen den Geschlechtern mit Bioenhancement, Neurochirurgie und durchweg künstlicher Befruchtung erfolgreich zu beseitigen, kann man nicht vorhersehen. Man kann lediglich vage spekulieren. Der evolutionäre Algorithmus der Biologie hat irgendwann Männchen hervorgebracht, weil sie nützlich waren. Wenn sie nutzlos werden sollten, könnten sie durchaus auch wieder von der Bildfläche verschwinden. Wenn man einige gegenwärtige Entwicklungstrends in die Zukunft fort denkt, läuft es genau darauf hinaus. Trends verlaufen aber niemals endlos in eine Richtung, und schon gar nicht ausschliesslich linear. Das weiss jeder, der schon einmal eine Aktie zu spät verkauft hat.

Auf welchen ökologischen Gleichgewichtniveaus sich die Geschlechter in Zukunft einpendeln werden, ist ungewiss. Weibchen sind flexibel. Sie haben ihre Bedürfnisse und Vorlieben immer effektiv an neue ökologische Umweltbedingungen angepasst. Deshalb existiert die Menschheit noch. Die kurzfristig nächste ökologische Verhaltensanpassung von Frauen könnte sein, dass sie – nachdem sie alle gesellschaftlichen Führungspositionen erobert haben und ganze Generationen von Männern Bildungsverlierer und gesellschaftliche Versager geworden sind – auf Persönlichkeit und gesellschaftlichen Status als Attraktivitätskriterium keinen Wert mehr legen. Vielleicht entwickeln sie dann eine unwiderstehliche Lust auf männliche Nerds, die sich in einer digitaler werdenden Welt als erfolgreiche männliche Minderheit behaupten könnten.

Man kann die Dinge ihren Lauf nehmen lassen und sich auf den deterministischen Standpunkt stellen, dass die Biologie sicherlich auch dafür wiederum ein interessantes ökologisches Regulationsphänomen finden wird. Aber Menschen können ihr Schicksal durchaus auch in eine subjektiv empfundene selbstbestimmte Hand nehmen. Also wofür werden Frauen sich künftig engagieren, und wofür werden sie kämpfen? Welchen Streit wollen sie tatsächlich kompromisslos zu Ende bringen, und wo wollen sie auch mal Fünfe grade sein lassen?

Junge Frauen haben heute längst erkannt, dass sie nicht schlechter als Männer bezahlt werden, sondern dass ihr Gehalt und ihre Aufstiegsmöglichkeiten von der Bereitschaft abhängen, zwölf, vierzehn oder sechzehn Stunden am Tag zu arbeiten, sechs bis sieben Tage die Woche, wie es zahlreiche erfolgshungrige – weil sexhungrige – Männer tun.

Junge Frauen kennen heute viele weiche, kooperative und verantwortungsvolle Männer, die hingebungsvoll mit ihren Kindern spielen und zuverlässige Partner sind. Diese jungen Frauen sind noch nicht in mehrheitlicher politischer und volkswirtschaftlicher

Verantwortung angekommen, aber wenn sie dort sein werden, wird ihnen vielleicht ein Licht aufgehen, dass womöglich nicht alles, wofür ihre Mütter und Grossmütter gekämpft haben, erstrebenswert war. Dann könnten Quotenregelungen wieder abgeschafft werden, weil Frauen keine anstrengungsfreien Jobgarantien mehr möchten. Dann könnten lebenslange Alimentetransfers der Vergangenheit angehören, weil Frauen Verantwortung für sich selbst übernehmen wollen. Und vielleicht wird die Anzahl verzweifelter Männer, die einsam vor ihrem Computer onanieren, wieder abnehmen, weil Frauen wieder beziehungsfähiger geworden und zu dem Schluss gekommen sein werden, dass die Partnerschaftsqualitäten eines Mannes wertvoller sind als seine »Durchsetzungsfähigkeit« und seine gesellschaftliche Reputation.

Das einundzwanzigste Jahrhundert gehört den Frauen. Männer sind bloss die Copiloten. Mal sehen, wo die Frauen hinsteuern werden. Vielleicht lassen sie ja doch auch mal den einen oder anderen Mann ans Ruder.

» Behavioral Economics
by Florian Willet «

… erklärt vernünftiges und unvernünftiges menschliches Verhalten in ökonomischen Entscheidungssituationen.

Welche Effekte verzerren meine Entscheidungsgrundlage und welche Einschätzungsfehler unterlaufen mir?

Was stellen selektive Wahrnehmung, Ungeduld und Selbstüberschätzung mit meiner Urteilsfähigkeit an?
Wie drückt sich das in meinem Denken, Fühlen und Verhalten aus?

Wissen über irrationales menschliches Verhalten ist in zahlreichen beruflichen und privaten Zusammenhängen hilfreich. Es bewahrt vor zahlreichen Dummheiten, die man begehen könnte, und es sorgt für mehr zwischenmenschliches Verständnis.

Auch für Android erhältlich.

QR-Code mit dem Smartphone scannen und mehr zum Thema erfahren.

www.florianwillet.com

» **Neuropsychologie**
by Florian Willet «

… erklärt spannende Erkenntnisse der Hirnforschung.

Was stellen Hormone, Botenstoffe und andere Neuromodulatoren mit mir an? Wie wirken sie sich auf mein Denken, Fühlen und Verhalten aus?

Welche Bereiche meines Gehirns sind für welche kognitiven Aufgaben zuständig?

(kognitiv = das Denken, Empfinden, Wahrnehmen, Erkennen, Verstehen, Erinnern betreffend / Kognition = Informationsverarbeitung und Erkenntnisgewinn)

Wer interessant findet, dass Schokoladenkonsum gute Laune bewirkt, weil es Serotonin freisetzt, oder dass Spiritualität etwas mit den Scheitellappen zu tun hat, der ist mit dieser App gut aufgehoben.

Auch für Android erhältlich.

QR-Code mit dem Smartphone scannen und mehr zum Thema erfahren.

www.florianwillet.com

« Florian Willet denkt nach über Hirnforschung, Evolution und Ökologie -
NEUROPSYCHOLOGIE UND VERHALTENSÖKONOMIE »

Wie funktionieren Emotionen, Gefühle und Gedanken? Warum funktionieren sie so, wie sie funktionieren?
Welche Motive hatte die Natur dafür, sie genau so funktionieren zu lassen?

Wie der Mensch funktioniert, zeigt die Hirnforschung.

Dass er funktioniert wie er funktioniert, ist eine Frage von Evolution. Und Evolution ist ein ökologischer Prozess.

Moderne Psychologie wird längst nicht mehr von Psychologen gemacht, sondern von Biologen!

ISBN: 978-3-86935-200-8

www.florianwillet.com